Ernst Engelke

Soziale Arbeit als Wissenschaft
Eine Orientierung

LAMBERTUS

Ernst Engelke

Soziale Arbeit als Wissenschaft

Eine Orientierung

Lambertus

Die Deutsche Bibliothek – CIP-Einheitsaufnahme

Engelke, Ernst:
Soziale Arbeit als Wissenschaft: Eine Orientierung/
Ernst Engelke. – 3. Aufl. – Freiburg im Breisgau:
Lambertus, 1999
ISBN 3-7841-1125-4

3. Auflage 1999

Umschlaggestaltung: Christa Berger, Solingen
Umschlagfoto: Uwe Stratmann, Wuppertal
Herstellung: Druckerei F. X. Stückle, Ettenheim
ISBN 3-7841-1125-4

Inhalt

Vorwort

In dieser dritten Auflage ist mein 1992 im Lambertus-Verlag erschienenes Buch „Soziale Arbeit als Wissenschaft. Eine Orientierung“ um die Teile 3 und 4 verkürzt worden. Die zweite Auflage ist vergriffen und seit dem ersten Erscheinen des Buches findet nicht nur eine intensive Diskussion über viele der von mir dort benannten Fragen statt, sondern es gibt auch konkrete Verbesserungen für die Soziale Arbeit. Als ein Beispiel nenne ich die empfohlenen und durchgeführten Studienreformen für die Ausbildung zur Sozialen Arbeit, in denen nun von einer eigenständigen Wissenschaft Soziale Arbeit ausgegangen wird. Deshalb habe ich mich im Einvernehmen mit dem Verlag für eine gründliche Neubearbeitung des Buches entschieden. Diese Entscheidung ermöglicht es mir, Ergänzungen, Vertiefungen und auch Korrekturen vorzunehmen. Der Umfang der geforderten Überarbeitung erzwingt es, den Inhalt auf nunmehr zwei verschieden angelegte Bücher zu verteilen.

In den Teilen 3 und 4 der ersten Auflage habe ich einen ersten Versuch unternommen, Theorien der Sozialen Arbeit – vorwissenschaftliche „Theorien“, theoretische Konzepte um die Jahrhundertwende und in den zwanziger Jahren sowie Theorien aus der aktuellen Diskussion – darzustellen. Mein 1998 im Lambertus-Verlag erschienenes Buch „Theorien der Sozialen Arbeit. Eine Einführung.“ stellt eine Weiterführung der Teile 3 und 4 meines Buches „Soziale Arbeit als Wissenschaft. Eine Orientierung“ aus dem Jahre 1992 dar. Im ersten Teil „Vom Armutsideal bis zur Gemeinschaftserziehung“ stehen hauptsächlich vorwissenschaftliche Theorien, Programme und Konzeptionen aus der europäischen Geschichte der Sozialen Arbeit vom 13. bis zum 19. Jahrhundert: Thomas von Aquin, Juan Luis Vives, Jean Jacques Rousseau, Johann Heinrich Pestalozzi, Adam Smith, Thomas Robert Malthus, Otto von Bismarck und Paul Natorp. Der zweite Teil „Vom Kampf für Frieden und soziale Gerechtigkeit bis zur sozial-rassistischen Volkspflege“ beinhaltet Theorien der Sozialen Arbeit aus der ersten Hälfte des 20. Jahrhunderts: Jane Addams, Alfred Adler, Christian Jasper Klumker, Alice Salomon, Herman Nohl, Gertrud Bäumer, Hans Scherpner und Hans Muthesius. Im dritten Teil „Vom Befriedigen der Grundbedürfnisse bis zum gerechten Austauschen“ werden Theorien der

Sozialen Arbeit in der zweiten Hälfte des 20. Jahrhunderts dargestellt: Ilse von Arlt, Klaus Mollenhauer, Lutz Rössner, Karam Khella, Hans Thiersch, Michael Winkler, Wolf Rainer Wendt sowie Silvia Staub-Bernasconi.

Die Teile 1 und 2 der ersten Auflage überarbeite ich zur Zeit; sie sollen in der neuen Fassung im Jahr 2000 unter dem Titel „Soziale Arbeit als Wissenschaft. Eine Orientierung" wieder im Lambertus-Verlag erscheinen. Das hier vorliegende unbearbeitete Buch der ersten Auflage ohne die Teile 3 und 4 soll die Zeit bis zum Erscheinungstermin überbrücken.

Würzburg, im Herbst 1998 Ernst Engelke

Zur Einleitung

Was tun Sie, wenn Ihr Bauch akut und heftig schmerzt? Sie gehen zur Nachbarin und lassen sich die Hand auflegen? Kaum. Sie gehen zum Heilpraktiker und lassen sich in die Augen schauen? Sehr unwahrscheinlich. Vermutlich gehen Sie zu Ihrer Hausärztin und lassen sich gründlich untersuchen und behandeln. Von ihr wissen Sie, daß sie approbiert ist und ein anspruchsvolles Medizinstudium an einer Universität erfolgreich bestanden hat. Sie vertrauen ihr, weil Sie davon ausgehen, daß sie die Forschungsergebnisse der wissenschaftlichen Medizin kennt und diese in der Praxis für Sie konkret anwenden kann. Alle PatientInnen erwarten diese fachliche Kompetenz von ihren ÄrztInnen und vertrauen darauf, wenn sie sich in ihre Behandlung begeben. Jedermann weiß, daß in der Medizin als Wissenschaft die menschlichen Krankheiten und ihre Heilungsmöglichkeiten erforscht, in der Medizin als Praxis die wissenschaftlichen Erkenntnisse bei PatientInnen angewendet und in der Medizin als Lehre zukünftige ÄrztInnen ausgebildet werden. Und man weiß bei der Medizin allgemein auch, daß die WissenschaftlerInnen in den Labors und Kliniken der Universitäten forschen, die ÄrztInnen in den Krankenhäusern und Arztpraxen praktizieren und die HochschullehrerInnen Medizin in den Hörsälen und an den Klinikbetten der Universitäten unterrichten. Was erwarten KlientInnen, also Notleidende und Hilfsbedürftige, von SozialarbeiterInnen? Auf welche fachlichen Kompetenzen setzen KlientInnen ihr Vertrauen, wenn sie sich SozialarbeiterInnen anvertrauen? Gehen sie davon aus, daß SozialarbeiterInnen die Forschungsergebnisse in der Sozialen Arbeit kennen und anwenden?[1] Oder reichen in der Sozialen Arbeit guter Wille, eine natürliche Hilfsbereitschaft und hohe Ideale aus? Es ist in vielerlei Hinsicht aufschlußreich, Soziale Arbeit aus der Rolle von KlientInnen und aus dem Selbstverständnis anderer Disziplinen, zum Beispiel der Medizin, zu betrachten. Bei der Ausbildung von SozialarbeiterInnen an deutschen Hochschulen wird gegenwärtig erwartet, daß die Studierenden selbstverständlich Soziale Arbeit in Theorie und Praxis kennenlernen.[2] Die Studienreformkommission „Pädagogik/Sozialpädagogik/Sozialarbeit" beschreibt die geschichtliche Entwicklung zu diesem Selbstverständnis: Für die Zeit nach 1945 gelte als allgemeine Meinung, daß der Praktiker in der Sozialen Arbeit überprüfbare Handlungskonzepte auf wissenschaftlicher Grundlage braucht und die auf bestimmte Kommunikationsstrukturen ausgerichteten separaten Methoden überwunden werden müssen. Man befinde sich derzeit auf dem Weg zu einer Praxis auf der Basis einer Sozialarbeitswissenschaft. Die Rahmenstudienordnungen der Fachhochschulen und die Lehrenden verlangen, daß die AbsolventInnen Theorie und Praxis der Sozialen Arbeit erlernen und auf diese Weise Kompetenz für die Arbeit mit den KlientInnen erlangen. [3]

Doch wenn die Studierenden in die Praxis kommen, treffen sie auf Auffassungen wie: „Theorie ist, wenn man alles weiß und nichts funktioniert. Praxis ist, wenn alles funktioniert und keiner weiß warum. In diesem Raum ist Theorie und Praxis vereint: Nichts funktioniert und keiner weiß warum."[4] Wissenschaftlich begründete Erkenntnisse und Theorien zur Sozialen Arbeit spielen im Berufsalltag der großen Mehrheit der SozialpädagogInnen und SozialarbeiterInnen in der Bundesrepublik Deutschland praktisch keine Rolle. Von jungen KollegInnen auf die Notwendigkeit einer wissenschaftlichen Grundlage für Soziale Arbeit angesprochen rechtfertigen sich die „alten Häsinnen und Hasen" mit Erklärungen wie:

„Dafür haben wir keine Zeit!" – „Theorie und Praxis sind zwei ganz verschiedene Welten und haben nichts miteinander zu tun!" – „Ich habe da so meine eigenen Erfahrungen!" – „Theorie verhindert doch nur eine persönliche Begegnung mit den Klienten!" – „In der Praxis muß man spontan und kreativ sein!" – „Die Sachzwänge erlauben das nicht!" – usw.[5]

Offensichtlich gibt es allgemein bei SozialarbeiterInnen einen babylonischen Sprach- und Verständniswirrwarr beim Gebrauch der Begriffe „Theorie", „Wissenschaft", „Praxis" und „Ausbildung" . Dieser Wirrwarr kann schnell aufgelöst werden, wenn man sich an anderen wissenschaftlichen Disziplinen – wie zum Beispiel der Medizin, der Psychologie oder der Physik – ausrichtet und die dort üblichen Definitionen und Differenzierungen übernimmt. Soziale Arbeit ist nach meiner Auffassung – wie alle anderen Hochschuldisziplinen auch – aus inhaltlichen und formalen Gründen in drei Bereiche aufzuteilen: *Soziale Arbeit als Wissenschaft,*[6] *Soziale Arbeit als Praxis (Beruf)* und *Soziale Arbeit als Ausbildung (Lehre)*[7] (siehe Abbildung 1). Alle drei Bereiche zusammen machen Soziale Arbeit aus. Jeder Bereich hat seine eigene Aufgabe, die von den Aufgaben der anderen Bereiche deutlich zu unterscheiden ist. Jeder der drei Bereiche bezieht sich in eigenständiger Weise auf denselben Gegenstand Sozialer Arbeit und ist zugleich mit den anderen Bereichen *zirkulär verbunden.* Als Gegenstand Sozialer Arbeit erkenne ich „Soziale Probleme und die Lösungen dieser Probleme".[8] *Soziale Arbeit als Wissenschaft* reflektiert und erforscht mit wissenschaftlichen Methoden soziale Probleme und ihre Lösungen.[9] *Soziale Arbeit als Praxis* arbeitet mit Handlungsmethoden an der Lösung sozialer Probleme. *Soziale Arbeit als Ausbildung* bildet für die berufliche Praxis Sozialer Arbeit aus. Nochmals anders formuliert: Soziale Arbeit als Wissenschaft ist reflexive und Soziale Arbeit als Praxis ist tätige Antwort auf soziale Probleme. Soziale Arbeit als Ausbildung unterrichtet das reflexive und tätige Antworten auf soziale Probleme.[10]

Auf das Eigenständige und die enge Verflechtung der drei Bereiche Wissenschaft, Praxis und Ausbildung in der Sozialen Arbeit hat Alice Salomon bereits vor 70 Jahren aufmerksam gemacht.[11] Die Unterscheidung von Sozialer Arbeit als Wissenschaft und Soziale Arbeit als Praxis mag als umständlich erscheinen. Praktisches Handeln und wissenschaftliches Arbeiten sind – nicht nur für mich – zwei verschiedene Dinge.[12] Eine klare sprachliche und inhaltliche Abgrenzung ist meiner Einsicht nach notwendig, um die Zusammenarbeit von PraktikerInnen und WissenschaftlerInnen in der Sozialen Arbeit zu verbessern. Eine Mißachtung der Bereichsgrenzen führt unweigerlich zu erheblichen inhaltlichen Irritationen und Kompetenzstreitigkeiten bei den Beteiligten. Das schwierige Verhältnis von WissenschaftlerInnen und PraktikerInnen in der Sozialen Arbeit gründet meiner Meinung nach zum großen Teil eben darin, daß die Grenzen der eigenen Zuständigkeit und Kompetenz nicht gewahrt werden. Wenn die Praxis Sozialer Arbeit zum vorzüglichen Gegenstand der Sozialarbeitswissenschaft oder

Abbildung 1: Soziale Arbeit als Wissenschaft, Praxis und Ausbildung

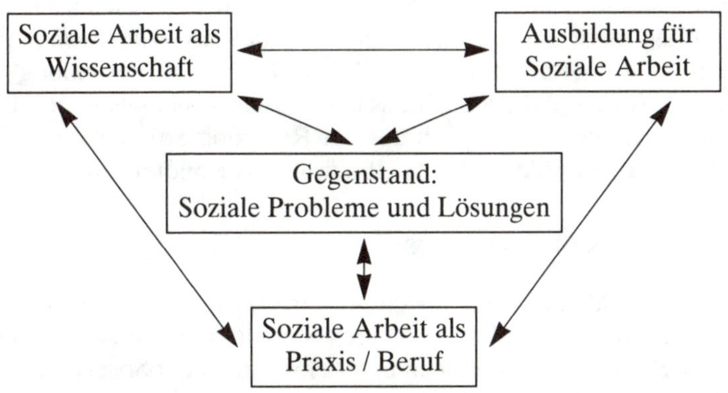

der Sozialpädagogik wird, so liegt auf der Hand, daß PraktikerInnen die WissenschaftlerInnen als Supervisoren und letztlich als abzulehnende BesserwisserInnen erleben müssen. In der Wissenschaftswelt ist es meines Wissens nicht üblich, die Praxis einer Berufsgruppe zum Gegenstand einer Wissenschaftsdisziplin zu machen. Bei der Sozialen Arbeit als Ausbildung ist zu differenzieren in die Ausbildung für die berufliche Praxis (an Fachhochschulen) und in die Ausbildung von AusbilderInnen und ForscherInnen (an wissenschaftlichen Hochschulen). Sozialpädagogik ist 1969 an einigen deutschen Universitäten als eigener Studiengang im Rahmen der Erziehungswissenschaften etabliert und damit als wissenschaftliche Disziplin anerkannt worden. Zur selben Zeit ist der Sozialarbeit – für viele die weniger angesehene Zwillingsschwester der Sozialpädagogik – lediglich ein eher bescheidener Platz als Studiengang an Fachhochschulen zugestanden worden. Entwicklung und Pflege der Wissenschaften durch Forschung ist nach dem geltenden Hochschulrecht Aufgabe der wissenschaftlichen Hochschulen. Die Fachhochschulen haben durch anwendungsbezogene Lehre eine Bildung zu vermitteln, die zu selbständiger Anwendung wissenschaftlicher Methoden und künstlerischen Tätigkeiten in der Berufspraxis befähigt. Sozialarbeit und Sozialpädagogik unterscheiden sich anerkanntermaßen. Für die Soziale Arbeit ist – im Unterschied zur Sozialpädagogik – kein Ort vorgesehen, an dem sozialarbeiterische Lösungsansätze entwickelt werden, die an Fachhochschulen dann zu vermitteln sind. Dieser Mangel und der ausdrückliche Praxisbezug der Fachhochschulen tragen erheblich zur Vermengung von Theorie, Praxis und Ausbildung in der Sozialen Arbeit und der daraus resultierenden Konfusion bei. Der hochschulpolitische Streit zwischen Universitäten und Fachhochschulen erschwert zudem den ohnehin nicht leichten Selbstfindungsprozeß Sozialer Arbeit. Ich befasse mich in diesem Buch ausschließlich mit *Sozialer Arbeit als Wissenschaft* und möchte über Verlauf, Stand und Perspektiven der Entwicklung orientieren. Soziale Arbeit als Praxis und Soziale Arbeit als Ausbildung berühre ich nur dort, wo sich aus der Reflexion Sozialer Arbeit als Wissenschaft Konsequenzen für Praxis und Ausbildung ergeben.

1. Der Zweck dieses Buches

Eine entscheidende Rolle für die weitere Entwicklung der Sozialen Arbeit als Wissenschaft fällt den jetzt Studierenden und zukünftigen ForscherInnen, PraktikerInnen und LehrerInnen der Sozialen Arbeit zu. Doch viele Studierende, die sich für wissenschaftliches Erkennen und Denken in der Sozialen Arbeit interessieren, beklagen bei der Mehrzahl fachwissenschaftlicher Publikationen:

(a) Es werden zuviele wissenschaftstheoretische und philosophische Kenntnisse vorausgesetzt.
(b) Die AutorInnen drücken sich zumeist sehr abstrakt und kompliziert aus und bevorzugen auch dann noch Fremdwörter, wenn gute deutsche Ausdrücke verfügbar sind.
(c) Es wird in großem Umfang auf Literatur aus anderen Fächern zurückgegriffen und vorausgesetzt, daß sie bekannt ist.
(d) Die Vielfalt sehr unterschiedlicher Methoden, Ansätze, Modelle, Entwürfe und Theorien verwirrt.

Dieses Buch ist als *Studienbuch* für Studierende, PraktikerInnen und ehrenamtliche HelferInnen der Sozialen Arbeit und als Information für VertreterInnen anderer Berufe, die in der Sozialen Arbeit tätig sind, geschrieben worden. Es wendet sich nicht ausdrücklich an die FachwissenschaftlerInnen.
Als Studienbuch soll dieses Buch

(a) in wissenschaftliches Erkennen und Denken im Rahmen Sozialer Arbeit einführen,
(b) eine Orientierung in dem weiten und oft schwer zu überschauenden Feld der Theorien Sozialer Arbeit bieten,
(c) darauf hinweisen, wie vielfältig in Theorie und Praxis Menschen auf die bedrängenden sozialen Probleme ihrer Zeit geantwortet haben,
(d) zu einer vertieften wissenschaftlichen Reflexion Sozialer Arbeit anregen und ermutigen.

Aus dieser Ziel- und Zweckbestimmung ergeben sich als leitende didaktische Gesichtspunkte:

(a) Kriterien für Soziale Arbeit als Wissenschaft vermitteln.
(b) Den Weg der Sozialen Arbeit zur eigenständigen Wissenschaftsdisziplin aufzeichnen.
(c) Das ganze Spektrum aufzeigen wie Soziale Arbeit verstanden werden kann und verstanden worden ist.
(d) Wenige Theorien, die aber breite Strömungen repräsentieren, auswählen.
(e) Die einzelnen Theorien auf dem Hintergrund der Lebenswelt ihrer VerfasserIn sehen.
(f) Möglichst elementar und anschaulich darstellen, ohne primitiv zu werden.

2. Der Aufbau des Buches

Wer sich mit der Sozialen Arbeit als Wissenschaft befassen will, kommt nicht umhin, sich gleich zu Beginn mit Wissenschaftstheorie zu befassen. Wichtige wissenschaftstheoretische Fragen und Antworten werden in dem *ersten Teil* „Zur Grundlegung: wissenschaftstheoretische Fragen und Positionen" behandelt, um die Fundamente und Eckpunkte zu benennen, auf deren Benennung und Reflexion keine Wissenschaft verzichten kann. Der Unterschied von Alltagswissen und wissenschaftlichem Wissen wird herausgearbeitet. Die Gegenstandsbestimmung, die Methodologie verbunden mit der Wertfrage, die Theorienbildung und die Forschung werden als wissenschaftstheoretische Organisationselemente jeder Wissenschaftsdisziplin benannt. Wissenschaftliches Denken und Handeln basieren auf Vorentscheidungen über philosophische Grundannahmen. Die wichtigen Streitpunkte bei den Grundannahmen werden skizziert, da die jeweilige Entscheidung für oder gegen eine Position die folgende wissenschaftliche Arbeit wesentlich bestimmt. Die Einflußfaktoren auf die Wissenschaft und das Anwendungsproblem (Theorie-Praxis-Verhältnis) werden in ihrer Bedeutung beschrieben.

Soziale Arbeit als Wissenschaft existiert bereits seit Jahrzehnten in vielen Ansätzen, Entwürfen, Modellen und Theorien. Daher wird in dem *zweiten Teil* „Soziale Arbeit als Wissenschaft" über den gegenwärtigen Erkenntnis- und Diskussionsstand im deutschsprachigen Raum berichtet. Ein kurzer Überblick über Wissenschaft im Handlungsfeld Sozialer Arbeit wird zur Einführung gegeben.Gliederungspunkte beim weiteren Vorgehen bilden – analog dem Aufbau des ersten Teils – die weltanschaulich-philosophisch bedingten Kontroversen im Vorfeld Sozialer Arbeit als Wissenschaft, die Bestimmung des Gegenstandsbereichs, die wissenschaftlichen Methoden, die Theorien und die Forschung als die fünf wesentlichen Bestandteile jeder Wissenschaft.

Recht unterschiedliche Lösungen für soziale Probleme sind in der Lebens- und Wissensgeschichte erarbeitet und oft auch in der Praxis umgesetzt worden. Für die Lösung gegenwärtiger sozialer Probleme können die Lösungen früherer Generationen fruchtbringend herangezogen werden. Häufig belehrt uns die Geschichte zugleich über die Folgen bestimmter Lösungsstrategien. Das kann heute als Warnung oder auch als Ermutigung für bestimmte Lösungswege dienen. Der *dritte Teil* „Vom Armutsideal bis zum Töten 'unwerten Lebens'" besteht aus sieben Theorien. Sie stehen stellvertretend für verschiedene Arten

des Umgangs mit sozialen Problemen (Armut, Krankheit, Behinderung, Alter usw.) aus der Geschichte der Sozialen Arbeit. Ausgewählt worden sind sieben AutorInnen aus Disziplinen, die an der Lösung sozialer Probleme beteiligt sind: Theologie, Philosophie, Pädagogik, Nationalökonomie, Recht, Medizin, Soziale Arbeit und Politik. Diese Theorien haben für den deutschsprachigen Raum wichtige Impulse für die Soziale Arbeit und ihre Reflexion gegeben. Nach heutigem Wissenschaftsverständnis kann man allerdings bei diesen Theorien nicht von Theorien im streng wissenschaftlichen Sinn sprechen; sie sind als „Vortheorien" oder vorwissenschaftliche Theorien zu bezeichnen. Die Auswahl läßt zugleich den Weg der Sozialen Arbeit als Wissenschaft erkennen: Im hohen Mittelalter werden soziale Probleme im Rahmen der Theologie behandelt. Bald danach wird die Reflexion sozialer Probleme von der Theologie getrennt und erfolgt in anderen Disziplinen, um schließlich in unserer Zeit in einer eigenen Disziplin Soziale Arbeit (als Wissenschaft) reflektiert zu werden.
Im *vierten Teil* „Vom Fürsorgen bis zum gerechten Austauschen" werden sieben heutige Theorien für die Soziale Arbeit dargestellt. Diese Theorien erfüllen in etwa auch den Anspruch, der heute an eine wissenschaftliche Theorie gestellt wird. Die ausgewählten Theorien repräsentieren verschiedene wichtige wissenschaftstheoretische Auffassungen und spiegeln das gegenwärtig im deutschsprachigen Raum diskutierte Lösungsspektrum wider. Außerdem behandeln die AutorInnen den Gegenstandsbereich Soziale Arbeit insgesamt und beschränken sich nicht nur auf ein Teilgebiet Sozialer Arbeit (zum Beispiel auf Heimerziehung oder Bewährungshilfe).
Wissenschaftliches Arbeiten folgt einem Leitfaden, der sich aus den allgemein anerkannten Anforderungen an wissenschaftliches Arbeiten ergibt. Nach dem Leitfaden des wissenschaftlichen Vorgehens werden jeweils die einzelnen Theorien im dritten und vierten Teil vorgestellt. Die einzelnen Schritte dabei sind:

(1) Der lebensweltliche Kontext: Zeitrahmen – sozio-kulturelle und ökonomische Bedingungen – geltende Wissenschaftsauffassung – Themen der Zeit – Denktradition.
(2) Die Autorin / der Autor: biografische Daten – weltanschauliche Einbindung – Zugang zur Macht – erkenntnisleitendes Interesse.
(3) Die Wissenschaftsauffassung: explizites oder implizites Verständnis von Wissenschaft und Wahl der wissenschaftstheoretischen Methoden.
(4) Der Gegenstandsbereich: das Material- und Formalobjekt, dem sich der/die AutorIn zuwendet.

(5) Die Theorie: Grundannahmen – wichtige Bausteine und Elemente – Ziele und Werte.
(6) Bedeutung und Umsetzung in der Praxis: Aufnahme der Theorie bei WissenschaftlerInnen und PraktikerInnen.
(7) Literatur zum Vertiefen: wichtige Publikationen zur Theorie vom AutorIn selbst oder anderen AutorInnen.

Dieses Buch wird mit dem letzten, dem *fünften Teil* „Perspektiven" abgeschlossen. Hier werden noch einmal die Gesichtspunkte und Forderungen zusammengestellt, die für die weitere Entwicklung der Sozialen Arbeit als Wissenschaft wichtig sind, damit die Soziale Arbeit „endlich einmal ihr eigenes Brot backt und sich endlich einmal zur selbständig forschenden Wissenschaft erhebt."[13]

3. Einige selbstkritische Vorbemerkungen

Zweck und Ziel dieses Buches führen dazu, daß es eher einem groben Holzschnitt als einer feinen Federzeichnung gleicht. Komplexes wird vereinfacht, Differenzierungen werden vernachläßigt und Details werden weggelassen, um die didaktischen Absichten zu erfüllen. Das *Elementarisieren* führt dazu, daß Fragen und Antworten, Probleme und Theorien verkürzt dargestellt werden und damit verfremdet sein können. Dieses Risiko konnte ich nicht ausschließen. Insbesondere bei der Darstellung der Theorien habe ich mich bemüht, mich möglichst nahe an die Sprache und die Denkfiguren der jeweiligen AutorInnen zu halten. Allein durch das Komprimieren treten in einigen Fällen deutliche Schwächen der jeweiligen Theorie zutage. Ich habe diese Mängel stehen lassen. Sie gehören zum Entwicklungsstand der jeweiligen Theorie. Meine Darstellungen lassen sich leicht anhand der Primärliteratur vertiefen, überprüfen und gegebenenfalls korrigieren. Die Theorien und AutorInnen sind nach von mir bestimmten *Kriterien* ausgewählt worden. Die Auswahl hätte auch ganz anders sein können. Zu diskutieren ist natürlich insbesondere das Einbeziehen von Otto von Bismarck und Adolf Hitler als Autoren von Theorien der Sozialen Arbeit. Und dann steht Hitler auch noch neben Alice Salomon, die von Hitlers Schergen verfolgt und vertrieben worden ist. Bismarck und Hitler tauchen im Zusammenhang mit Theorien zur Sozialen Arbeit üblicherweise nicht auf. Ich habe beide ausgewählt, da sie sehr bedeutsame und bis heute nachwirkende Beiträge für die Theorie und Praxis Sozialer Arbeit geleistet haben. Und beide haben als mächtige Politiker vollzogen, was andere vor ihnen als Wissenschaftler bereits gedacht haben.[14] Die „Endlösungen Sozialer Arbeit" unter Adolf Hitler gehören zum Spektrum möglicher Lösungen dazu, auch wenn sie als barbarische Lösungen zu werten und damit abzulehnen sind. Hitlers Verständnis und Praxis des Umgangs mit Behinderten, Kranken und Minoritäten hat viele Mütter und Väter in der Wissens- und Lebensgeschichte der Menschheit. Die Tagesnachrichten bezeugen, daß Hitlers Lösungen auch heute noch vertreten und praktiziert werden. Die von Bismarck initiierte Sozialgesetzgebung ist auch heute noch eine die gesamte Soziale Arbeit in Deutschland bestimmende Größe.

Von den 14 ausgewählten AutorInnen stehen zwei *Frauen* zwölf *Männern* gegenüber. Charakteristischerweise sind allein die beiden Frauen „gelernte Sozialarbeiterinnen". Diese Auswahl orientiert sich an der Wirklichkeit. Für die Soziale Arbeit ist es typisch, daß Männer die führenden Positionen sowohl in der Praxis als auch in der Ausbildung inne haben und Frauen die alltägliche Arbeit in der Praxis ausführen müssen. Im Autorenverzeichnis des renommierten Handbuchs zur Sozialarbeit/Sozialpädagogik von Hanns Eyferth / Hans-Uwe Otto / Hans Thiersch befinden sich gerade 10 % Frauen, aber 90 % Männer.[15] Dagegen arbeiten bei den Spitzenverbänden der freien Wohlfahrtspflege ca. 80 % Frauen und 20 % Männer.[16] Studentinnen haben mich darauf aufmerksam gemacht, daß die ablehnende Haltung der Praktikerinnen gegenüber Theorien vielleicht auch etwas mit dieser Geschlechterverteilung zu tun haben könnte: „Die Frauen unten in der Praxis lehnen die Theorien der Männer oben ab."

Soziale Probleme hat es in allen Epochen, Kulturen, Völkern und Staaten gegeben. Und die Menschen haben jeweils solche Lösungen für ihre sozialen Probleme in Theorie und Praxis entwickelt, die ihren Denk- und Lebensgewohnheiten entsprachen. Von daher bietet es sich an, Theorien aus verschiedenen Kulturen und Völkern auszuwählen. In diesem Buch sind vorrangig *AutorInnen* aus dem *deutschsprachigen Raum* ausgewählt worden. Diese Beschränkung war aus Platzgründen notwendig.[17] Allerdings wurden solche AutorInnen ausgewählt, die weit verbreitete Denktraditionen repräsentieren. Bei der Darstellung der einzelnen Theorien wird auf Einflüsse und Denkströmungen, in denen die AutorInnen standen oder stehen, aufmerksam gemacht.

Immer wieder haben in den letzten Jahren AutorInnen den Entwicklungsstand der Sozialarbeitswissenschaft und die vorliegenden Theorien zur Sozialen Arbeit dargestellt. Die wissenschaftstheoretischen Positionen der Theorien dienten in der Regel als Einteilungsschemata.[18] Mitunter wirken diese Systematisierungen etwas erzwungen.

Theorien werden von konkreten Menschen auf dem Hintergrund persönlicher Erfahrungen und Abhängigkeiten entworfen, insbesondere dann, wenn es um die Antwort auf soziale Probleme geht. Diese Einsicht hat mich angeleitet, die einzelnen Theorien autorInnenbezogen und eingebunden in ihre Lebenswelt darzustellen. Schließlich prägt die Persönlichkeit der WissenschaftlerInnen die Psycho-logik ihres Entwurfs und aller weiteren Ausführungen.

Dieses Buch ist das Ergebnis vieler *Lehrgespräche mit Studierenden* während der letzten zehn Jahre. Ich wollte ihnen wissenschaftliches Denken und Arbeiten vermitteln, wie ich es in meinen Studienfächern gelernt habe. Die Studierenden haben mich aber durch ihr beharrliches Fragen herausgefordert und ermutigt, von ihrem Studienfach, der Sozialen Arbeit, aus zu denken. Viele von ihnen lassen mich auch nach ihrem Studium an ihren Praxiserfahrungen und -reflexionen teilhaben. Für diese Herausforderungen, Ermutigungen und Mitteilungen danke ich herzlich. Rüdiger Leibfried danke ich für seine freundschaftliche und anregende Begleitung beim Verfassen des Manuskriptes; Michael Spangenberger danke ich für Hilfe bei der Literatursuche. Günter Palte, Wolf Häfner, Renate Lanius, Jakob Müller und Silvia Staub-Bernasconi danke ich dafür, daß sie mir wichtige Zugänge zur Sozialen Arbeit erschlossen haben. Fritz Boll und Rudi Briel vom Lambertus-Verlag danke ich für geduldiges Abwarten und engagiertes Diskutieren beim Entstehen dieses Buches. Alice, Hanna und Eva Engelke danke ich dafür, daß sie mich vielfältig unterstützt und meinen Computer nicht abgestellt haben.

Anmerkungen zur Einleitung

1 Der Begriff „Soziale Arbeit" wird hier generell anstelle des verwirrenden und abzulösenden Doppelbegriffs Sozialarbeit/Sozialpädagogik verwendet. Vgl. dazu Mühlum 1981, 330 - 336. Bei den einzelnen AutorInnen wird jedoch der von ihnen jeweils benutzte Begriff beibehalten.

2 Sekretariat der Ständigen Konferenz der Kultusminister der Länder in der Bundesrepublik Deutschland 1984, 23

3 Zum Beispiel Rahmenstudienordnung für den Fachhochschulstudiengang Sozialwesen vom 20.1.1981 in Bayern veröffentlicht im KMBl Nr. 4 / 1981

4 Text auf einem Poster, das an der Wand eines Dienstzimmers von Sozialarbeitern hängt.

5 Ich stütze meine Aussagen auf die Rückmeldungen mehrerer Hundert Studierender nach ihrem Praktikum.

6 Der Begriff „Sozialarbeitswissenschaft" wird zwar mittlerweile häufig benutzt, dennoch möchte ich lieber von „Sozialer Arbeit als Wissenschaft" sprechen. Dadurch wird - wie in anderen Disziplinen auch - deutlich, daß

es sich bei der Wissenschaft und der Praxis dieses Fachs um denselben Gegenstand, auf den sie bezogen sind, handelt. Wissenschaft und Praxis sind im Bild gesprochen zwei Seiten einer Münze.

[7] Ich spreche von Ausbildung, da der Begriff „Lehre“ umgangssprachlich zu stark auf die verbale Vermittlung von Wissensinhalten eingeengt ist.

[8] Vgl. Teil 2 Abschnitt 3 sowie Staub-Bernasconi 1983a,b, 1986 und Sidler 1989. An der Lösung sozialer Probleme sind auch andere Disziplinen interessiert und beteiligt (siehe Abbildung 7, S. 92).

[9] Vgl. Staub-Bernasconi 1991, 3

[10] Vgl. hierzu Teil 2 Abschnitt 3.3.

[11] Salomon 1927, 109ff.

[12] Vgl. hierzu auch Teil 1. Abschnitt 5.

[13] Vgl. Lay 1920 für die Pädagogik, zitiert nach Tschamler 1983, 176 (abgewandelt von mir, E.E.)

[14] Vgl. hierzu die Darstellungen in dem Teil 3 die Abschnitte 4 und 7

[15] Eyferth / Otto / Thiersch 1987, 1318 - 1322

[16] Ergebnis eigener Recherchen

[17] Vgl. Lukas 1979, 11

[18] Vgl. die Ausführungen in Teil 2 Abschnitt 4.2.

Teil 1
Zur Grundlegung: wissenschaftstheoretische Fragen und Positionen

Begriffe wie „Theorie", „Konzept", „Methoden", „Praxis" und auch „Wissenschaft" benutzen wir im Alltag ganz selbstverständlich. Dabei tun wir so, als ob diese Begriffe von allen Menschen in gleicher Weise verstanden und gebraucht werden. Aber ist das auch wirklich so? Diese Begriffe gibt es schon sehr lange und ihre Geschichte ist wechselvoll. Jede Zeit hat eigene Auffassungen über diese Begriffe und darüber, was unter ihnen zu verstehen ist. Große Unterschiede in der Bestimmung dieser Begriffe bestehen darüber hinaus von einem Kulturkreis zum anderen. Innerhalb der Epochen und Kulturkreise gibt es außerdem noch verschiedene miteinander konkurrierende Auffassungen über das, was unter „Wissenschaft", „Theorie" und „Praxis" zu verstehen ist.

Zu den allgemeinen Aufgaben der Philosophie gehörte es traditionell, diese Begriffe und das, was mit ihnen gemeint ist, zu reflektieren. Heute hat die *Wissenschaftstheorie* – auch Wissenschaftslehre, Erkenntnistheorie oder Epistemologie genannt – diese Aufgabe als relativ eigenständige Disziplin weitgehend übernommen. Mitunter scheint es sogar so zu sein, als ob die Wissenschaftstheorie heute für die Philosophie überhaupt steht. Die Wissenschaftstheorie erforscht das Entstehen von Wissen, seine Bedingungen und Voraussetzungen, seine Ziele und Zusammenhänge, seine Querverbindungen und Grenzen.[1] Das Arbeitsfeld der Wissenschaftstheorie umfaßt mehrere Teildisziplinen: Wissenschaftspsychologie, Wissenschaftssoziologie, Wissenschaftsgeschichte, Wissenschaftslogik, Wissenschaftsmethodologie und Wissenschaftsphilosophie.[2]

Zu den wichtigen Aufgaben der WissenschaftstheoretikerInnen gehört es, allgemeine Kriterien und Kennzeichen für Wissenschaft und wissenschaftliches Wissen zu erarbeiten und zu überprüfen, ob Erkenntnisse mit Wissenschaftsanspruch auch wirklich wissenschaftlich legitimiert sind. Die besonderen Bedingungen der Erkenntnisgewinnung in den jeweiligen Fachwissenschaften sind jeweils von den FachwissenschaftlerInnen für ihre eigene Disziplin zu erforschen und zu benennen (siehe Teil 2). Das Studium einer jeden Wissenschaft enthält daher zwangsläufig auch immer eine Auseinandersetzung mit wissenschaftstheoretischen Fragen und Antworten, da wissenschaftliches Erkennen und Denken sich selbst bis in die Gründe und Anfänge zu reflektieren hat.[3]

Die gegenwärtige wissenschaftstheoretische Diskussion über das Verständnis und in der Folge auch über die Anwendung von Wissenschaft ist weithin durch kontroverse Klärungs- und Definitionsversuche bestimmt.[4] Eine einheitliche und allgemein anerkannte Auffassung gibt es nicht. Das betrifft sowohl die allgemeine als auch die fachwissenschaftliche Diskussion.

Zunächst wird im ersten Abschnitt dieses Teils bestimmt, was hier unter wissenschaftlichem Wissen verstanden wird. Darauf aufbauend werden Kennzeichen und Kriterien zur Organisation wissenschaftlichen Wissens genannt und Wissenschaft(sverständnis) als wandelbar dargestellt. Die Streitgespräche der wissenschaftstheoretischen Schulen über ihre Positionen lassen deutlich werden, daß den verschiedenen Auffassungen verschiedene erkenntnistheoretische und philosophische Annahmen zugrunde liegen. Diese grundverschiedenen Annahmen führen auch in der Sozialen Arbeit als Wissenschaft zu verschiedenen Meta- und Objekttheorien. Hier können die Streitfragen und ihre Beantwortungsmöglichkeiten lediglich benannt werden. Da Menschen über die zu gebenden Antworten streiten, wirken natürlich auch „ganz menschliche“ Faktoren, die sich aus dem Gemeinschaftsleben der WissenschaftlerInnen und der Persönlichkeit jeder/s einzelnen WissenschaftlerIn ergeben, bei den Entscheidungen mit. Äußere Einflüße auf die Wissenschaftsentwicklung spielen eine nicht unerhebliche Rolle. Beobachten und Handeln, Denken und Tun, Theorie und Praxis, Wissenschaft und ihre Anwendung fordern ständig zu neuen Verhältnisbestimmungen heraus, da es hierbei um das Zusammenspiel vieler Menschen und damit auch um Macht und Herrschaft geht. Das Verhältnis von Wissenschaft (Theorie) und Praxis und das Verhältnis von Wissenschaft (Theorie) und Ausbildung werden zum Abschluß dieses Teils behandelt.

Anmerkungen

[1] Rombach 1979, 9

[2] Lay 1971, 9 - 20

[3] Rombach 1979, 7

[4] Vgl. dazu die Einführungen in die Wissenschaftstheorie von Lay 1971, 1973; Ströker 1973; Rombach 1974, 1979; Tschamler 1983; Seiffert 1985; Eberhard 1987; Breuer 1989; Kriz / Lück 1990 u. a. sowie die dort jeweils angegebenen umfangreichen Literaturangaben zur Wissenschaftstheorie.

1. Alltagswissen – wissenschaftliches Wissen – Berufswissen

Das deutsche Wort „*Wissen*“ gehört sprachgeschichtlich zu der indogermanischen Sprachwurzel „ueid“ und bedeutet „erblicken, sehen“. Aus „Ich habe gesehen“ ist dann „Ich habe erkannt“ und später „Ich weiß“ geworden. Ein Wissender hat etwas erblickt und dadurch etwas erkannt. „Wissen“ hängt sprachlich eng mit „sehen“ und „erkennen“ zusammen. Das Wort „wizzenschaft“ taucht erst ab dem 16./17. Jahrhundert im deutschen Sprachraum auf. Es wird für den lateinischen Begriff „scientia“ im Sinne von „geordnetes, in sich zusammenhängendes Gebiet von Erkenntnissen“ gebraucht.[1] *Sehen, erkennen* und das erkannte Wissen *ordnen* kennzeichnen sprachgeschichtlich ganz allgemein „*Wissenschaft*“.

Menschen sehen, erkennen und wissen etwas. Jeder Mensch weiß etwas und benötigt Wissen, um überhaupt leben zu können. Wenn jemand nicht sehen oder nichts erkennen kann, ist er auf die Einsichten und Erkenntnisse anderer angewiesen. Wissen wird selbst erworben und/oder von anderen übernommen. Ist folglich jeder Mensch ein Wissenschaftler, da ja jeder über Wissen verfügen muß und auch verfügt? Welche Art ist das Wissen, über das jede Frau und jeder Mann verfügen? Wie läßt sich dieses *Allerweltswissen* von *wissenschaftlichem Wissen* unterscheiden?

1.1. Alltagswissen

Jeder Mensch erwirbt für sich in seinem Alltag ein persönliches Wissen und gewinnt ständig weitere Erkenntnisse hinzu. Dieses Wissen wird *Alltagswissen* genannt.[2] Unsere täglichen Wahrnehmungen, Erlebnisse und Erfahrungen bilden die Basis für diese Erkenntnisgewinnung. Ausgerichtet auf unsere Lebensziele deuten wir diese Erkenntnisse, schaffen uns auf diese Weise Vorstellungen vom Leben und machen sie zum Leitfaden unserer Handlungen und begründen damit auch unser Verhalten. Im Verlauf unseres Lebens bilden wir ganz persönliche Auslegungsmuster über das Leben und für unser Leben. Jeder Mensch verfügt über entsprechende ihm eigene Interpretationsmuster, an denen er sich orientiert. Diese Interpretationsmuster können bewußt, aber auch unbewußt sein; sie können benannt werden oder aber auch unbenannt bleiben. In jedem Fall aber bestimmen sie unser Handeln; außerdem geben wir mit ihnen unserem Leben Sinn. Wir alle organisieren unseren Alltag und bestehen ihn mit Hilfe unseres Alltags- oder Lebenswissens. Andere Menschen können uns meistens jedenfalls aufgrund unserer in der Regel recht beständigen Deute- und Verhaltensmuster erkennen und verstehen. Wir werden für andere dadurch berechenbar. Die Entstehungs- und Anwendungsweise dieser Denk- und Handlungsmuster hat dazu geführt, sie auch als *Alltagstheorien* zu bezeichnen. In ihnen ist das Erleben mehr oder weniger bewußt zu Erfahrungen verarbeitet, ausgelegt und abgelagert, und zwar so, daß es in späteren Situationen wiederbelebt werden kann. Was immer wir an Neuem erleben, wir benennen es und integrieren es in unsere Alltagstheorie. Diese zu uns gehörende Alltagstheorie bedeutet für uns Sicherheit, unser Leben zu bewältigen. Wir haben so eine mehr oder weniger verläßliche Orientierung für unser Leben in uns.

Werden unser Alltagswissen und unsere Alltagstheorien von anderen angezweifelt, dann wird dieses Wissen meistens mit dem Argument verteidigt: „Ich habe in meinem Leben meine Erfahrungen gemacht. Und die kann mir keiner nehmen!" Durch diesen Rückzug in die eigene Lebensgeschichte und auf ganz persönliche Erfahrungen entzieht sich der Alltagswissende einer Auseinandersetzung um sein Wissen. Er weicht Fragen und Zweifeln aus und versucht sein Wissen eben dadurch abzusichern. Als Ergebnis dieser Wissensabsicherung kann Alltagswissen leicht erstarren. Es wird schnell zur subjektiv begründeten und nicht nachprüfbaren Überzeugung, die gegen Angriffe jeder Art heftig verteidigt wird. Eine Infragestellung des Alltagswissen bedeutet für viele nicht weniger als eine Infragestellung ihres Lebenssinns. So wird heftige Verteidigung des Alten gegenüber dem Neuen verständlich.

Alltagswissen wird nicht ausdrücklich thematisiert oder reflektiert. Wir leben mit ihm als einer selbstverständlichen Ressource für den alltäglichen Umgang miteinander. Es ist ein Sockel gemeinsamer (impliziter) Werte, Vorstellungen, Meinungen und Grundannahmen, auf denen unser Denken und Handeln beruht und mit denen wir unser Denken und Handeln bestreiten. Wird dieses Wissen explizit thematisiert und kritisch reflektiert, dann verliert es seine Kraft als Verständigungs- und Verstehensressource, und es werden die verdrängten und überspielten Widersprüche, Brüche und Risse deutlich. Aufmerksam reflektiertes Alltagswissen kann zu anderem Wissen werden, wenn sein frageloses Gegebensein aufgegeben wird. Und als anderes Wissen kann es wiederum zur Basis neuen Verstehens und Verständigens werden.

1.2. Wissenschaftliches Wissen

Alltagswissen und Alltagstheorien werden in der alltäglichen Lebenswelt erworben. *Wissenschaftliches Erkennen* setzt ebenfalls in der alltäglichen Lebenswelt an und setzt sogar ein bestimmtes Maß an Alltagswissen voraus, bleibt aber dabei nicht stehen, sondern geht darüber hinaus.[3] *Wissenschaftliches Wissen* ist dadurch gekennzeichnet, daß einerseits Kenntnis erweitert wird, andererseits aber zugleich auch die *Bedingungen der Erkenntnisgewinnung* hinterfragt werden. Wissenschaftliches Erkennen bezieht sich sowohl auf das zu Erkennende selbst (als „Gegenstand") als auch auf den Weg, der zu dem zu Erkennenden führt (als „Methode"). Durch diese grundlegende Zweiseitigkeit des Erkenntnisprozesses wird die Wissenschaft erst zur Wissenschaft. Heinrich Rombach bezeichnet diese *Zweiseitigkeit der Erkenntnisgewinnung als wissenschaftstheoretisches Grundgesetz.*[4] Die Erkenntnisgewinnung wird dadurch nicht nur produktiver, sie wird auch reflexiver und gewinnt so allein die eigentümliche Schärfe und Komplexität, die eben wissenschaftliches Wissen auszeichnet.

> „Wissenschaft schreitet immer nach zwei Seiten vor. Einmal erarbeitet sie neue Kenntnisse, indem sie sich immer weiter in die Gegenstandsstrukturen hineingräbt und diese nach Umfang, Zusammenhang und Begründung ausforscht; zum andern arbeitet sie sich zurück in die eigenen Voraussetzungen, indem sie sich immer differenzierter die Bedingungen ihres gezielten Zugangs auf das Seiende verdeutlicht, ebenso die Vorfestlegungen und Beschränkungen solcher Bedingungen, die Notwendigkeit von Neuentwürfen in der Erkenntnis- und Verstehensbasis etc. Wissenschaft kann immer nur soweit (nach außen) voranschreiten, wie sie (nach innen) an Boden und Voraussetzung schafft und klärt. Die beiden grundlegenden Forschungstendenzen (nach außen und nach innen) bedingen sich gegenseitig, so daß sie im Grunde ein einziges Geschehen ausmachen, das Geschehen der Wissenschaft überhaupt."[5]

Alltagswissen ergibt sich aus den alltäglichen Erlebnissen, die jemand mit den Gegenständen seiner Lebenswelt macht. Der Mensch als Subjekt des Erkennens sucht sich in seinem Alltag willkürlich Gegenstände aus oder trifft zufällig auf Gegenstände, die er näher betrachtet oder übersieht (siehe Abbildung 2, S. 26). WissenschaftlerInnen als Subjekte der Erkenntnis beziehen sich auf einen gemeinsamen, aus der Lebenswelt ausgewählten speziellen Gegenstand, der von allen WissenschaftlerInnen des einen Faches erforscht wird. Dieser Gegenstand wird mit einer gezielten Forschungsfrage systematisch untersucht, um das Wissen über den Gegenstand zu vertiefen.

Abbildung 2: Die Gegenstände von Alltagswissen und wissenschaftlichem Wissen

Alltagswissen: Beliebige Gegenstandswahl eines Subjekts

Wissenschaftliches Wissen: Ein gemeinsamer Gegenstand für viele Subjekte

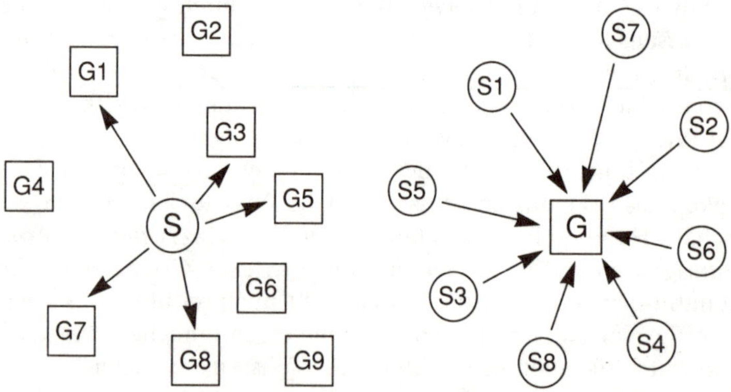

G = Gegenstand der Erkenntnis, S = Subjekt der Erkenntnis

Beim Alltagswissen werden die Gegenstände vom Erkenntnissubjekt einfach wahrgenommen, und das Wahrgenommene wird in das vorhandene persönliche Wissen des Erkenntnissubjektes integriert (siehe Abbildung 3). Alltagswissen wird aus der persönlichen Lebensweltertahrung gewonnen und steht danach als Überzeugung fest. Beim wissenschaftlichen Wissen wird ein Gegenstand vom Erkenntnissubjekt immer zweiseitig erforscht. Der eine Forschungsweg dient der Gewinnung neuer Erkenntnisinhalte, der andere der Reflexion des Erkenntnisweges. Ein konstitutives Kriterium für wissenschaftliches Arbeiten ist die Reflexion des gesamten Arbeitens und die damit verbundene Öffnung für Fragen und Kritik. Durch die veröffentlichte Reflexion des eigenen Erkenntnisweges wird wissenschaftliches Wissen überprüfbar, diskutierbar und kritisierbar. Nur eine selbstreflexive und selbstkritische Haltung der WissenschaftlerInnen läßt Erkenntnisfortschritt zu.

Menschliche Erkenntnisse werden ausgesprochen und aufgeschrieben. Die Sprache ist dem Menschen in gleicher Weise vorgegeben wie das Erkennen. Mit der Sprache können Menschen Erkenntnisse über ihre Lebenswelt verbalisieren und weitergeben. Mit der Sprache können Menschen die Beziehung zu sich selbst und zu anderen Menschen be-

Abbildung 3: Die Reflexion beim Alltagswissen und beim wissenschaftlichen Wissen

Alltagswissen: Einfache Erkenntnisse des Subjekts über den Gegenstand

Wissenschaftliches Wissen: Öffentliche Reflexion der Erkenntnisse über den Gegenstand und den Erkenntnisweg

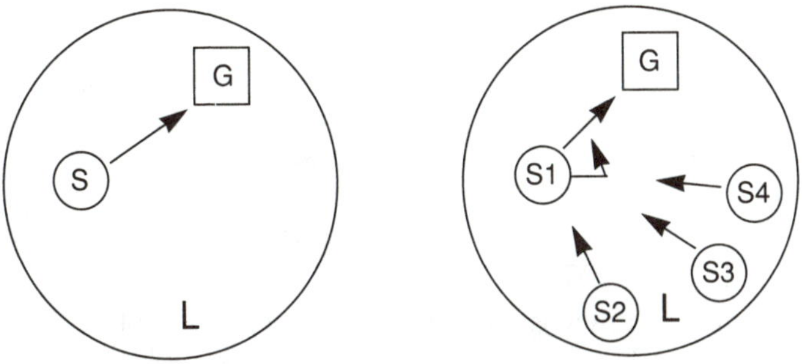

G = Gegenstand der Erkenntnis, S = Subjekt der Erkenntnis,
L = Lebenswelt

nennen und gestalten. Alltagswissen wird in einer *Alltagssprache* ausgedrückt und mitgeteilt, wissenschaftliches Wissen dagegen in einer *Wissenschaftssprache*. Sprache ist zunächst und zuvor auch für WissenschaftlerInnen die Sprache des alltäglichen Umgangs. Sie brauchen sie als Menschen wie jeder andere Mensch zur Bewältigung und Gestaltung ihres Lebens, und sie sind auch als WissenschaftlerInnen in prinzipieller Weise an sie gebunden, um sich untereinander zu verständigen. „Denn die vorwissenschaftliche Realität, welche die Ansätze wissenschaftlichen Fragens bietet, ist je schon durch Sprache bestimmt, durch ihre Struktur gegliedert, wird ihrem Sinngehalt gemäß verstanden und gedeutet."[6] Wissenschaft kann man als die Vermittlung von Erkenntnissen in und durch die Sprache verstehen. WissenschaftlerInnen greifen auf Wörter mit alltäglichem Sinn zurück und versehen diese weitläufig gebrauchten Wörter mit einem speziellen und eng umgrenzten Sinn („Begriffsexplikation und -definition"). Diese genau definierten Grundbegriffe geben das Fundament jeder Wissenschaft ab. „Jede wissenschaftliche Erkenntnis muß sich sprachlich so repräsentieren lassen, daß es möglich ist, daß ein anderer das spachlich Formulierte ohne Unschärfen im wesentlichen ‚versteht'."[7] Das Verhältnis von Wirklichkeit und Sprache sowie von Erkenntnis und

Abbildung 4: Gegenüberstellung von vorwissenschaftlicher Erfahrung und Wissenschaft

Vorwissenschaft	Wissenschaft
Lebenswelt	Wissenschaftswelt
schlichte Beobachtung	reflektierte Beobachtung
einmalig oder wiederholt	systematisch wiederholt
	Forschung
Lebenserfahrung	wissenschaftliche Erkenntnis
Umgangssprache	wissenschaftliche Sprache
Alltagstheorien	wissenschaftliche Theorien
	Überprüfung
	reflektierte Beobachtung usw.

Sprache zu erforschen, ist Aufgabe der Sprachphilosophie. Für diese sehr komplexen Bereiche gibt es entsprechend komplexe Theorien.[8]

1.3. Berufswissen

Vom allgemeinen Alltagswissen und vom wissenschaftlichen Wissen läßt sich ein spezifisches alltagsgeprägtes *Berufswissen* unterscheiden. Beim Berufswissen werden Erfahrungen gesammelt, die sich aus dem Erleben und Verhalten im jeweiligen beruflichen Aufgabenfeld ergeben. Es basiert einerseits auf den Erfahrungen einzelner und andererseits auf den Erfahrungen einer ganzen Berufsgruppe. Diese Erfahrungen sind über lange Zeit im Umgang mit bestimmten Anforderungen und speziellen beruflichen Aufgaben und den gefundenen und in der Praxis erprobten Lösungen gemacht worden. Die fachlichen Anforderungen und der Fortschritt wissenschaftlicher Forschung haben dazu geführt, daß in vielen Berufen heute auch auf wissenschaftliches Wissen zurückgegriffen wird/werden muß. Insofern werden im Berufswissen gegenwärtig vielfach Alltagswissen und wissenschaftliches Wissen projektorientiert miteinander verbunden.[9] Berufswissen kann daher als eine Verbindung („Kompositum") von Alltagswissen und wissenschaftlichem Wissen bezeichnet werden, aus Traditionen übernommen und in ständiger Übernahme von alltagsbezogenen Erfahrungen und wissenschaftlichen Erkenntnissen neu ausgebildet und verändert. Begründet wird Berufswissen zumeist mit dem Argument der persönlichen und langjährigen Berufserfahrung. Dieses Berufswissen wird sowohl im Rahmen der Berufsausbildung als auch durch

Erfahrungsaustausch mit BerufskollegInnen und durch Fortbildung gewonnen. Gleiche Auffassungen werden in *Berufstheorien* zusammengefaßt und durch Schulen vertreten. Berufswissen und Berufstheorien kommen in der *Berufskunde* zusammen und werden an die Auszubildenden in Praxis und Schule weitergegeben. Für die meisten Berufe existieren mehr oder weniger ausdifferenzierte alltagsgeprägte und von wissenschaftlichem Wissen durchsetzte Berufstheorien. Dieses nur selten ausformulierte Berufswissen leitet die in dem jeweiligen Beruf Tätigen bei ihrer Arbeit und dient auch dazu, um Begründungszusammenhänge für die jeweilige Handlung herzustellen. Auch PraktikerInnen, die ausdrücklich Theorien für ihre berufliche Arbeit ablehnen, können gar nicht anders, als sich bei ihrer Arbeit nach Theorien zu richten. Sie handeln nach ihren eigenen Berufstheorien. Berufswissen wird in der Regel als tradiertes Fachwissen einer Berufsgruppe („Zunft, Handwerk") übernommen, ohne daß es immer hinterfragt wird. Es ist gewissermaßen Allgemeingut dieser Berufsgruppe und wird als solches von der Öffentlichkeit respektiert.

Anmerkungen zu Kapitel 1

1 Duden 1963, 768
2 Vgl. Thiersch 1986b; Dewe / Ferchhoff / Sünker 1987a
3 Lay 1971, 70
4 Rombach 1979, 9
5 Rombach 1979, 9f.
6 Ströker 1973, 39
7 Lay 1971, 80
8 Vgl. Seiffert 1989, 313 – 326
9 Vgl. Possehl 1990, 270 – 278

2. Organisation und Wandel wissenschaftlichen Wissens

Eine mehr oder weniger große Menge wissenschaftlichen Wissens allein macht noch keine Wissenschaft aus. Die Wissensmenge muß irgendwie „diszipliniert" oder organisiert werden, damit eine „Wissenschaftsdisziplin" daraus werden kann. WissenschaftstheoretikerInnen haben einige Elemente zur Organisation von wissenschaftlichem Wissen entwickelt. Diese Organisationselemente engen die Wissenschaften keinesfalls ein oder hindern sie an ihrer Entwicklung, sondern ermöglichen vielmehr Entwicklung und damit auch Wandel.

2.1. Organisationselemente wissenschaftlicher Disziplinen

Jedes Fachgebiet, das heute von der Gemeinschaft der WissenschaftlerInnen und damit letztlich auch von der Öffentlichkeit als *Wissenschaftsdisziplin* anerkannt werden will, muß *vier Voraussetzungen*, die zugleich die tragenden Organisationselemente von Wissenschaftsdisziplinen sind, erfüllen. In Stichworten heißen diese vier Voraussetzungen oder Prinzipien: sich auf einen Gegenstand beziehen, die Erkenntnismethoden benennen, Theorien entwickeln und forschen.

(1) Der Gegenstand oder Gegenstandsbereich der Wissenschaftsdisziplin ist konkret und präzise festgelegt. Alles, was von einer Wissenschaftsdisziplin untersucht wird, heißt allgemein Gegenstand oder Objekt dieser Wissenschaft. Der Gegenstand einer Wissenschaftsdisziplin ist nur ein kleiner Ausschnitt aus der gesamten Realität der Lebenswelt. Auf diesen kleinen Teil des Ganzen richtet sich die gesammelte Aufmerksamkeit der einen Disziplin. (In einer Metapher ausgedrückt: Fischer fahren auf das Meer, um Fische zu fangen.) Die Geschlossenheit jeder Wissenschaftsdisziplin hängt von der Einigung aller Beteiligten auf denselben Lebensweltausschnitt ab. Da derselbe Ausschnitt aus unterschiedlichen Perspektiven betrachtet werden kann, unterscheidet die traditionelle Philosophie zwischen einem Material- und einem Formalobjekt. Die Gegenstände, wie sie an sich sind, sowohl mit den wesentlichen als auch mit den zufälligen Bestimmungen, nennt man *Materialobjekt*. (In der Metapher sind das die Fische.)
Der bestimmte Gesichtspunkt – die Bestimmung oder Form -, unter dem eine Wissenschaft ihren Gegenstand betrachtet, heißt *Formalobjekt* (In der Metapher: Die Fischer wollen nur bestimmte Fische fangen.)
Dasselbe Materialobjekt kann Gegenstand verschiedener Wissenschaftsdisziplinen sein. Es wird dann aber jedesmal unter einem anderen, je eigenen Gesichtspunkt erforscht. (In der Metapher: Eine Gruppe der Fischer will Heringe, die andere Schollen und die dritte Gruppe will Thunfische fangen.) Die Disziplinen stimmen dann zwar im Materialobjekt (Fische) überein, nicht aber im Formalobjekt (Heringe, Schollen, Thunfische). Durch die Verschiedenheit des Formalobjekts unterscheiden sich dann auch die Wissenschaften voneinander. Im Beispiel:

> Der Mensch ist Gegenstand der Wissenschaft (Materialobjekt). Der Mensch kann unter verschiedenen Perspektiven untersucht werden (For-

malobjekt). Beim Menschen können die chemische Zusammensetzung, die physiologischen Funktionen, das Erleben und Verhalten usw. erforscht werden (Formalobjekte). Der Chemiker erforscht den Menschen unter dem Aspekt der chemischen Zusammensetzung, der Physiologe unter dem Aspekt der physiologischen Funktionen und der Psychologe unter dem Aspekt des Erlebens und Verhaltens. Der Mensch als dasselbe Materialobjekt wird unter anderen formalobjektiven Aspekten zum Gegenstand der Chemie, der Physiologie und der Psychologie.

(2) Die Methoden der Erkenntnisgewinnung werden definiert und diskutiert. Methoden sind ihrem Wortsinn entsprechend Wege. Wissenschaftliche Erkenntnisse werden nach eigenen Methoden erworben, gesichtet, geordnet, verknüpft und überprüft. Die Methoden hängen vom Gegenstand (Formalobjekt) der jeweiligen Wissenschaft ab. (In der Metapher ausgedrückt: Die Fischer benötigen geeignete Netze, um die Fische fangen zu können.) Die Methoden werden nach der Eigenart der verschiedenen Gegenstandsbereiche für die jeweilige Wissenschaftsdisziplin bestimmt und verwirklicht. (In der Metapher: Je nach Fischart werden die entsprechenden Netze ausgewählt. Für den Fang der Heringe werden andere Netze benötigt als für den Fang der Schollen oder Thunfische.) Die Übertragung einer Methode von einer wissenschaftlichen Disziplin in eine andere Disziplin kann völlig verfehlt sein, wenn sie dem Gegenstand der anderen Disziplin nicht entspricht. (In der Metapher: Mit weitmaschigen Thunfischnetzen kann man die kleinen Heringe nicht fangen.)

In einer Wissenschaftsdisziplin können mehrere *verschiedene Methoden nebeneinander* existieren und müssen sich nicht gegenseitig ausschließen. Eine Einigung aller WissenschaftlerInnen in einer Disziplin auf dieselbe Methode ist nicht notwendig. (In der Metapher: Die Fischer benutzen verschiedene Verfahren, die Netze durchs Meer zu schleppen.) Es handelt sich dann um miteinander konkurrierende Lösungswege. Die Vielfalt der Methoden führt zu einer Vielfalt der Lösungswege und auch zu einer Vielfalt der Lösungen. Die Lösungen können durchaus als gegenseitige Ergänzung gewertet werden.

Zu den unabdingbaren Pflichten wissenschaftlich Arbeitender gehört es, *Rechenschaft* über ihren methodischen Zugang zum Gegenstand der Disziplin zu geben. Diese Rechenschaft ist zu geben, bevor überhaupt etwas Inhaltliches zum Gegenstand ausgesagt wird. Ein System aus mehreren Methoden zur Erforschung eines Gegenstands wird als *Metatheorie* bezeichnet. Die Entwicklung von Methoden und die Entscheidung für bestimmte Methoden sind eng verknüpft mit der Entscheidung, welche Rolle Werte und Normen in der Wissenschaft spielen sollen. Die Werte- und Normendiskussion ist ein wichtiger Bestandteil der Methodendiskussion.

(3) In Systemen von inhaltlichen Aussagen, also in Theorien werden die über den Gegenstand mit anerkannten Methoden gewonnenen Erkenntnisse zusammengefaßt. Es existieren in einer Disziplin in der Regel mehrere Theorien nebeneinander. Lehrsätze („Theoreme") werden die kleinsten Aussageeinheiten in der Wissenschaft genannt. Wenn wissenschaftliche Aussagen zu einem bestimmten Gegenstand als wissenschaftliche Theorie gelten sollen, dürfen diese Aussagen („Theoreme") niemals für sich allein stehen. Die Qualifizierung von Aussagen als wissenschaftliche Theorie bedeutet, daß sie immer nur in einem Verbund oder System möglich sind, das zu einer gewissen Abgeschlossenheit führt. Verbund oder System ist zu verstehen als „Einheit der mannigfaltigen Erkenntnisse unter einer Idee".[1] Weder eine Einzelerkenntnis noch viele zusammenhanglose Erkenntnisse machen ein System oder eine Theorie aus. Ein System entsteht erst durch *Zusammenhang* und *Ordnung* nach einem gemeinsamen Ordnungsprinzip, durch das jedem Teil im Ganzen seine Position und Funktion zugeschrieben wird. Ein solcher auf innere Vervollständigung angelegter Zusammenhang, der gleichsam nicht zur Ruhe kommt und keine Aussage für wahr nimmt, bevor nicht der *Aussagenverbund* wenigstens in seiner kleinstmöglichen Einheit hergestellt ist, wird Theorie genannt. Die Kriterien darüber, ob die für die wissenschaftlichen Aussagen einer Theorie notwendige Abgeschlossenheit erreicht ist, müssen aus dem Aussagensystem selbst entnommen werden.[2] Die Begriffe „System", „Theorie" und „Wissenschaft" werden mitunter auch synonym benutzt. In einer Wissenschaftsdisziplin können mehrere Theorien als konkurrierende Erkenntnisangebote entwickelt werden und nebeneinander existieren. Theorien werden allmählich abgelöst aufgrund der Einsicht, daß sie angesichts einer leistungsfähigeren Theorie entbehrlich geworden sind.[3]

Wissenschaftliche Theorien gibt es in den verschiedensten „Größenklassen" und „Reichweiten". Über die Größe, die mögliche Reichweite und Geltung von Theorien wird unter den WissenschaftlerInnen gestritten. Jede Wissenschaft enthält in sich Stufen und Schachtelungen von Theorien, von denen die kleinere zufolge ihrer relativen Abgeschlossenheit in der größeren selbst wieder wie ein Element behandelt werden kann. „Kleinere" Theorien werden auch *Teiltheorien* genannt. Es handelt sich dabei um relativ abgeschlossene Teildisziplinen eines Faches, für die ein abgeschlossenes System von Thesen, Thesenbegründungen und Thesenkonsequenzen besteht, die keine wesentliche Weiterentwicklung mehr zulassen und in der vorliegenden Form ihre gesicherte technische Verwendung finden können. Das gilt zum Beispiel für die Mechanik oder die Anatomie. Von Theorien wird auch dann gesprochen, wenn von größeren wissenschaftlichen Zusammenhängen, die jeweils einen Betrachtungshorizont (einen Aspekt) definieren, gesprochen wird. In diesem Sinne können zum Beispiel die Psychoanalyse oder die Verhaltenstheorie als Theorien bezeichnet werden. Aufgrund des aspektiven Charakters solcher Theorien oder Ansätze treten leicht unüberbrückbar erscheinende Gegensätze auf.

Ein *Pluralismus der Ansätze* ist nicht nur zu dulden, sondern zu fordern. Je komplexer der Gegenstand einer Wissenschaft ist, desto ausgeprägter ist der Methoden- und Theorienpluralismus. Eine komplexe Wirklichkeit kann nicht durch eine einfache Theorie begriffen werden. Scheinbar widersprüchliche Theorien können im Hinblick auf je unterschiedliche Bezugsrahmen ihre Gegensätzlichkeit verlieren und in einer *Gesamttheorie* ihren Platz finden. Die Gesamttheorie bietet ein Dach („Ordnungsprinzip"), unter dem die einzelnen Theorien unterkommen können. So kann beispielsweise dieselbe Metatheorie ein gemeinsames Dach für verschiedene Objekttheorien sein. Pluralismus bedeutet hier also nicht, daß Theorien isoliert und wie zum Selbstzweck nebeneinander stehen, sondern miteinander verbunden sind und demselben Zweck dienen.

Die Unterscheidung zwischen *Meta- und Objekttheorien* ist üblich und wichtig für die Diskussion der Forschungswege und der Arbeitsergebnisse. In den Metatheorien werden in einem System Aussagen über die Wege („Methoden"), die zum Gegenstand der Disziplin hinführen sollen/können, zusammengestellt und begründet. Metatheoretische Aussagen sind das Ergebnis methodologischer Reflexionen über die Voraussetzungen und Bedingungen des Erkennens und Forschens in einer Disziplin. Metatheorien haben also nur unmittelbar etwas mit dem Wissenschaftsgegenstand selbst zu tun.[4] In den Objekttheorien werden Aussagen, die sich auf den Gegenstand der Wissenschaft selbst beziehen, zusammengefaßt; sie sind Systeme von inhaltlichen Aussagen einer Wissenschaft über ihren Gegenstand. Objekttheorien sind von Metatheorien abhängig, da Metatheorien den Objekttheorien jeweils vorausgehen.

Der *Entwurf*, der *Versuch* oder das *Konzept* einer Theorie liegt dann vor, wenn methodische Zugänge zu einem Gegenstand, wichtige Er-

klärungsbegriffe und/oder das Gerüst eines Aussagensystems in großen Zügen skizziert sind. Diese Begriffe sollen in der Regel nur deutlich werden lassen, daß die Theorie noch *nicht fertig* ist. Es fehlen noch wichtige Ausführungen, um als Theorie bezeichnet werden zu können. Von einem *Theorieansatz* spricht man dann, wenn zwar ein Aspekt (oder ein Ordnungsprinzip), von dem die Theorie „angesetzt" werden soll, deutlich herausgestellt wird, die Theorie selbst aber als System von Aussagen insgesamt noch nicht ausgearbeitet ist.
Ein *Theoriemodell* ist eine reduzierte Theorie, die für einen bestimmten Zweck für bestimmte Adressaten das Original der Theorie repräsentieren soll. Mitunter wird Modell auch im Sinne von Entwurf gebraucht, um das Vorläufige und Unfertige auszudrücken (wie Entwurf, Versuch oder Konzept).

(4) Eine gezielte und systematische Erforschung des Gegenstands mit anerkannten Methoden führt zu neuen wissenschaftlichen Erkenntnissen. Wissenschaft hat sich nicht immer vom Forschen her verstanden. Bis ins 15. Jahrhundert hinein bestand wissenschaftliches Arbeiten darin, das zu erläutern, was von den Weisen aller Welt als „das Wesen der Dinge" angesehen worden ist. Dieses statische Wissen ist von einem dynamischen Wissen abgelöst worden. Statt feste Standpunkte zum Leben und zur Welt auszulegen, begab man sich nun auf die Suche nach neuen, bisher unbekannten Erkenntnissen. Forschen wurde zu einer neuen geistigen Haltung gegenüber der Welt und dem menschlichen Wissen. Forschen bedeutet zu erkunden, wie die Welt beschaffen ist, sich intellektuelle Entwürfe (Theorien) über die Welt zu machen und diese Entwürfe an der Welt sinnlich (Empirie) zu überprüfen.[5]
Wissenschaftliches Erkennen und Denken lebt durch treffende Fragen und überzeugende Antworten. Dadurch wird der *Prozeß des Forschens* bestimmt. Forschung geschieht in der menschlichen Lebenswelt. Forschungsergebnisse sind Lebensprodukte. ForscherInnen verfügen auch nur über die Erkenntniswerkzeuge zum Wahrnehmen, Erinnern, Vergleichen, Bewerten, Ordnen usw. wie sie allen Menschen zur Verfügung stehen. ForscherInnen stehen immer im Kräftefeld sozialer Beziehungen, im Schnittpunkt verschiedener, ja gegensätzlicher Erwartungen. Als Mitglieder einer Gesellschaft nehmen die ForscherInnen an dem gesellschaftlichen Macht- und Interessenspiel der Gesellschaft ihrer Epoche teil. So wird die Forschung auch zum charakterisierenden Ausdruck der in einer Gesellschaft geltenden Werte und Ziele. Kennzeichnend ist nicht nur das, was erforscht wird, sondern gerade auch das, was nicht erforscht wird.[6]
Wissenschaftliches Erkennen, also Forschen, ist ein *Sonderfall menschlichen Erkennens*.[7] Geforscht wird durch Fragen – Beobachten

forschen

– Beschreiben – Begreifen – Verstehen – Erklären – Ordnen – Vorhersagen – Überprüfen. Im Unterschied zur Alltagserkenntnisgewinnung wird beim wissenschaftlichen Erkennen bewußt und systematisch nach Antworten auf eine eng zugespitzte Frage gesucht. Die beim Forschen benutzten Quellen, Methoden und Ergebnisse werden reflektiert und veröffentlicht. Dadurch sollen eine den ganzen Horizont umfassende Bearbeitung der Forschungsfrage und ein Gedankenaustausch über die Forschung – die benutzten Methoden und die erhaltenen Ergebnisse – gesichert werden.

Die Arbeit der WissenschaftlerInnen besteht darin, bewußt und systematisch Fragen an bestimmte Objekte oder Probleme aus bestimmten Gegenstandsbereichen selbst zu stellen oder aus ihrer Umwelt aufzugreifen, Methoden für die Beantwortung und Lösung dieser Fragen und Probleme zu entwickeln und mit diesen Methoden Antworten auf die Fragen und Lösungen für die Probleme zu finden.[8] Zur wissenschaftlichen Erkenntnisgewinnung gehört, daß die generellen Voraussetzungen und Umstände aufgedeckt werden (= Wissenschaftstheorie, Erkenntnistheorie, Methodologie), unter denen die Erkenntnis gewonnen worden ist. Dazu gehören die allgemeine Forschungssituation (Stand der Forschung), die umgreifende Geschichte und Kultur, aber auch die Person der ForscherInnen.[9] Fragen nach den Abhängigkeiten der Forschung und dem erkenntnisleitenden Interesse sind zu stellen und zu beantworten.

Die kritische Reflexion des Gegenstandsbereichs, der Methoden und der Aussagensysteme (Theorien) gehört zum Wesen jeder Wissenschaft. Insofern ist jede Theorie an sich eine „kritische Theorie".[10] Eine Wissenschaft, die diese kritische Reflexion vernachlässigt oder gar unterläßt, erstarrt zu einer *Ideologie*. Ideologien widersetzen sich jedem Versuch, sich auf ihre Angemessenheit hin überprüfen zu lassen; sie sind das Gegenteil von Wissenschaft. IdeologInnen verteidigen ihre Antworten; WissenschaftlerInnen leben vom Fragen.

Drei Forschungsebenen lassen sich idealtypisch unterscheiden:

(a) Erforschen der sinnlichen Welt („empirische Forschung"). Die zentrale Frage heißt: Was ist los?

(b) Entwickeln intellektueller Entwürfe („Methoden- und Theorienforschung"). Die zentralen Fragen heißen: Wie ist das zu erfassen? Wie ist das zu verstehen? Wie ist das zu erklären?

(c) Überprüfen, wie bestimmte Theorien in der Praxis wirken („Evaluationsforschung"): Die zentrale Frage heißt: Was hat die Anwendung der Erkenntnisse bewirkt?

Skript S.37

Woraufhin wird geforscht? Diese Frage ist auf das Ziel von Forschung gerichtet. *Drei Forschungsarten* lassen sich unterscheiden:

(a) die Grundlagenforschung
(b) die Bedarfs- oder angewandte Forschung
(c) die Praxisforschung.

Der Begriff Grundlagenforschung wird in der Wissenschaft trotz erheblicher Einwände weiterhin als Gegensatz zu angewandter Forschung oder Bedarfsforschung verwendet. Grundlagen eines Faches zu erforschen bedeutet, ohne eine besondere Vorgabe den Gegenstandsbereich wißbegierig zu erforschen, Theorien zu entwerfen und sie zu überprüfen. Als ein wichtiges Argument für Grundlagenforschung gilt: „Gerade für die praktische Bedeutung der Wissenschaft ist es wichtig, Wissenschaft zu betreiben, die nicht von praktischer Zielsetzung ausgeht. Was nämlich von praktischer Bedeutung sein wird, ist unvorhersehbar."[11] Angewandte Forschung oder Bedarfsforschung zielt auf eine konkrete Praxis, geht also von praktischen Zielen aus. Aus der Praxis und für die Praxis werden Forschungsaufträge an die WissenschaftlerInnen erteilt. Die im Prozeß der Grundlagenforschung gewonnenen fundamentalen Erkenntnisse werden für praktische (technologische, prognostische usw.) Zwecke verwendet. Angewandte Forschung bedeutet, daß das vorhandene Grundlagenwissen für die Praxis in ihren verschiedenartigen Ausgestaltungen fruchtbar gemacht wird. Praxisforschung ist als Begriff nicht eindeutig festgelegt. Mitunter wird Praxisforschung synonym für angewandte Forschung oder Bedarfsforschung verwendet. Im Unterschied zur Forschung für die Praxis wird unter diesem Begriff aber auch verstanden, daß hier die Praxis beruflichen Handelns untersucht wird; dieses Verständnis von Praxisforschung ist in der Sozialen Arbeit weit verbreitet.[12]

Alle WissenschaftlerInnen stimmen heute – unabhängig von ihrer jeweiligen Wissenschaftsauffassung – einvernehmlich darin überein, daß Wissenschaft ohne Forschung unmöglich ist. Und für alle sind die wissenschaftlichen Hochschulen der vornehmliche *Ort des Forschens*. Selbstverständlich wird auch außerhalb der wissenschaftlichen Hochschulen geforscht. Forschungsinstitute werden von Konzernen (für Bedarfs- und Industrieforschung), Interessenverbänden, Parteien usw. betrieben. So einig sich die WissenschaftlerInnen über die Notwendigkeit von Forschung sind, so zerstritten sind sie, wenn es darum geht, die Ziele, Aufgaben und Methoden der Forschung näher zu bestimmen. Unterschiedliche wissenschaftstheoretische Entscheidungen führen zu unterschiedlichen Auffassungen über Forschung. Die Tren-

Abbildung 5: Organisationselemente einer wissenschaftlichen Disziplin

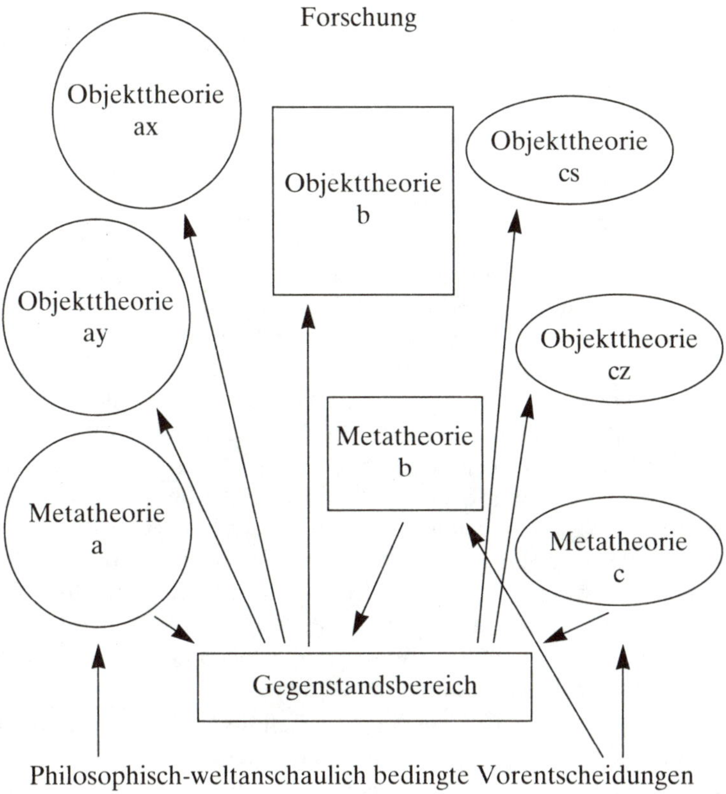

nung oder Verknüpfung von Fakten und Werten teilt die Ansichten und die Praxis der ForscherInnen in zwei Lager (siehe S. 47). Ein nicht zu vernachlässigender Aspekt ist die Motivation, warum geforscht wird. In vielen Fällen wird zu machtpolitischen Zwecken geforscht. Man will sich zum Beispiel die eigene Machtposition nach innen und außen erhalten. Die Geldgeber (Regierungen, Ministerien, Parteien, Verbände, Firmen usw.) bestimmen die Ziele und Aufgaben des jeweiligen Forschungsprojektes und erwarten passende Ergebnisse, die eigene Herrschaftsansprüche unterstützen sollen. Man spricht bei diesem Forschungstyp mehrdeutig von Auftragsforschung.

2.2. Wissenschaft(-sverständnis) im Wandel

Das Wissenschaftsverständnis und die Wissenschaft wandeln sich in ihrer Gesamtform wie in ihren Einzelinhalten. Alle Erkenntnisvoraussetzungen hängen von kulturellen, politischen und wirtschaftlichen Bedingungen und Grundlagen ab. Diese Bedingungen und Grundlagen selbst sind wiederum geschichtlich bedingt.[13] Wissenschaft – was immer darunter verstanden wird – hat es zu allen Zeiten gegeben und hat in ihrer Geschichte viele verschiedene Gestalten und Erscheinungsformen angenommen. Jede Epoche und jede Kultur hat ihr eigenes Wissen und ihre eigenen Kriterien dafür, wann ein Wissen allgemein anerkanntes Wissen ist oder nicht.

Um Wissenschaft jeweils zu verstehen, muß man die epochale Grundform kennen, in der sie gewachsen ist.[14] Die Bilder („Paradigmen"), die sich die Zeitgenossen von der Welt machten, bestimmten nämlich selbstverständlich auch ihr Wissenschaftsverständnis.[15] Dabei ist zu bemerken, daß sich häufig sowohl eine Weltanschauung als auch eine Wissenschaftsauffassung im Unterschied zu anderen Auffassungen gesellschaftlich und historisch durchgesetzt hat.[16] Das Wissen früherer Epochen und anderer Kulturen kann nur sehr bedingt als wissenschaftliches Wissen im heutigen Sinne und nach heutigen Kriterien bezeichnet werden. Man spricht daher von vorwissenschaftlichem Wissen oder Vorwissenschaft. *Jede Zeit hat ihre Wissenschaft.* Jede Zeit bestimmt neu, was für sie Wissenschaft ist. Die Wissenschaft teilt immer bestimmte elementare Grundüberzeugungen ihrer Zeit und ihrer Gesellschaft und wird dadurch tief geprägt.

Die Menschen der verschiedenen Epochen sind eigenständig mit der Erkenntnis- und Wissensgewinnung umgegangen: Da gibt es Epochen, in denen allein das Wort des Weisen galt. Die Lebenserfahrung von Greisen, Propheten, Philosophen oder Königen war dann als Weisheitslehre das allgemein anerkannte und tradierte Wissen der Zeit. In späteren Epochen befaßten sich „die Wissenschaftler" wieder primär damit, die Lehren dieser Weisen auszulegen und auf die eigene Zeit zu übertragen; so ging es im Abendland des 13. und 14. Jahrhunderts nach Christus vor allem darum, die Lehren des griechischen Philosophen Aristoteles (384 – 322 vor Christus) zu erforschen und auf die Fragen ihrer Zeit hin auszulegen. Später bildete wiederum die Auslegung der Kommentare zu Aristoteles und anderen Weisheitslehren „die Wissenschaft". Mit den Naturwissenschaften wuchs ein neues Wissenschaftsverständnis, wobei Anfänge bereits im späten Mittelalter zu erkennen sind; man hielt sich nur an das sinnlich

(empirisch) Wahrnehmbare, an das, was man messen, wiegen und zählen konnte. Das so Gegebene kann nach dieser Auffassung als das Wirkliche und Tatsächliche allein sinnvoller Weise erforscht werden; alle Fragen über das sinnlich erfahrbar Vorgegebene hinaus sind nutzlos, weil die Antworten auf diese – metaphysischen („übernatürlichen") – Fragen und Gegenstände letztlich nicht zu überprüfen sind.
Wissenschaft ist das „Geschäft" von Menschen. Der Wandel der Wissenschaft hängt daher eng zusammen mit den persönlichen und sozialen Veränderungsprozessen der Menschen, die sich mit Wissenschaft befassen.

2.3. Paradigmenwechsel

Weltanschauungen beeinflussen wissenschaftliches Wissen in seiner Entwicklung und in seinem Inhalt. In der wissenschaftlichen Entwicklung gibt es keine eindeutige, einheitliche und kontinuierliche *Zunahme der Erkenntnis.*[17] Wissenschaftliches Wissen wächst nicht stetig. Es gibt Zeiten ruhigen Wachsens, Zeiten lebhafter Umbrüche, aber auch Zeiten des Stillstands. Wie wandelt und entwickelt sich wissenschaftliche Erkenntnis? Als Antwort auf diese Frage sind verschiedene Modelle für die Wissenschaftsentwicklung entworfen worden.[18] Ein heute weit verbreitetes Erklärungsmodell arbeitet mit dem Begriff „*Paradigma*" als zentraler Kategorie. Mit dem *Paradigmenwechsel* wird wissenschaftliche Entwicklung erklärt.[19] Der Begriff „Paradigma" („Beispiel, Muster") ist in der Mitte des 18. Jahrhunderts von Georg Christoph Lichtenberg (1742 – 1799) eingeführt worden und kann Verschiedenes bedeuten. Im weiten Sinne steht Paradigma

> „für die ganze Konstellation von Meinungen, Werten und Techniken usw., die von den Mitgliedern einer gegebenen Gemeinschaft geteilt werden. Andererseits bezeichnet er ein Element in dieser Konstellation, die konkreten Problemlösungen, die, als Modell oder Beispiele gebraucht, explizite Regeln als eine Basis für die Lösung der übrigen Probleme der ' normalen Wissenschaft ' ersetzen können."[20]

Die Anhänger eines bestimmten Paradigmas stimmen darin überein, daß sie sich denselben Mustern, Modellen, Werten, Regeln und Methoden in der wissenschaftlichen Praxis unterwerfen. Die Entscheidung für ein bestimmtes Paradigma beinhaltet die Festlegung auf eine bestimmte Art des Erkennens, Denkens und Handelns. Die einzelnen wissenschaftlichen Fachgebiete benötigen als Basis für ihre wissenschaftliche Arbeit Paradigmen. Einzelne Wissenschaftstheoretiker anerkennen ein Fachgebiet nur dann als Wissenschaft, wenn für dieses Fachgebiet ein Paradigma erstellt und anerkannt ist.[21]

Ein bekanntes Paradigma aus der Wissenschaftsgeschichte der Astronomie ist zum Beispiel die geozentrische Auffassung der Welt: Die Sonne bewegt sich um die Erde. Paradigmen im Sinne von Wissenschaftsauffassungen gelten für eine begrenzte Zeit, dann werden sie abgelöst. Das geozentrische Paradigma wurde abgelöst von einem heliozentrischen Paradigma: Die Erde dreht sich um die Sonne. Ein wichtiger Paradigmenwechsel vollzieht sich gerade in der Gegenwart: Dieser Paradigmenwechsel hängt damit zusammen, daß viele führende WissenschaftlerInnen andere Antworten auf die (strittigen) philosophischen Grundfragen geben als die vorhergehende Generation der WissenschaftlerInnen.[22] Als Grundlage der Wissenschaft wurden nämlich bislang Erkenntnisprozesse einzelner WissenschaftlerInnen gesehen. Dieses alte Paradigma wird jetzt zugunsten eines neuen Paradigmas abgelöst: Nun gelten kommunikative Erkenntnisprozesse als Grundlage der Wissenschaft; damit sind Erkenntnisprozesse gemeint, an denen sich viele WissenschaftlerInnen beteiligen und zu einem gemeinsamen Ergebnis kommen, das von möglichst vielen getragen wird („Diskurs"). Wissenschaftliche Erkenntnis beruht danach auf der übereinstimmenden Erkenntnis vieler WissenschaftlerInnen.[23]

Bei einem Paradigma läßt sich nicht entscheiden, ob es „richtig" oder „falsch" ist. Vielleicht stellt sich später einmal heraus, daß es sich *bewährt* hat. Ob ein bestimmtes Paradigma anerkannt wird, hängt wesentlich von der Zustimmung der maßgeblichen WissenschaftlerInnen ab. Vernünftige Gründe allein reichen dabei für die Ablösung eines alten Paradigmas zugunsten eines neuen nicht aus. Die Macht einzelner Gruppen innerhalb der Gemeinschaft der WissenschaftlerInnen und der Einfluß von außen auf die WissenschaftlerInnen spielen eine entscheidende Rolle bei der Paradigmenfindung. Wissenschaft schreitet fort, indem immer neue Paradigmen entwickelt werden, die – je nach Konstellation – Chancen auf allgemeine Anerkennung haben. Ein neues Paradigma bedeutet, daß ein Forschungsgebiet auf neue Grundlagen gestellt wird. Die Erkenntnismöglichkeiten und die Erkenntnisse verändern sich dadurch. Neue Erkenntnisse werden möglich.

Anmerkungen zu Kapitel 2

[1] Kant, zitiert nach Tschamler 1983, 22

[2] Vgl. Rombach 1974, 20 – 23

[3] Vgl. Ströker 1973, 102f.

[4] Vgl. König 1975a, 26f.
[5] Rombach 1974, 13 – 20
[6] Atteslander 1974, 48 – 52
[7] C. W. Müller 1988b, 201f.
[8] Ströker 1973, 5
[9] Rombach 1979, 18
[10] Rombach 1974, 26
[11] Rombach 1974, 120f.
[12] Heiner 1988a, 7
[13] Vgl. Rombach 1979, 14 – 19
[14] Vgl. Rombach 1979, 151ff.
[15] Vgl. S. 39f.
[16] Vgl. Rombach 1979, 151f.
[17] Vgl. Seiffert 1989, 411ff.
[18] Vgl. Lukas 1979, 38 – 72
[19] Vgl. Kuhn 1973
[20] Zitiert nach Dewe/Frank/Huge 1988, 15
[21] Vgl. Kuhn 1973
[22] Vgl. S. 64f.
[23] Habermas 1981

3. Wissenschaftstheoretische Grundfragen

Mit dem wissenschaftstheoretischen Grundgesetz (siehe S. 25) und den vier Elementen wissenschaftlicher Disziplinen (siehe S. 37) – so könnte man meinen – ist ein enger Rahmen für die Entwicklung einer Wissenschaftsdisziplin gesteckt und die Übereinstimmung in der Beantwortung vieler Fragen vorprogrammiert. Die Wirklichkeit sieht anders aus. Es bleiben trotz dieses Rahmens – wie oben bereits angedeutet (siehe S. 29) – noch sehr viele Gestaltungsmöglichkeiten offen. Diese Gestaltungsmöglichkeiten ergeben sich vor allem aus den Antworten auf philosophische und weltanschauliche Grundfragen, die bei jedem Vollzug von Wissenschaft – explizit oder implizit – gegeben werden müssen. Mit diesen Vorentscheidungen sind zugleich Entscheidungen über die Wert- und Normenfrage sowie über die anzuwendenden wissenschaftstheoretischen Methoden eng verbunden. Der Wandel von Wissenschaft und Wissenschaftsauffassungen sowie der Paradigmenwechsel hängen eng mit dem Wandel der Antworten (Grundannahmen) auf diese Grundfragen zusammen.
Philosophische Grundfragen wie: Was ist wirklich? Wie kann Wirkliches erkannt werden? Wie sind der Erkennende und das zu Erkennende aufeinander bezogen? usw. sind grundlegend zu beantworten.

Zur Selbstreflexion der Wissenschaft gehört die kritische Reflexion der eigenen philosophischen und weltanschaulichen Voraussetzungen, die den Geltungsbereich der wissenschaftlichen Aussagen deutlich machen.

3.1. Philosophische Grundpositionen

WissenschaftlerInnen erforschen nach wissenschaftlichen Regeln Ausschnitte unserer sehr vielschichtigen Lebenswelt. Viele Sichtweisen und Zugänge zu dieser komplexen Lebenswelt sind möglich. Die Philosophiegeschichte ist geprägt von der *Vielfalt, die Welt zu sehen, zu erklären, zu verstehen und in Theorien zu ordnen*. Die Philosophiegeschichte bezeugt aber auch, wie umstritten die einzelnen Sichtweisen, Erklärungen und Theorien sind.[1] Dieser Streit hält bis in die Gegenwart an. Und da die philosophischen Grundannahmen gleichsam eine Ebene tiefer als die methodologischen Entscheidungen liegen, setzt sich der Streit über die philosophischen Grundannahmen in der Diskussion über die wissenschaftlichen Erkenntnis- und Handlungsweisen fort. Die Vielfalt der philosophischen Grundannahmen führt zu einer Vielfalt von wissenschaftlichen Methoden und Theorien. Die Entscheidung für ein bestimmtes Paradigma oder eine bestimmte Erkenntnismethode hängt davon ab, welchen persönlichen und weltanschaulichen Zugang die WissenschaftlerInnen zu den philosophischen Grundfragen haben und welche Antworten sie geben. Ein Wandel bei philosophischen Grundannahmen führt zu einem Wandel der wissenschaftlichen Fragestellungen und Antworten. Jede wissenschaftliche Aussage ist darum nur innerhalb ihres philosophischen – nicht nur erkenntnistheoretischen – Ansatzes zu verstehen. Es macht wenig Sinn, Einzelaussagen aus ihrem Zusammenhang herauszureißen und unmittelbar mit Einzelaussagen aus anderem Denken zu vergleichen.

Die Entscheidungen für bestimmte Ansätze liegen im Ermessen der einzelnen WissenschaftlerInnen. Insofern liegt ein gewisses Maß an Willkür bei der Bestimmung von wissenschaftlicher Erkenntnis zugrunde. Philosophische Grundentscheidungen gehen anderen Entscheidungen in der Wissenschaft immer voraus und sind auch als solche zu qualifizieren und zu behandeln. Bedauerlicherweise werden gegenwärtig die philosophischen Fragen auf erkenntnistheoretische Probleme reduziert.[2]

Die Philosophiegeschichte und die Wissenschaftsgeschichte zeigen gemeinsam, daß es immer wieder um die Beantwortung von drei Fragen geht:

(a) Was können wir wissen?
(b) Was sollen wir tun?
(c) Was dürfen wir glauben?[3]

Diese Fragen tauchen in immer neuen Varianten und Formulierungen auf. Selten wurden gleichlautende Antworten gefunden; vielmehr wurden in der Vergangenheit – wie in der Gegenwart – *gegensätzliche Positionen* bei den Antworten eingenommen und verteidigt. Augenscheinlich konzentrieren sich die Antworten auf die einzelnen Grundfragen jeweils um zwei Gegenpole. Diese antagonistischen Antworten auf wichtige philosophische Grundfragen stelle ich im folgenden dar. Die Antworten können als *Unterscheidungskriterien für alternative Wissenschaftsauffassungen und wissenschaftliche Aussagen* angesehen werden, da ja auch jede Theorie letztlich auf solchen Vorentscheidungen zu den philosophischen Grundfragen aufbaut.[4]

(1) Das Subjekt-Objekt-Verhältnis

Erkennen spielt zwischen dem Erkennenden, dem Erkenntnissubjekt, und dem Zu Erkennenden, dem Erkenntnisobjekt oder Erkenntnisgegenstand, im Raum der Sprache und mit der Vorgabe von Interessen.[5] Die Streitfrage heißt hier: Wie sind Subjekt und Objekt aufeinander bezogen? Es ist die Frage nach der „erkenntnistheoretischen Struktur" der Erkenntnis. Als Gegenpole lassen sich bei den Antworten herausheben:

(a) Das Subjekt – der erkennende konkrete Mensch – ist für den Erkenntnisvorgang entscheidend, entsprechend dem bekannten Ausspruch des griechischen Philosophen Protagoras: „Der Mensch ist das Maß aller Dinge." *Form und Inhalt des Erkennens werden vom Subjekt bestimmt.* Die Gegenstände existieren nur in einer vom Subjekt hervorgebrachten Weise. Erkenntnis wird somit abhängig von den wandelbaren Eigenheiten (etwa Erkenntnisvoraussetzungen) einzelner Menschen oder der Menschen insgesamt („Subjektivismus", „Idealismus"). Ein Beispiel: Die Schwerkraft ist nur eine Fiktion und resultiert aus der Systematisierung von Erfahrungen und den Ergebnissen von Experimenten.

(b) Das Objekt existiert unabhängig vom Subjekt und ist der Maßstab der menschlichen Erkenntnis. Alle Erkenntniskräfte zielen auf reale Gegenstände. *Die Objekte selbst bestimmen die Erkenntnis.* Die menschliche Erkenntnis erreicht die wirklich existierenden Gegenstände, und die Gegenstände werden vom Erkennenden selbst erfaßt. Das Erkannte repräsentiert das Objekt zuverläßig („Objektivismus", „Realismus"). Ein Beispiel: Die Schwerkraft ist eine Gesetzmäßigkeit, die zwar nicht direkt zu beobachten ist, aber dennoch in der realen Welt existiert.

(2) Wahr sein

Im schlichten Alltagsbegriff bedeutet „Wahr sein“ zunächst die Übereinstimmung einer Aussage mit dem von ihr gemeinten Sachverhalt. Eine Aussage kann demnach wahr oder falsch sein. Aber was ist Wahrheit? Diese alte Frage ist nicht einfach zu beantworten, wie wir seit Pilatus und Nathan dem Weisen wissen. Die zwei Gegenpole, um die sich die Auffassungen anordnen lassen, sind:

(a) Erkennen und Denken des Menschen gleichen sich dem Sein, der Lebenswirklichkeit an. Das Erkennen und Denken des Menschen drücken im Idealfall den wirklichen Sachverhalt als bestehend aus. Das Denken ist durch das Sein bestimmt. Echtes Wahr sein bedeutet dann: *Erkenntnis und Sein stimmen überein*. Das Erkannte ist *richtig* („Korrespondenztheorie“). Ein Beispiel: Der Lehrsatz über die Schwerkraft ist wahr, wenn er die wirkliche Schwerkraft so abbildet wie eine Fotografie einen Gegenstand abbildet.

(b) Dem Erkennenden ist letztlich kein Zugang zum Sein möglich, um sich so zu vergewissern, ob seine Erkenntnis auch wirklich stimmt. Es gibt keine Instanz, die über die „echte Wahrheit“ entscheidet. Als wahr gilt das, was aufgrund eines Konsenses von vernünftigen Menschen *allgemein als wahr angenommen* wird. Vorausgesetzt wird, daß zuvor alle Möglichkeiten ausgenutzt worden sind, die verfügbaren Argumente und Gegenargumente zu überprüfen. Das Erkannte *bewährt sich* („Konsenstheorie“).

Ein Beispiel: Der Lehrsatz von der Schwerkraft ist wahr, weil viele der Meinung sind, daß er zutrifft, und ihn akzeptieren.

(3) Geltung

Geltung (Gültigkeit) sagt etwas darüber aus, ob eine Annahme im Unterschied zu bloßem Gedachtsein zu recht gilt. Die zwei Pole für den Geltungsbereich wissenschaftlicher Erkenntnis ergeben sich als Konsequenz aus den Gegenpolen beim Wahr sein:

(a) Menschliches Erkennen hat einen Zugang zur „Wahrheit an sich“. Die Erkenntnisinhalte stimmen mit dem Sein, der Lebenswirklichkeit, überein. Die Geltung von wissenschaftlichen Aussagen wird auf das Sein selbst zurückgeführt; sie haben Real- oder Seinsgeltung und sind damit allgemeingültig und absolut. Wahre menschliche Erkenntnis gilt dann *absolut* für alle Menschen jeder Epoche und Kultur und ist *geschichtslos*, *objektiv* und somit *unwandelbar*. Ein Beispiel: Wenn nachgewiesen ist, daß der Lehrsatz von der Schwerkraft die Wirklichkeit vollständig abbildet, dann gilt er immer und für alle.

(b) Da ein wirklicher Zugang zum Sein nicht möglich ist, gibt es auch keine absolute Erkenntnis. Wissenschaftliche Aussagen sind daher abhängig von dem Erkenntnisfortschritt und den historischen Rahmenbedingungen der Menschen, die sie erarbeiten. Wahrheit ist somit *relativ*, *geschichtlich* bedingt, *subjektiv* und außerdem *wandelbar*, wenn Gründe gegen die bisherigen Annahmen auftauchen. Die Bedingungen, unter denen Wahrheit gefunden wird, bleiben konstant. Ein Beispiel: Der Lehrsatz von der Schwerkraft gilt nicht mehr, wenn viele Menschen anderer Meinung sind und ihn ablehnen.

(4) Erkenntnis und Interesse

Was interessiert und veranlaßt jemanden, etwas zu erkennen? Welches Interesse leitet den Erkennenden bei seiner Erkenntnisgewinnung? Was bewirken Vorurteile? Als Gegenpole lassen sich bei den kontroversen Antworten ausmachen:

(a) Wissenschaftliche Erkenntnis wird um ihrer selbst willen gewonnen. Andere Motivationen oder Interessen fehlen oder sind – bei richtigem methodischen Vorgehen – für das wissenschaftliche Erkennen ohne Bedeutung. Der Erkenntnissuchende wird von nichts anderem geleitet als von dem Wunsch nach *reiner Erkenntnis*. Das von äußeren Zwecken frei gehaltene Neugierverhalten charakterisiert WissenschaftlerInnen und ihre Haltung zu Welt und Gesellschaft.[6] Theoretisches Erkennen ist mit dem Ziel ausschließlich theoretischen Interesses möglich. Ein Beispiel: Jemand erforscht die Schwerkraft, weil er von der wechselseitigen Anziehungskraft von Körpern, die er beobachtet hat, fasziniert ist und mehr darüber wissen möchte.

(b) Jeder Erkenntnisvorgang ist von vornherein von bestimmten Interessen abhängig. Erkenntnis insgesamt als auch einzeln wird durch technische, praktische oder emanzipatorische Interessen geleitet und ist mit gesellschaftlichen Vorgegebenheiten verbunden. *Die gesellschaftlichen Verhältnisse beeinflussen* das erkennende Subjekt, also die WissenschaftlerInnen, wesentlich beim Erkennen des Erkenntnisobjektes, dem Gegenstand der Wissenschaft. Ein Beispiel: Jemand erforscht die Schwerkraft, um damit die Entwicklung von Raumfahrtprogrammen zu unterstützen.

(5) Erkenntnismethoden

Methoden sind Zugangsweisen oder Wege, um Erkenntnisse über Gegenstände zu gewinnen (siehe S. 31). Mit der Aufteilung der Wissenschaften in Natur- und Geisteswissenschaften geht eine Polarisierung der Erkenntnismethoden einher.

(a) Die empirische Erfahrung ist die Zugangsweise zum Tatsächlichen und Vorgegebenen und daher der alleinige Weg wissenschaftlicher Erkenntnis. Als Methoden werden nur die *Beobachtung und* das *Experiment* (die sinnliche Wahrnehmung) anerkannt. Die beobachteten Tatsachen sind zu beschreiben (Deskription, Protokollaussagen), zu erklären und nach den erkannten Gesetzmäßigkeiten zu ordnen. Ein Beispiel: Ein beobachteter Vorgang – zum Beispiel: ein Dachstein fällt schneller auf die Erde als eine Gänsefeder – wird unter kontrollierten Bedingungen (= experimentell) vielfach wiederholt, um so seine Gesetzmäßigkeiten empirisch zu erfassen.

(b) Die empirische Beobachtung des Äußeren reicht nicht aus, um das Wesen eines Gegenstands adäquat zu erfassen. *Erleben, Ausdruck, Verstehen und Intuition* ermöglichen erst als zusammengehörende Methoden den Zugang zur wirklichen Wirklichkeit. Mit diesen Methoden läßt sich die Lebenswelt in ihrer Ganzheit durchleuchten und so kann man zum inneren Grund eines Erkenntnisobjektes gelangen und ihn begreifen. Ein Beispiel: Ein beobachteter Vorgang – zum Beispiel: ein Dachstein fällt schneller auf die Erde als eine Gänsefeder – wird mit anderen Vorgängen, in denen etwas herabfällt, meditierend verglichen, um zu verstehen, was das Wesen des Fallens ist.

(6) Art der Theoriebildung
Zwei verschiedene Grundarten, allgemeine Gesetze und Theorien zu entwickeln, haben sich herauskristallisiert:

(a) Einzelfälle werden beobachtet. Dabei werden bestimmte Gesetzmäßigkeiten (zum Beispiel Kausalzusammenhänge) erkannt. Von dem in wenigen Einzelfällen Erkannten wird dann geschlossen, daß es auch für alle anderen gleichartigen Fälle gilt. Ein allgemeines Gesetz oder ein System von Aussagen wird *aus der Einzelerkenntnis erschlossen*. Dieses Gesetz oder diese Theorie wird dann auch für alle nicht beobachteten, aber gleich gelagerten Fälle angenommen („Induktion" oder „aufsteigende Schlußfolgerung"). Ein Beispiel: Aus der einen Beobachtung, daß dieser eine Dachstein schneller zur Erde gefallen ist als diese eine Feder, wird geschlossen, daß alle Dachsteine schneller zur Erde fallen als Gänsefedern.

(b) Eine allgemeine Aussage steht am Anfang der Theoriebildung. Man geht dann vom Allgemeinen zum weniger Allgemeinen und schließlich zum Besonderen. Es wird angenommen, daß die allgemeine Aussage für alle gleichartigen Fälle gilt. Jeder gleichartige Einzelfall oder jedes Besondere fällt unter das Allgemeine. *Vom Allgemeinen wird das Besondere abgeleitet* („Deduktion" oder „absteigende Schlußfolgerung"). Ein Beispiel: Aus der Erfahrung, alle Dachsteine fallen schneller als Gänsefedern zur Erde, wird geschlossen, daß jeder Dachstein, den es gibt, schneller als eine Gänsefeder zur Erde fällt.

(7) Werte und Normen

Beim Streit um die Rolle der Werte und Normen in der Wissenschaft geht es darum, ob die Wissenschaft sich ausschließlich mit der Frage „Was ist?" oder auch mit der Frage „Was soll sein?" befassen soll. Die zwei antagonistischen Positionen sind:

(a) Wirklichkeit und Wert sind so eng miteinander verflochten, daß keine Seite isoliert gesehen werden kann. Alles Erkennen und Verstehen kommt bewußt oder unbewußt aus einer wertenden Grundhaltung heraus. „Ist-" und „Soll-Sätze" gehören zusammen. Die Weltanschauung des Erkennenden – auch der WissenschaftlerInnen – läßt sich im Erkenntnisprozeß nie ausklammern, aber sichtbar machen und in den Erkenntnisprozeß einbeziehen. Wissenschaft ist *normativ und setzt Werte*. Ein Beispiel: Die Beschreibung der Lebenssituation notleidender Menschen ist immer verbunden mit einer Bewertung, die der Beschreibende nicht von seiner Beschreibung lösen kann.

(b) Wirklichkeit und Werte sind verschiedene Größen. Tatsachenerhebung und Werturteil, Erfahrungswissen und Bewertungen sind radikal und prinzipiell zu trennen. „Politik gehört nicht in den Hörsaal" (Max Weber). Nur mit dieser Maxime ist die Wissenschaftlichkeit von Aussagen zu gewährleisten. Wissenschaft kann die Frage: „Was sollen wir tun?" nicht beantworten. Wissenschaft hat prinzipiell *voraussetzungslos und wertfrei* zu sein, da „Soll-Sätze" nicht von „Ist-Sätzen" abgeleitet werden können. Ein Beispiel: Mit korrekt angewandten sozialempirischen Methoden läßt sich die Lebenssituation notleidender Menschen ohne Bewertung beschreiben. Die Bewertung der Situation ist wiederum ein eigener Vorgang.

(8) Verhältnis der Wissenschaften zueinander

Wie ist das Verhältnis der einzelnen Wissenschaften zueinander? Die zwei kontroversen Auffassungen über die Zuordnung der Wissenschaften zueinander sind:

(a) Eine wissenschaftliche Auffassung (Weltanschauung) hat sich gegen alle anderen durchgesetzt. Jeder einzelne wissenschaftliche Forschungszweig richtet sich nach den Entscheidungen dieser einen Wissenschaftsauffassung bezüglich Grundlagen, Methoden und Grenzen

Abbildung 6: Kontroverse philosophische Grundpositionen

Problemfeld	Pol	Gegenpol
Subjekt-Objekt-Verhältnis	Subjektivismus	Objektivismus
Wahr sein	Konsenstheorie	Korrespondenztheorie
Geltung	relativ	absolut
Erkenntnisinteresse	gesellschaftlich bestimmt	rein wissenschaftlich
Erkenntnismethoden	Erleben, Verstehen, Intuition	Beobachtung Experiment
Art der Theoriebildung	induktiv	deduktiv
Werte und Normen	normativ wertsetzend	wertfrei
Verhältnis der Wissenschaften zueinander	Vielfalt	Einheit

wissenschaftlicher Erkenntnisse. Es ergibt sich so eine einheitliche Wissenschaft oder zugespitzt formuliert eine *Einheitswissenschaft*.
Ein Beispiel: Im Marxismus-Leninismus wird für den Aufbau des Sozialismus und Kommunismus das Prinzip der Einheit aller Wissenschaften gefordert.

(b) Die einzelnen WissenschaftlerInnen entscheiden sich frei für ihre Methoden des wissenschaftlichen Arbeitens. Niemand übt einen Zwang auf sie aus oder fordert, daß sie sich bestimmter vorgegebener Methoden bedienen oder sich einem einheitlichen, für alle verbindlichen Denkansatz unterordnen. Toleranz und Methodenpluralismus charakterisieren eine *Wissenschaftsvielfalt*. Ein Beispiel: Die Handlungstheorie bietet ein wissenschaftstheoretisches Fundament für konkurrierende Wissenschaften und Theorien.

3.2. Philosophisch-weltanschaulich bedingte Wertsetzungen

Optimismus, Selbstvertrauen, Mündigkeit, Verantwortlichkeit, Unabhängigkeit, Eigentumsrecht, wirtschaftliche Sicherheit, Erfolg durch Leistung, soziale Anerkennung, Solidarität, Gerechtigkeit, Partizipation, Zufriedenheit und Frieden sind eine kleine Auswahl der in unserer Gesellschaft erstrebten und diskutierten Werte. Seit der antiken griechischen Philosophie wird nach den Werten, das heißt nach der Beschaffenheit und der Einschätzung von Objekten und Handlungen, gefragt. Das Wort „Wert“ verwandte zuerst die Volkswirtschaft, die von dem Gebrauchs- und Tauschwert der Waren und Güter handelt. Die Philosophie verwendet erst seit dem 19. Jahrhundert den Begriff „Wert“. Die Frage nach den Werten menschlichen Lebens wurde unter dem Titel des Guten und seiner Gutheit („bonum et bonitas“) bedacht und war der Sache nach immer ein zentrales Problem der Philosophie. Gut ist in der traditionellen Philosophie das, was ein Seiendes vervollkommnen kann und damit erstrebenswert werden läßt. Von einer Wertphilosophie, die Werttheorien aufstellt, spricht man erst seit Rudolf Hermann Lotze (1817 – 1881).

Das Wort „*Wert*“ ist die substantivierte Form des Adjektivs „wert“, das vom Verbum „werten“ abgeleitet ist. Lebendig wird der Begriffsinhalt von „werten“ durch die Präfixbildungen und Zusammensetzungen: abwerten – bewerten – entwerten – verwerten.[7] Der Wert einer Sache, eines Menschen oder einer Handlung wird eingeschätzt. Und es wird mit dem Einschätzen unterschieden zwischen wertvollen und wertlosen Sachen, gleichwertigen, minderwertigen und vollwertigen Menschen.

Eng verbunden mit dem Begriff „Wert“ ist der Begriff „*Norm*“. Man nennt häufig „Werte und Normen“ zusammen. Im Mittelhochdeutschen wurde das Substantiv „Norm“ aus dem lateinischen Wort „norma“ gleich „Winkelmaß; Richtschnur, Regel, Vorschrift“ gebildet und entlehnt.[8] Von dem Substantiv wurde im 19. Jahrhundert das Verbum „normieren“ und im 20. Jahrhundert „normen“ mit der gemeinsamen Bedeutung „einheitlich festsetzen, gestalten, (Größen) regeln“ abgeleitet. „Normal“ ist etwas, das „der Norm entspricht, regelrecht, üblich, gewöhnlich ist“. „Normalisieren“ heißt, „etwas normal gestalten, auf ein normales Maß zurückführen“. Werte geben den Inhalt von Normen an und bilden so die Richtschnur für das Normale.

Werte werden nach der inhaltlichen Eigenart in rein materielle, biologische (zum Beispiel die Gesundheit), psychische (zum Beispiel die Lust) und geistige (zum Beispiel die Bildung) Werte eingeteilt. Die geistigen Werte werden nochmals unterteilt in intellektuelle (zum Beispiel die Weisheit), ästhetische (zum Beispiel die Schönheit) und sittliche (zum Beispiel die Gerechtigkeit) Werte. Üblich ist noch eine formale Einteilung in *Selbstwert* (Eigenwert) und *Dienstwert* (Nutzwert). Der Dienstwert führt als Fremdwert nur zu einem anderen Wert, zum Beispiel die Arznei zur Gesundheit. Der Selbstwert ist entweder ein Vollendungswert (der Wert an sich, zum Beispiel die Schönheit) oder ein Lust- beziehungsweise Befriedigungswert (zum Beispiel das Angenehme). Der Lust- oder Befriedigungswert ist ein Reaktionswert, der naturgemäß mit der Erreichung des eigentlichen Selbstwertes verbunden ist (zum Beispiel Freude an der erkannten Wahrheit).

Unterschieden werden *individuell* und *gesellschaftlich* geltende *Werte*. In dieser Unterscheidung liegt die Brisanz der Wertediskussion verborgen. Jeder Mensch muß für sich aus der Vielfalt der Möglichkeiten, sein Leben zu gestalten, auswählen. Um nicht in einem Chaos zu verkommen, muß er sich Leitziele oder Maßstäbe setzen, an denen er sich ausrichtet. Diese Ziele sind die persönlich gesetzten Werte, die sein Leben bestimmen sollen. Gruppen und Gesellschaften sind ebenfalls darauf angewiesen, Leitlinien festzusetzen, an denen sich alle Mitglieder der Gruppe/Gesellschaft zu orientieren haben. Die Frage ist nun, ob diese persönlichen oder subjektiven Werte mit den in der Gesellschaft geltenden durchgesetzten und institutionalisierten Werten übereinstimmen.[9]

Soziale Probleme und Konflikte resultieren nicht zuletzt aus kontroversen Wert- und Lebensauffassungen. Einzelne Menschen, Gruppen und die Gesellschaft bestimmen ihre Werte, nach denen sie leben. Die Soziale Arbeit als Wissenschaft kommt daher nicht daran vorbei, sich mit der *Wertfrage* zu befassen. Eine Analyse der Theorien zur Sozialen Arbeit zeigt, daß alle AutorInnen sich „irgendwie" mit der Wertfrage befassen. Das „irgendwie" ist näher zu betrachten. Eine Zugangsmöglichkeit bietet das jeweilige Verständnis vom Wertbegriff, eine andere die jeweilige werttheoretische Position. Nun ergibt ein Blick in die laufende Diskussion über die Bestimmung des Wertbegriffes, daß die *Bestimmung des Begriffs „Wert" völlig offen* ist. Berücksichtigt man auch noch verwandte Begriffe wie „Norm", „Bedürfnis", „Einstellung", „Wertorientierung" und „Werterhaltung", so lassen sich fast 200 verschiedene Definitionen für den Wertbegriff finden.[10] Dieses Definitionsgewirr taugt wenig zur Orientierung bei den Theorien Sozialer Arbeit. Da bieten sich eher die grundsätzlich zu unterscheidenden Positionen in der Wertphilosophie an. Vier Grundrichtungen lassen sich meines Erachtens erkennen und können zur Orientierung bei den Theorien zur Sozialen Arbeit benutzt werden.

(1) Sein und Wert sind identisch Subjektivismus?

Die transzendentalphilosophische und ontologisch-normative Werttheorie geht von einem allumfassenden Seinsbegriff aus. Dem Sein kommt eine innere Wesens- und Zielstruktur zu. Mit diesem Seienden ist das Gute identisch, auf dem der Wert aufbaut. Der Wert fällt als abstrakte Gutheit mit dem konkreten Guten und so mit dem Seienden zusammen. Auch der Wert als Haltung, durch die der Mensch auf das Gute antwortet, ist ganz in den gegebenen Seinsstrukturen vorgezeichnet und nichts anderes als deren vollendete Ausprägung. Werterkenntnis verläuft rational, gliedert die Wertgehalte und Werthaltungen durch und führt sie ausdrücklich auf die entsprechenden Seinsstrukturen zurück. Die Werterfahrung greift über das Rationale hinaus und umfaßt alle menschlichen Tätigkeiten, namentlich sein Streben und sein Fühlen. Aus der spontanen Sicherheit, der bewegenden Kraft und der gesamtmenschlichen Fülle der Werterfahrung nährt sich die Werterkenntnis. Zu erkennen ist eine Stufenfolge oder Hierarchie der Werte. Diese führt von den Sachwerten über die Vitalwerte, die ästhetischen und die Wahrheitswerte zu den sittlichen und religiösen Werten. Der höchste Wert ist die Heiligkeit, weil sie die Erfüllung aller sittlichen und religiösen Werte bedeutet, die dem Menschen als dem Ebenbild Gottes im Hinblick auf sein letztes Ziel in Gott aufgegeben sind. Die Werte stehen grundsätzlich und absolut fest. Einen Wertwandel kann es prinzipiell nicht geben. Alle Menschen und alle Gesellschaften sind diesen Werten gegenüber verpflichtet.

(2) Dualismus von Sein und Wert

In der neueren Wertphilosophie des 19. und 20. Jahrhunderts werden das Sein und der Wert geschieden.[11] Neben das Seiende oder das von den Naturgesetzen beherrschte Wirkliche, das allein „ist", werden die Werte als eigener, davon geschiedener Bereich gesehen. Die Werte „sind" nicht, sondern „gelten". Dem Verstand ist es eigen, das Seiende zu erkennen; der Vernunft ist es eigen, die Werte zu fühlen. Diese sind vom Vollziehen des Menschen unabhängige, absolut gültige Gegebenheiten, die dem menschlichen Dasein Gewicht und Sinn verleihen. Sie werden durch das Fühlen erfaßt (Lotze).

Heinrich Rickert (1863 – 1936) griff die Überlegungen Lotzes auf und legte eine unter wissenschaftstheoretischen Aspekten entfaltete Werttheorie vor.[12] Rickerts Theorie beeinflußt bis heute die Wertediskussion. Kulturwissenschaften und Naturwissenschaften trennt er strikt nach ihren Methoden. Die Naturwissenschaften sind auf die Erkenntnis allgemeiner Gesetze gerichtet, die Kulturwissenschaften dagegen auf die Erkenntnis des Besonderen, Einmaligen und Individuellen. Wenn die Kulturwissenschaften das Individuelle aufsuchen und beschreiben, so setzt das notwendig eine Auswahl aus der Vielzahl voraus. Für diese Auswahl benötigt sie einen Maßstab. Er kann nur bestehen in einer Beziehung der Gegenstände auf Werte. Werte bilden die Grundlage menschlichen Erkennens und Handelns. Es gibt transzendentale – also nicht aus der gegebenen Erfahrung ableitbare – Werte, die ein Sollen enthalten, ideale Gesetze im Bereich des Wahren, des Sittlichen und des Schönen. Diese Werte sind überzeitlich. Sie gelten unabhängig von allen Erfahrungen. Sie haben kein körperliches Sein, aber auch kein psychisches. In den psychischen Akten wenden wir uns nur diesen an sich bestehenden Werten zu. Als Wertgebiete mit jeweils obersten Werten werden die Logik mit der Wahrheit, die Ästhetik mit der Schönheit, die Mystik mit der Heiligkeit, die Ethik mit dem Guten, die Erotik mit Glück, Liebesgemeinschaft, Hingabe und die Religion mit der Heiligkeit und Frömmigkeit benannt. Alle Werte zusammen gelten für die Menschen. Greift man einen Wert heraus und verabsolutiert ihn, so entstehen (einseitige) Weltanschauungen. Ein Wertwandel kann sich aus einem wechselnden Herausgreifen und Verabsolutieren einzelner Werte ergeben.

(3) Werte sind nicht ans Sein gebunden und daher relativ

Wertrelativismus oder -subjektivismus heißt die Ansicht, die den Werten eine nur relative Geltung zuschreibt. Sein und Werte existieren nicht nur unabhängig voneinander, sondern „sind“ grundsätzlich getrennte Größen. Der Mensch verfügt über die Werte und ihre Zuordnung zum Sein; er übernimmt die Rolle, die in der transzendentalphilosophischen und ontologisch-normativen Werttheorie Gott inne hat. Gott und die Metaphysik werden aus der Gestaltung der Welt herausgenommen.[13] Der Mensch bestimmt willkürlich, was wie wertvoll ist und hebt diese Bestimmung auch wieder auf. Ob ein Wert und welcher Wert einem bestimmten Sein (Ding oder Handlung) zugesprochen wird, hängt allein vom einzelnen Menschen oder der Gruppe von Menschen ab, für die diese Werte gelten sollen. Die Wertentscheidungen und Wertfestsetzungen hängen beim einzelnen von vielen Faktoren ab, zum Beispiel von der Umwelt, dem Lebensalter, dem finanziellen Einkommen, der Gesundheit. In Gruppen und Gesellschaften sind Wertfestsetzungen das Ergebnis harter Kämpfe. Die Sieger dieser Kämpfe, also die Stärksten, bestimmen die in der Gruppe oder Gesellschaft herrschenden Werte und Normen.

Eine natürliche Stufenfolge der Werte ergibt sich aus der Aufteilung in materielle (Geld, Besitz, wirtschaftliche Sicherheit) und immaterielle (Freiheit, Humanität, Bildung) Werte. Die These ist, daß immaterielle Werte erst angestrebt werden, wenn die materiellen erreicht sind.[14] Bertolt Brecht nennt das: „Erst kommt das Fressen, dann die Moral.“ Werte gelten dieser Position zufolge nur für einen bestimmten Menschen oder für eine bestimmte Gruppe oder für eine bestimmte Gesellschaft oder für eine bestimmte Zeit. Ewige, unvergängliche Werte, die alle Menschen, alle Gesellschaften und alle Zeiten binden, gibt es nicht. So wie sich alle Menschen und Gesellschaften wandeln, sind alle Werte prinzipiell einem Wandel unterworfen.

(4) Das Ende der Werte

Werten, schätzen, lieben, Werte setzen und schaffen, das ist nach Friedrich Nietzsche die Aufgabe des Menschen. „Was gut und böse ist, das weiß noch niemand, es sei denn der Schaffende! Das aber ist der, welcher des Menschen Ziele schafft und der Erde ihren Sinn gibt und ihre Zukunft; dieser erst schafft es, daß etwas gut und böse ist.“[15] „Werte legt erst der Mensch in die Dinge, sich zu erhalten; er schuf erst den Dingen Sinn, einen Menschensinn. Darum nennt er sich Mensch, das ist: der Schätzende.“[16] Der Mensch ist für Nietzsche aber nicht jeder Mensch. Nach Nietzsche setzen die „Herren der Erde“ (das sind die Herrschenden, die Starken und Vornehmen) die Werte für die Menschheit und für die Völker fest. Die Werte dienen allein der Stabilisierung von Herrschaft. In dieser Tradition der „Umwertung aller Werte“ werden Werte und Wertwandel heute gesehen als „Wortgeklingel, das nichts erklärt und nur zu einem taugt: das Subjekt mit allen möglichen moralischen Attacken zu überziehen, um es zu veranlassen, sich doch noch von den historisch gewordenen Gewalten überziehen zu lassen“.[17] Es muß danach deutlich gemacht werden,

> „daß das, was im soziologischen Begriffsarsenal als ‘Wert’ gehandelt wird, sich als eine realistische Verarbeitung von historisch-konkreten Erfahrungen herstellt. Dadurch wird den ‘Werten’ wie dem ‘Wertwandel’ das Moment der subjektiven oder kulturspezifischen Beliebigkeit genommen. Der Spielraum des Menschen, sich selbst zu bestimmen, ist so groß nicht, wie es die soziologische Theorie ihn glauben machen will. Und schon gar nicht ist er beliebig. Einzig der Blick auf die Bedingungen, unter denen er sich auch noch sein Selbstverständnis schafft, verschafft ihm jenes Stück an Freiheit, Bedürfnisse, in denen die Chancen seiner Lebensform liegen, aufzunehmen und zu realisieren.“[18]

Das Werttheorem ist ein Relikt einer abgestandenen Welt. Es ist aufzugeben, um die Zwänge zu sehen, die in der als Wertwandel deklarierten Änderung der Lebenshaltung und Lebenspraxis zum Ausdruck kommen.

3.3. Wissenschaftstheoretische Methoden

Methoden sind ihrem Wortsinn nach Wege, die man gehen, oder Verfahren, mit denen man etwas erreichen kann. Unterscheiden müssen wir die Methoden, die die PraktikerInnen bei ihrer Berufsarbeit verwenden, von den Methoden, die von den WissenschaftlerInnen zur

Erforschung des Gegenstands ihrer Disziplin benutzt werden. Wissenschaftliche Erkenntnismethoden unterscheiden sich grundlegend von berufspraktischen Handlungsmethoden. Mit wissenschaftlichen Methoden werden wissenschaftliche Erkenntnisse über Gegenstände erworben, aufgebaut, geordnet, verknüpft und überprüft. Diese Verfahrensweisen meinen weniger die Art und Weise des Umgangs mit den Objekten eines Objektfeldes als vielmehr den Weg zu einem bestimmten Objektfeld.[19] Wissenschaftliche Methoden sind Wege zu wissenschaftlichem Wissen und damit zu Theorien. Jede Wissenschaftsdisziplin muß für sich ihre eigenen Erkenntnis- und Forschungsmethoden finden, da die Erkenntnismethoden vom Gegenstand der Erkenntnis abhängen. Töne lassen sich nicht mit den Augen hören, und Wasser kann man nicht im Sieb sammeln. Vom Gegenstand der jeweiligen Disziplin her sind die wissenschaftlichen Erkenntnismethoden eigens zu entwickeln.

Die Übertragung einer Methode von einer wissenschaftlichen Disziplin in eine andere Diszipin kann völlig verfehlt sein, wenn sie dem Gegenstand der anderen Disziplin nicht entspricht. Derselbe Gegenstand kann mit verschiedenen Methoden begriffen werden. Mit einer Methode läßt sich nur ein Ausschnitt unter einem – engen – Blickwinkel aus der gesamten Wirklichkeit des Gegenstandsbereichs erfassen. In einer Wissenschaftsdisziplin können mehrere verschiedene Methoden nebeneinander existieren; sie müssen sich nicht gegenseitig ausschließen. Eine Einigung aller WissenschaftlerInnen eines Faches auf dieselbe Methode oder eine einheitliche Metatheorie halte ich im Unterschied zu anderen AutorInnen nicht für erforderlich.[20] Die Vielfalt der Methoden kann zu einer Vielfalt der Perspektiven und damit zu einer Vielfalt der Erkenntnisse und auch zu einer Vielfalt der Lösungen führen. Die Lösungen können als gegenseitige Ergänzung gewertet und miteinander verknüpft werden. Der gemeinsame Gegenstand, auf den sich alle Aussagen richten, verhindert, daß aus einem Pluralismus ein verworrenes und verwirrendes Nebeneinander wird.

Zu den Pflichten wissenschaftlich Arbeitender gehört es, Rechenschaft über ihren methodischen Zugang zum Gegenstand ihrer Disziplin zu geben. Die Gründe für die Wegbestimmung sind dem wissenschaftstheoretischen Grundgesetz folgend offenzulegen und zu reflektieren. Diese Rechenschaft sollte als wissenschaftstheoretische Standortbestimmung gegeben werden, bevor überhaupt etwas Inhaltliches zum Gegenstand ausgesagt wird. Werden mehrere Methoden ausgewählt, dann ergeben sie in ihrer Verknüpfung eine Metatheorie. Die Metatheorie geht der Objekttheorie voran. Alle methodischen

Vorentscheidungungen stellen Einschränkungen und Abgrenzungen dar, die sich auf die Gestalt der Theorie sowie auf die Forschungsergebnisse und ihre Geltung erheblich auswirken.

So wie es viele Wege nach Rom gibt, gibt es auch viele Erkenntniswege zum Gegenstand einer Wissenschaftsdisziplin. Verschiedene Meinungen gibt es darüber, welches der kürzeste, der schönste, der sicherste oder der richtige Weg nach Rom ist. Es bleibt selten bei der Meinungsvielfalt; häufig genug wird beansprucht, daß eine – die eigene – Meinung eben doch die beste oder die richtige ist. Wissenschaftstheoretische Fragen als Fragen nach den „richtigen" wissenschaftlichen Methoden werden in gleicher Weise behandelt. Die Wissenschaftsgeschichte kennt Epochen, in denen die VertreterInnen unterschiedlicher Richtungen harmonisch miteinander gelebt und sich gegenseitig ergänzt haben. Es gibt aber auch Zeiten, in denen VertreterInnen der verschiedenen Richtungen heftig gegeneinander gekämpft haben. Den Ausschlag in diesen Kämpfen geben häufig nicht die WissenschaftlerInnen selbst, sondern mächtige Kräfte, die von außen ihre Interessen geltend machen und durchzusetzen versuchen. Die Bedeutung der „Wissenschaftssteuerung" kann nicht hoch genug eingeschätzt werden.

Aktuelle Probleme oder konkrete Forschungsfragen mit erheblicher gesellschaftspolitischer Brisanz lösen Methodendiskussionen und Methodenstreit aus. In diesem *Methodenstreit* geht es nicht um einzelne Thesen der Wissenschaften, sondern um die grundsätzliche Verfahrensweise. Diese hängt von den Grundentscheidungen ab, mit denen ein/e WissenschaftlerIn arbeitet beziehungsweise von der Deutung, die er den Kategorien und Grundbegriffen seines Faches gibt. In Streitzeiten grenzen sich die VertreterInnen der Richtungen mit ihren jeweiligen Ausdifferenzierungen rigoros gegeneinander ab und erstarren schnell zu dogmatischen Lehrgebäuden, die zu verteidigen sind. Der Vorteil einer klaren Abgrenzung besteht in einer für alle offensichtlichen Einteilung in Parteien. Die VertreterInnen kontroverser Auffassungen stehen einander unversöhnlich gegenüber und bekämpfen sich gegenseitig. Nicht-beachten, Abwerten, Verunglimpfen, Behindern und Ausgrenzen ersetzen dann Diskutieren, Tolerieren, Unterstützen, Achten und Aufnehmen. Die *Richtungskämpfe* im Streit um die „richtigen" wissenschaftstheoretischen Methoden erinnern mitunter an die Kämpfe der Päpste und Gegenpäpste im Mittelalter: Jeder bannt jeden. Der Bannstrahl heißt aber nicht mehr „Häresie", sondern „Ideologie". Das verwirrt und fordert zugleich umso mehr zu einer persönlichen kritischen Auseinandersetzung mit den PäpstInnen und ihren Lehrmeinungen heraus.

Seit der intensiven wissenschaftstheoretischen Diskussion nach 1950 werden mehrere Erkenntnismethoden in der Sozialen Arbeit als Wissenschaft aufgegriffen. Einige haben bereits eine lange Tradition, andere sind noch jung. Auf sechs Methoden wird bislang in der Hauptsache zurückgegriffen. Es gibt Versuche, diese verschiedenen Erkenntniswege als soziogenetische Entwicklungsstufen darzustellen. Die Erkenntniswege sind danach Antworten auf die verschiedenen sozioökonomischen Herausforderungen in der Menschheitsgeschichte und entsprechen auch der Psychogenese des menschlichen Individuums.[21] Die Abgrenzungen der einzelnen wissenschaftstheoretischen Methoden sind bisweilen etwas schwierig zu beschreiben. Die WissenschaftlerInnen halten sich nur selten an die vorgegebenen Wegmarkierungen und weichen immer wieder von dem „offiziellen" Weg, das heißt von einer allgemein üblichen Kennzeichnung einer wissenschaftlichen Methode, ab. So verwirrt es, wenn mitunter für dieselben Gedanken verschiedene Namen benutzt oder mit demselben Namen verschiedene Inhalte bezeichnet werden. Ich beschreibe die bislang für die Soziale Arbeit als Wissenschaft relevanten wissenschaftlichen Methoden mit ihren unterscheidenden Merkmalen. Es geht mir um Richtungsbeschreibungen, damit die nach Metatheorien entwickelten Objekttheorien besser verstanden und voneinander abgegrenzt werden können. Die Differenzierungen und die Vertiefung bleiben einem ergänzenden Studium überlassen.

(1) Die phänomenologische Methode[22]

Der Begriff „Phänomenologie" ist ein Kunstwort und steht für eine lange Geschichte mit entsprechend vielen Bedeutungsveränderungen, alle erdenklichen Erscheinungen („Phänomene") der Welt zu analysieren. Diese Geschichte geht bis in die Antike zurück. Phänomenologisch vorzugehen bedeutet, den sinnlichen Erfahrungsbereich denkend und meditierend zu überschreiten (zu „transzendieren") und so die Grenzen der sinnlich erfahrbaren Welt hinter sich lassend die Lebenswirklichkeit im Sinne des Wesenhaften zu erfassen. Die Hauptregel der phänomenologischen Methode heißt: „Zu den Sachen selbst kommen." Das Übersinnliche, Überweltliche, Übernatürliche und Göttliche ist hinter den Erscheinungen der Dinge zu begreifen. Der „sinngebende Boden" aller möglichen menschlichen Erkenntnisse ist aufzudecken und in einer Abfolge exakter Konstitutionsanalysen als Beweisgrund aller Wissenschaft zu finden. Für einige AutorInnen ist die göttliche Seinsordnung mit ihren Werten und Normen in der erfahrbaren Welt zu erkennen und den Menschen mitzuteilen. Wie gelangt man zu den Sachen selbst? Die phänomenologische Methode führt in drei Etappen aus dem Bereich der Erscheinungen in den Fundamentalbereich zurück. Dort bilden sich die transzendentalen Strukturen und zeigen sich im Licht der Evidenz ihrer „Selbstgegebenheit“:

(a) Phänomenologische Rückführung (Reduktion): Alle Theorien, Schlüsse und Hypothesen der Vorstellung über den Gegenstand werden eingeklammert, und so wird von der realen Existenz des Erkenntnisgegenstandes abgesehen.
(b) Eidetische Rückführung: Durch Variation der Vorstellungsmuster und Herausheben der allgemeinen Strukturen wird von den zufälligen Eigenheiten der Vorstellungsinhalte abgesehen, zum Beispiel von Ausdehnung, Farbe, Gewicht usw. („Wesensschau“).
(c) Transzendentale Rückführung: Die in der Wesensschau sichtbar gewordenen Vorstellungscharaktere werden zusammengefaßt als das Wesen einer Erscheinung.

Mitunter wird die phänomenologische Methode auch mit der transzendentalphilosophischen Methode gleichgesetzt oder als ontologisch-normativ bezeichnet. Den Auffassungen ist gemeinsam, daß unserer Welt in sich zusammenhängende transzendentale Strukturen zugrundeliegen, die die Erfahrungs- und Handlungsweise des Menschen im vorhinein gestalten. Unterschiedlich wird jedoch die Frage beantwortet, ob die „Dinge an sich“ (Kant) auch wirklich zu erkennen sind. Offen bleibt bei einer solchen Erkenntnismethode die Frage, woran ich meine Erkenntnis des Wesenhaften überprüfen kann.

---

(2) Die hermeneutische Methode[23]

Hermeneutische oder verstehende Methode nennt man das Verstehen, Auslegen und Deuten von Dokumenten und den Voraussetzungen, Mitteln, Zielen und Kriterien für das Auslegen. Das Wort Hermeneutik verweist auf den Götterboten Hermes der griechischen Mythologie. Wie Hermes die Botschaften der Götter den Menschen schnell überbrachte, soll die Wissenschaft den Sinn und Gehalt von fremden Texten erfassen und in einer verständlichen Sprache den Menschen vermitteln. Hermeneutik ist traditionell die Interpretation von Texten verschiedenster Art, dann aber auch in einem weiteren Sinne die Auslegung der Lebenswirklichkeit. Umfassende sprachgeschichtliche und philologische Kenntnisse gehören zur Auslegung von Schrifttexten, umfassende geschichtliche, soziologische und sozialpsychologische Kenntnisse gehören zur Auslegung von Lebenswelten. Fundament der vielen Typen, Konzepte und Techniken der Hermeneutik ist die Trias: Erleben – Ausdrücken – Verstehen. Jede Interpretation, Auslegung, Deutung besteht im Aufbau eines sinnhaften Zusammenhanges, der einen anderen vermuteten sinnhaften Zusammenhang abbilden soll. Aus Zeichen, die von außen sinnlich gegeben sind und die wir erleben, wird ein Inneres erkannt. Jede Lebensäußerung enthält einerseits Einmaliges, Individuelles, andererseits immer auch Allgemeines, Objektives. Das eine führt zu elementarem Verstehen, das andere zum Verstehen von Ganzheit. Aus dem Einzelnen und seinen Verbindungen soll das Ganze verstanden werden, doch setzt das Verständnis des Einzelnen schon das volle Verständnis des Ganzen voraus. Insofern besteht ein hermeneutischer Zirkel zwischen dem Verstehen des Einzelnen und dem Verstehen des Ganzen. Eigentlich muß man schon wissen, was man erst wissen will. Das Wesentliche der Lebenswirklichkeit gilt es zu erkennen, sprachlich auszudrücken und – mit anderen – zu verstehen. Werte und Ziele gehören zur Lebenswirklichkeit hinzu, sind also auch Gegenstand wissenschaftlicher Reflexion.

Offen bleibt auch hier die Frage: Wie erhält der Hermeneut Sicherheit, daß seine Interpretation auch wirklich zutrifft? Die einen antworten, daß die Interpretationen nichts mit der Wirklichkeit zu tun haben, sie sind Projektionen des Deutenden („Nominalismus"). Die anderen sagen, daß die Ideen des Interpreten den Dingen real zugrunde liegen („Ideenrealismus").

Für viele ist die hermeneutische Methode die typische und eigentliche Methode der Geisteswissenschaften. Einge stellen fest, daß keine Erkenntnismethode ohne Hermeneutik auskommen kann.[24] Im Mittelpunkt einer hermeneutisch-pragmatischen Methode steht die schlichte Interpretation der Lebenswelt; die kritisch-hermeneutische Methode hat als Ziel, die alltägliche Lebenswelt zu verstehen, die Widersprüche in ihr zu erschließen, zu deuten und so den Menschen bewußt zu machen.

---

(3) Die kritisch-rationale Methode[25]

Ausgangsbasis für alle Erkenntnis ist das Gegebene („positum" heißt das Vorgegebene, Vorgesetzte). Das sind Tatsachen im Sinne von wahrnehmbaren Sachverhalten, auf die sich die Vernunft („ratio") verlassen kann. Das Positive ist das Sichere, das sich jedem Versuch des Denkens, es anzuzweifeln und wegzudiskutieren widersetzt. Nur diejenige Erkenntnis darf als wahr gelten, die sich nach Materie und Form ausweisen, also gemessen, gewogen und gezählt werden kann. Kann sich die Erkenntnis nicht so ausweisen, darf sie nur als subjektive Meinung gelten, aber nicht als wissenschaftliche Erkenntnis. Das

Gegebene in der Erkenntnis wird hingenommen. Es wird nicht danach gefragt, woher es gegeben ist. Diese Frage ist sinnlos, denn sie kann nicht durch einen erneuten Rückgang auf ein Gegebenes beantwortet werden. Nur solche Sätze sind wissenschaftlich sinnvoll, die einer Überprüfung durch Erfahrung („Empirie") zugänglich sind („Positivismus").

Der Rationalismus sagt, daß wir mit Hilfe unserer Vernunft in der Lage sind, die Wirklichkeit zu erkennen und angemessen zu handeln. Der traditionelle Rationalismus vertritt die Auffassung, daß es möglich ist, sicheres Wissen zu erreichen („Verifikationsprinzip"). Es muß der objektive Beweis erbracht werden. Der Kritische Rationalismus bestreitet diese Möglichkeit. Die Forderung nach einer sicheren Begründung von Wissen ist schon deshalb fragwürdig, weil jede Erkenntnis, die man für eine solche Begründung benutzen will, selbst wieder infrage gestellt werden kann. Konsequenterweise geht man davon aus, daß der Mensch bei jeder Lösung seiner Probleme stets fehlbar ist, sich also immer irren kann, so daß keine Erkenntnis jemals absolut sicher ist. Unser gesamtes Wissen besteht dann aus Hypothesen, deren Wahrheit nie sicher ist (Vernunftwissen), die aber dennoch strengen Prüfungen ausgesetzt werden, damit sie sich bewähren können. Aufgabe der ForscherInnen ist es, Hypothesen und Theorien zu widerlegen; mit anderen Worten: kritisch zu sein („Falsifikationsprinzip"). Ist eine Theorie sehr häufig der „Bewährungsprobe" eines Falsifikationsversuches unterzogen und nicht widerlegt worden, kann sie als „bewährt" gelten. Das bedeutet nicht, daß sie „richtig" oder „wahr" ist, da sie ja bei einer neuen Überprüfung immer noch widerlegt werden kann. Theorien können sich über empirische Tests der Realität nur annähern, diese aber niemals ganz erfassen. Diese erfahrungswissenschaftlich orientierte Position definiert Theorien als Systeme von in sich widerspruchsfreien, allgemein gültigen, falsifizierbaren, wertfreien und intersubjektiv nachprüfbaren Sätzen. Die einzelnen Sätze einer Theorie heißen Basissätze. Diese Sätze behaupten, daß sich in einem individuellen Raum-Zeit-Gebiet ein beobachtbarer Vorgang abspielt (Karl R. Popper). Alle Aussagen, die sich nicht empirisch überprüfen lassen (zum Beispiel Wertsetzungen und Normentscheidungen) können nicht als wissenschaftliche Aussagen gelten.

(4) Die kritisch-theoretische Methode[26]

Als „Kritische Theorie" läßt sich allgemein jede wissenschaftliche Theorie bezeichnen, die sich kritisch mit bereits vorhandenen Theorien oder mit der Lebenswelt auseinandersetzt. Da der Begriff

„kritisch“ rein formal die Infragestellung des jeweils Bestehenden bezeichnet, kann in dieser Hinsicht jede Position, von der aus Stellung bezogen wird, als kritisch bezeichnet werden. So hat sich auch der Faschismus als kritische Theorie verstanden. Im Sprachgebrauch hat sich allerdings die Auffassung durchgesetzt, nach der fast ausschließlich die sich als progressiv empfindenden Theorien notwendiger Gesellschaftsveränderung als kritische Theorien bezeichnet werden. Das liegt mit daran, daß „Kritische Theorie“ zum Eigennamen einer bestimmten Denkschule, der Frankfurter Schule, geworden ist.

Beeinflußt von Karl Marx wird die „spätbürgerlich-faschistoide Gesellschaft“ der 30er Jahre des 20. Jahrhunderts kritisiert. Diese Kritik gilt auch der Wissenschaft jener Zeit, die sich lediglich die Erweiterung unseres Tatsachenwissens zum Ziel gesetzt und so diese ungerechte Gesellschaft und ihre Herrscher gestützt hatte. Die wissenschaftstheoretische Auffassung der traditionellen Theorie ist aber in den Augen der Kritischen Theorie eine verengte Sichtweise der Wirklichkeit: Denn indem sich die Wissenschaft darauf beschränkt, rein formal nach den Regeln einer Wissenschaftslogik zu arbeiten, versäumt sie die über die reine Wissenschaftslogik hinausgehende Frage nach der Wirklichkeit selbst zu stellen. Die Ziele menschlichen Handelns, konkret also die Frage, ob ein angestrebter zukünftiger Zustand besser ist als der gegenwärtig vorhandene, gehören zu den Aufgaben wissenschaftlicher Reflexion und dürfen nicht dem vorwissenschaftlichen Raum der Gesellschaft überlassen bleiben. Die bestehende Gesellschaft soll nicht nur zutreffend beschrieben werden, damit man technisch erfolgreich in ihr handeln kann, vielmehr ist sie zugleich kritisch zu messen an der normativen Vorstellung einer nicht nur denkbaren, sondern real als möglich nachzuweisenden herrschaftsfreien und gerechten Gesellschaft. Aus dieser Konfrontation des Bestehenden mit der normativen Idee einer vernünftigen Gesellschaft läßt sich die Unvernünftigkeit der Wirklichkeit erkennen. Die Widersprüche der Gesellschaft werden sichtbar und zum Ansatzpunkt für eine Veränderung der Gesellschaft auf eine vernünftige Gesellschaft hin.

Im Diskurs, dem herrschaftsfreien Gespräch, der Betroffenen wird über die grundlegenden Werte und Normen entschieden, das heißt eine Übereinstimmung herbeigeführt. Das Ziel der „Kritischen Theorie“ wird in der Emanzipation des Menschen gesehen, der durch die Selbstreflexion die Möglichkeit hat, sich von den gegebenen gesellschaftlichen Verhältnissen zu distanzieren.

Die Ansätze zu einer empirisch-analytischen und einer historisch-hermeneutischen Wissenschaft werden in der „Kritischen Theorie" aufgenommen und verbunden. Das Ziel des wissenschaftlichen Vorgehens bleibt aber der herrschaftsfreie Diskurs über Normen und Werte, die allem gesellschaftlichen Handeln zugrunde liegen und die Wissenschaften bestimmen. Alle WissenschaftlerInnen sind der Aufklärung und der Emanzipation verpflichtet. Diese Methode wird daher mitunter auch als kritisch-emanzipative Methode bezeichnet.

---

(5) Die historisch-materialistische Methode[27]

Historisch-materialistisch oder marxistisch-leninistisch läßt sich jede Methode nennen, die sich mehr oder weniger explizit auf die Lehren von Karl Marx bezieht. Doch lassen sich erhebliche Unterschiede feststellen, je nachdem welcher Aspekt aus dem vielschichtigen Gedankengut von Marx betont oder aber vernachlässigt wird. Als das thematisch wie methodologisch grundlegende Werk mit Paradigmafunktion gilt „Das Kapital". Ein Leitsatz für Marx heißt: „Die Philosophen haben die Welt nur verschieden interpretiert, es kommt darauf an, sie zu verändern (Ludwig Feuerbach)." Erkenntnis und Wissenschaft haben keinen Sinn in sich selbst, sondern sie dienen der Antwort auf die Frage: „Wie ist eine etappenweise in die Barbarei versinkende Gesellschaft in eine menschliche zu transformieren?" Der Ansatz steht in der Tradition der großen historischen Emanzipationsbewegungen, mit Kämpfen und Revolutionen, mit den tiefsten Leidenschaften und den höchsten Hoffnungen der Menschheit.[28] Allein schon diese Nähe macht die enge Verbindung von Praxis und Theorie deutlich. Kern des marxistisch-leninistischen Denkens ist die These von der Dialektik der Wirklichkeit, die mit der dialektischen Methode erfaßt werden kann. Das Grundgesetz der Dialektik wird sowohl im Bereich der Natur („dialektischer Materialismus") als auch für die gesellschaftliche Entwicklung („historischer Materialismus") postuliert. Die Grundannahme, daß die ökonomischen Gesetzmäßigkeiten den gesamten Gesellschaftsprozeß determinieren, gilt auch für die Wissenschaft. Die gesellschaftlichen Verhältnisse bestimmen nicht nur die Objektwahl der Wissenschaft, sondern auch die Erkenntnismöglichkeiten in Umfang und Intensität, sowie die wissenschaftlichen Methoden und ihre Anwendung. Wissenschaft ist ein Produkt der Gesellschaft. Ziel ist die Überwindung der bürgerlich-kapitalistischen Gesellschaft durch das revolutionäre Proletariat. Auf dem Boden einer marxistisch-leninistischen Gesellschaftstheorie wird eine Einheitswissenschaft konzipiert, der sich alles einzufügen hat. Zweck des wissenschaftlichen Arbeitens ist es, die Natur zu beherrschen und die gesellschaftlichen Prozesse bewußt auf eine Beendigung der Klassengesellschaft hinzusteuern.

(6) Die handlungstheoretische Methode[29]

Wissenschaft als praktische Wissenschaft und Philosophie als praktische Philosophie sind in den letzten Jahren neu entdeckt worden, um Probleme des Handelns zu erforschen. Das hat zu verschiedenen Versuchen geführt, Handlungsbegriffe zu analysieren, Handeln zu beschreiben und zu erklären sowie interdisziplinär integrierte Handlungstheorien zu entwickeln. Handlungen weisen mehrfache Deutungsspielräume auf. Der Mensch nimmt seine Handlungen nicht nur wahr wie einen außerhalb von ihm ablaufenden Prozeß, wie eine objektiv feststellbare und intersubjektiv nachprüfbare Ereignisfolge, sondern er erlebt sein Handeln auch als von ihm gesetzte, gewollte und zumeist bewußt initiierte zielorientierte Tätigkeit. Darüber hinaus sind Erkennen, Deuten und Diskutieren von Handlungen selbst Handlungen. Somit ergibt sich über den theoretischen Aspekt des objektgebundenen und über den Bereich des praktischen Handelns hinaus noch das Problem des „transzendentalen Handelns", in dem das Erkennen und Denken als Handeln zu reflektieren ist. Handlungstheorien können sich dem zufolge aus mehreren Komponenten, Konstituenten und Reflexionsstufen zusammensetzen. Eine handlungsrelevante Theorie reflektiert ihre eigene Reichweite ebenso wie die Realisierungsbedingungen von Zielprojektionen, die sich von den theoretischen Annahmen her nahelegen. Allerdings gibt es keine einheitliche Handlungstheorie, in der die unterschiedlichen wissenschaftstheoretischen und philosophischen Ansätze zur Erfassung, Beschreibung, Erklärung, Rechtfertigung und Voraussage von Handlungen integriert sind. Das bedeutet, daß ForscherInnen sich für ihre jeweiligen Projekte eine eigene Handlungstheorie kreieren müssen. Mindestens folgende fünf Fragen an eine Handlung sollten deskriptiv und interpretativ behandelt werden:

(a) Die Frage nach dem Handlungsfeld: Wer ist beteiligt?
(b) Die Frage nach den Handlungstypen: Was geschieht?
(c) Die Frage nach den Modalitäten (Methoden, Techniken) der Handlung: Wie geschieht etwas?
(d) Die Frage nach dem Kontext der Handlung: In welchem Kontext geschieht etwas?
(e) Die Frage nach den Bedingungen und Gründen der Handlung: Warum geschieht etwas?

Anmerkungen zu Kapitel 3

1 Vgl. Störig 1989
2 Lay 1971, 85f.
3 Wissenschaftstheorie hat enge Beziehungen zur Philosophie, ist aber selbst von der Philosophie zu unterscheiden. Methodologische Entscheidungen sind philosphisch zu begründen. Eine verbreitete Praxis, Philosophie auf Erkenntnistheorie zu reduzieren, ändert nichts daran, daß Erkenntnistheorie nur eine Teildisziplin der Philosophie ist. Erkenntnistheorie ist lediglich die Lehre vom Wesen und den Voraussetzungen von Erkenntnis und befaßt sich nicht generell mit dem Leben und der Welt. Vgl. Seiffert 1989, 1 - 4
4 Da ich die jeweiligen Positionen hier nur benennen kann, verweise ich zur notwendigen Ergänzung und Vertiefung meiner vereinfachenden und überaus kurzen Ausführungen auf die philosophische und wissenschaftstheoretische Fachliteratur. Die Polarisierungen sollen lediglich Orientierung bieten und zu einem vertiefenden Studium anregen.
5 Lay 1971, 23
6 Lay 1971, 38
7 Vgl. Duden 1963, 762
8 Vgl. Duden 1963, 471
9 Vgl. Klages 1987, 98ff.
10 Vgl. Dux 1987
11 Vgl. Störig 1989, 545f.
12 Vgl. Rickert 1926
13 Vgl. Dux 1987, 148f.
14 Vgl. Inglehart 1987, 27
15 Nietzsche zitiert nach Hirschberger 1963b, 514
16 Nietzsche in „Also sprach Zarathustra“ 1967a, 583
17 Dux 1987, 164
18 Dux 1987, 165
19 Rombach 1979, 21ff.
20 Niemeyer (1980) und andere plädieren für eine einheitliche sozialpädagogische Metatheorie.
21 Eberhard / Eberhard 1987
22 Vgl. Rombach 1979, 49 - 55; Orth 1989, 242 - 255
23 Vgl. Geldsetzer 1989
24 Eberhard / Eberhard 1987, 383
25 Vgl. Albert 1989; Kriz / Lück 1990, 140 - 144
26 Vgl. Simon-Schaefer 1989a, Tschamler 1983, 69 - 81
27 Vgl. Kamper 1979; Simon-Schäfer 1989b
28 Kamper 1979, 88
29 Vgl. Lenk 1989

4. Einflussfaktoren auf Wissenschaft

Wissenschaft „fällt nicht vom Himmel“, sondern wird von konkreten Menschen betrieben. Wissenschaft verstanden als Gemeinschaft der

WissenschaftlerInnen lebt nach denselben sozialpsychologischen Regeln wie andere menschliche Gemeinschaften oder Gruppen auch. Die Dynamik und die Entscheidungen der Gemeinschaft der WissenschaftlerInnen wiederum hängen von den persönlichen Eigenarten und Neigungen der einzelnen WissenschaftlerInnen ab, die diese Gemeinschaft bilden. Und da diese Gemeinschaft inmitten der Welt lebt, ist sie vielen Einfüssen ausgesetzt, die von außen auf sie einwirken.

4.1. Gemeinschaft der WissenschaftlerInnen

„Die *Wissenschaft*" kann auch als *Ausdruck für die Gesamtheit der WissenschaftlerInnen* stehen, also als Ausdruck für eine soziale Institution. Damit sind alle Personen gemeint, die sich irgendwie mit Wissenschaft befassen. „Wissenschaft ist dort, wo diejenigen, die als Wissenschaftler angesehen werden, nach allgemein als wissenschaftlich anerkannten Kriterien forschend arbeiten."[1] Wann ist jemand als WissenschaftlerIn zu bezeichnen? Welche Kriterien muß jemand erfüllen, um als WissenschaftlerIn zu gelten? Was unterscheidet WissenschaftlerInnen von NichtwissenschaftlerInnen? Fragwürdig ist, ob man als WissenschaftlerInnen nur die Menschen bezeichnen kann, die zum Beispiel durch ihre Anstellung an einer wissenschaftlichen Hochschule per Hochschulgesetz mit Forschung, Lehre und wissenschaftsbezogener Ausbildung beauftragt worden sind. Danach gäbe es nur an wissenschaftlichen Hochschulen WissenschaftlerInnen. Die *Kriterien* zur Bestimmung dessen, was ein/e WissenschaftlerIn ist, sind ähnlich *vielfältig* und *kontrovers* wie die Kriterien zur Bestimmung von Wissenschaft überhaupt. WissenschaftlerInnen unterscheiden sich (für mich) von NichtwissenschaftlerInnen dadurch, daß sie sich bei ihrer Erkenntnisgewinnung dem wissenschaftstheoretischen Grundgesetz verpflichtet wissen, danach handeln und grundsätzlich bereit sind, sich prüfenden und kritischen Fragen an ihre wissenschaftlichen Arbeiten zu stellen.[2] Insofern kann es grundsätzlich UniversitätslehrerInnen geben, die keine WissenschaftlerInnen sind, und „PraktikerInnen", die sehr wohl WissenschaftlerInnen sind. Entscheidend sind die wissenschaftliche Haltung und das selbstkritische Bewußtsein.

Es wird in diesem Zusammenhang auch von einer *Gemeinschaft der WissenschaftlerInnen* („scientific community") gesprochen. Gemeint sind damit alle, die sich am Wissenschaftsbetrieb beteiligen. Für die Aufnahme in diese Gemeinschaft gibt es weder bestimmte formale noch allgemein anerkannte Bestimmungen, die erfüllt sein müssen. Diese Gemeinschaft ist offen und funktioniert wie eine informelle

Gruppe. Ihre Mitglieder müssen sich nach einigen Normen richten, die für jeden, der wissenschaftlich arbeitet, gelten. Solche Normen sind zum Beispiel das Offenlegen der benutzten Quellen und Forschungsmethoden sowie exaktes Zitieren. Das Leben der Gemeinschaft der WissenschaftlerInnen zeigt Gruppenphänomene und eine Gruppendynamik wie jede andere Großgruppe auch: Informationsprozesse; Wert- und Normendiskussionen; Wettbewerb; Durchsetzen eigener Interessen; Subgruppenbildungen; Streit um Führungspositionen, Macht und Einfluß; Konformitätsdruck usw.

In der Gemeinschaft der WissenschaftlerInnen besteht gegenwärtig eine weite Übereinstimmung darüber, welche Mindestbedingungen ein Fachgebiet erfüllen muß, damit es heute als Wissenschaftsdisziplin angesehen werden kann.[3] Die Einigung auf diese allgemein anerkannten Mindestbedingungen ist das Ergebnis informeller Entscheidungsprozesse.

4.2. Die WissenschaftlerInnen

In der Art und Weise, wie die Antworten auf die philosophischen Grundfragen gefunden und vertreten werden, lassen sich bei den WissenschaftlerInnen zwei Haltungen erkennen; diese sind unabhängig von den inhaltlichen Entscheidungen und Positionen:

(a) Die VertreterInnen der einen Haltung sind sich ihrer Erkenntnisse und Grundannahmen jeweils gewiß. Das eigene Wissenschaftsverständnis hat die Qualität von wissenschaftlichem Wissen. Es ist hier wenig Platz für andere Auffassungen von Wissenschaft als die eigene: Die Sicherheit ist ihnen näher als der Zweifel.

(b) Die VertreterInnen der anderen Haltung haben zwar auch ihre Antworten gefunden, erleben aber jeweils weithin viel Fragwürdiges an den eigenen Antworten und sind sich ihres Wissens keinesfalls gewiß: Der Zweifel ist ihnen näher als die Sicherheit.

Die Entscheidungen darüber, wie Wissenschaft aufgefaßt wird, welche wissenschaftlichen Methoden der Erkenntnisgewinnung ausgewählt werden, welche Art und Weise bei der Systematisierung und der Darstellung der Ergebnisse angewandt wird, wie die eigenen Entscheidungen und mit welchem Anspruch sie vertreten werden, hängt nicht zuletzt auch von der *Eigenart* des jeweiligen erkennenden/forschenden Menschen ab, der entscheidet. Auf folgende Faktoren, die die persönliche Entscheidung beeinflußen, mache ich aufmerksam:

(1) Persönlichkeitsstruktur

WissenschaftlerInnen haben wie alle anderen Menschen auch eine persönliche Lebensgeschichte. Das, womit jemand sich wissenschaftlich befaßt, wie er forscht und wie er darüber informiert, hängt auch davon ab, wie er *als Person* beschaffen ist. Selbst bei schöpferischen NaturwissenschaftlerInnen hat man erkannt, daß in ihren Theorien psychologisch faßbare Motivstrukturen verborgen sind. Es wurde gezeigt, wie sich zum Beispiel phobische, zwangsneurotische und schizoide Denkmuster der WissenschaftlerInnen in ihren Theorien abbilden. Was also sogar bei der Bearbeitung hochabstrakter naturwissenschaftlicher Materien nachzuweisen ist, tritt erst recht zutage, wenn AutorInnen sich vornehmlich Gedanken über Menschen und soziale Fragen machen.[4]

(2) Sozio-ökonomische Lebenssituation

Die Ausbildung, der Berufsweg, die berufliche Anstellung, das finanzielle Einkommen, die Wohnverhältnisse, die Beziehungen zu LebenspartnerInnen und Kindern, die gesundheitliche Verfassung usw. beeinflussen die Wahrnehmungs- und Gestaltungsmöglichkeiten, die Interessen und Vorurteile von WissenschaftlerInnen. KünstlerInnen und SchriftstellerInnen berichten häufig über den Einfluß ihrer Lebenssituation auf ihre Arbeit. Was für sie gilt, gilt selbstverständlich auch für WissenschaftlerInnen. Jemand, der selbst arm ist, nimmt die Verteilung der Güter anders wahr und urteilt anders als jemand, der reich ist.

(3) Gesellschaftspolitischer Standpunkt

Insbesondere in den Kultur-, Geistes- oder Sozialwissenschaften spielen explizit formulierte oder implizit vorhandene gesellschaftspolitische Standpunkte eine bedeutende Rolle. Obgleich selten in den Werken ausdrücklich mitgeteilt wird, welche gesellschaftspolitische Position die WissenschaftlerInnen einnehmen, können aufmerksame LeserInnen die jeweilige Position doch „zwischen den Zeilen" entdecken. Mitunter ist dieser Standpunkt aus anderen Zusammenhängen bekannt, zum Beispiel durch ein Engagement in einer politischen Partei.

(4) Interdisziplinäre Einbindung

Die Fachdisziplin, die jemand sich gewählt und in der jemand „aufgewachsen" ist, prägt nachweislich die Art und Weise, mit wissenschaftlichen Aufgaben umzugehen. Je enger die fachliche Spezialisierung ist, desto enger ist in der Regel auch der Frage- und Antworthorizont. Die

Zusammenarbeit mit anderen Fachdisziplinen als der eigenen öffnet Zugänge, Interessen usw. für andere Fragestellungen, Arbeits- und Denkweisen und wirkt belebend auf die eigene Arbeitsweise zurück.

(5) Ethische und religiöse Überzeugungen

Ethische und religiöse Überzeugungen als Einflußgrößen auf die wissenschaftliche Arbeit werden in der Wissenschaft – außer der Theologie – weitgehend tabuisiert. Dabei ist nicht erst seit dem Fall Galilei die enge Verbindung von religiösen Überzeugungen und wissenschaftlicher Forschung bekannt. Die enge Verbindung von Philosophie und Theologie drängt WissenschaftlerInnen gerade bei den philosophischen Vorentscheidungen die Frage auf: Welche religiösen Überzeugungen begünstigen oder verhindern von vornherein bestimmte Fragestellungen und/oder Lösungen? In Handlungswissenschaften werden ausdrücklich Werte und Normen als Ziele gesetzt. Auf welchen persönlichen Überzeugungen bauen diese Entscheidungen für bestimmte Werte und Normen auf und bilden das Fundament für eine Theorie?

(6) Persönliche Abhängigkeiten

Wie frei ist ein/e DoktorandIn an einer deutschen Hochschule, in ihrer/seiner Dissertationsschrift die zentralen Thesen ihres Doktorvaters oder seiner Doktormutter anzugreifen oder gar zu widerlegen? Wie weit kann er/sie gehen, wenn er/sie auf eine Anstellung als wissenschaftliche MitarbeiterIn in demselben Fachbereich hofft und der Doktorvater über die Stelle zu entscheiden hat? Und wie abhängig sind ForscherInnen von den Geldgebern, die ihr Forschungsprojekt finanzieren? Diese Abhängigkeiten bleiben zumeist im Verborgenen, mitunter können sie aus Randbemerkungen oder auffälligen Zusammenhängen geschlossen werden.

Personbedingte Einflußfaktoren bleiben bei der Diskussion und der Entscheidung wissenschaftstheoretischer Grundfragen und wissenschaftlicher Methoden und Theorien in der Regel im Hintergrund. Selten benennen WissenschaftlerInnen diese Größen oder berücksichtigen sie selbstkritisch bei ihrer Arbeit. Der *Mythos einer reinen Wissenschaft* wird – in der Öffentlichkeit zumindest – gepflegt. In den Hinterzimmern der Hochschulen und bei Kongressen aber wird über das Menschliche und Allzumenschliche in der Wissenschaft – die Eitelkeiten, Profilierungssüchte und Machtgelüste natürlich der anderen – geredet. Selbstverständlich wirken sich solche „hintergründigen Diskurse“ bei der öffentlichen Wertschätzung und Berücksichtigung von wissenschaftlichen Publikationen aus. Die öffentliche selbstkritische

Äußerung des geachteten Schweizer Nobelpreisträgers Heinrich Rohrer beim Treffen der Nobelpreisträger in Lindau 1991 ist eine Ausnahme. Der Physiker Rohrer beklagte den Mißbrauch wissenschaftlicher Fachveröffentlichungen, die größtenteils der Befriedigung von Eitelkeit und Geltungsbedürfnis dienen, sachlich aber nicht gerechtfertigt sind: „Wenn wir alles lesen müßten, was wir schreiben, würden wir weniger schreiben."[5] Konkrete AutorInnen und ihre Publikationen hat er öffentlich freilich auch nicht genannt.

Die wissenschaftstheoretischen Forderungen an die Wissenschaft und die wissenschaftliche Erkenntnisgewinnung sind eine, die Verwirklichung dieser Forderungen eine andere Sache. Wissenschaft ist Menschenwerk und darum *Stückwerk*. Die hohen Forderungen an die Wissenschaft sind in der wissenschaftlichen Praxis kaum zu erfüllen, jedoch als Orientierungspunkte für wissenschaftliches Arbeiten notwendig.

4.3. Äußere Einflüsse auf Wissenschaft

Wer und was beeinflußt WissenschaftlerInnen und Wissenschaften? Wird die Wissenschaft überhaupt von jemandem beeinflußt? Was erwartet und was fordert die Gesellschaft von der Wissenschaft? Was erwarten Regierungen, Wirtschaftskonzerne und/oder Kirchenleitungen? Arbeiten WissenschaftlerInnen isoliert gegenüber Einflüßen der Welt in dem sprichwörtlichen „elfenbeinernen Turm" ? Ein Blick in die Wissenschaftsgeschichte zeigt, wie groß das Interesse mächtiger einzelner oder ganzer Gruppen war und ist, die Wissenschaft in ihrem Interesse zu beeinflußen: Erinnert sei an den „Fall Galilei". Der italienische Mathematiker und Philosoph Galileo Galilei trat seit 1610 öffentlich für das kopernikanische Weltsystem ein. Die katholische Kirche hielt dagegen an dem geozentrischen Weltsystem fest, auf das sie ihre Lehre aufgebaut hatte. Es kam zu einem Prozeß der mächtigen Kirche gegen Galilei, in dem er verurteilt wurde und seine Erkenntnisse widerrufen mußte. Solch massiver Druck auf WissenschaftlerInnen ist nun keineswegs typisch für das „finstere" Mittelalter. Die Erkenntnisse vom Ausmaß der Wissenschaftssteuerung im NS-Deutschland und in der stalinistisch geprägten Sowjetunion machen deutlich, wie abhängig WissenschaftlerInnen von den Mächtigen ihres Landes auch in unserer Zeit sind.

Seither wird verstärkt über die Bedeutung und den Einfluß staatlicher Wissenschaftspolitik durch direkte oder indirekte Forschungsförderung diskutiert (zum Beispiel durch Zweck- und Umfangsbestimmung von Forschungsprogrammen, Auswahl von Forschungsprojekten, Besetzung von Lehrstühlen und Kommissionen, die über die Vergabe von Forschungsprojekten entscheiden usw.). Den *Zusammenhang von Wissenschaft und politischer Struktur* in den Ländern näher zu untersuchen, gehört zu den wichtigen Aufgaben der *Wissenssoziologie*. Gefragt wird danach, welche Prioritäten innerhalb der staatlich geförderten und dadurch zunehmend gesteuerten Wissenschaftsentwicklung gesetzt werden und wer über die Richtlinien dieser Steuerung nach welchen Kriterien entscheidet.[6] Die Positionen liegen in dieser Diskussion sehr weit auseinander. Die einen behaupten, Wissenschaft sei in Forschung und Lehre in Demokratien wie der Bundesrepublik Deutschland frei; die anderen sagen dagegen, Wissenschaft sei auch hier vorwiegend an die Interessen der herrschenden Gruppen gebunden.[7] Festzuhalten ist wohl: Wissenschaft ist weder als Teil in die Gesellschaft völlig eingebunden und daher in allem von den Vorgaben der Mächtigen abhängig, noch ist sie eine unabhängige, der Gesellschaft gegenüberstehende Größe, die schlechthin objektiv und endgültig feststellen könnte, welches ihre Ziele und Aufgaben sind. Vielmehr entfalten und bestimmen sich beide, Gesellschaft und Wissenschaft, in einem lebendigen, recht konfliktträchtigen *Wechselverhältnis*.[8]

Anmerkungen zu Kapitel 4

1 Seiffert 1989, 391
2 Vgl. S. 25
3 Vgl. S. 30
4 Richter 1988; vgl. auch Riemann 1975
5 Meldung in der Süddeutschen Zeitung vom 2. 7. 1991
6 Lepenies 1979, 178f.
7 Vgl. Lukas 1979, 31 - 72
8 Rombach 1979, 171

5. Anwendung der Wissenschaften

siehe Skript S.32

Wozu braucht man Wissenschaften und WissenschaftlerInnen? Was und wem nutzt eigentlich wissenschaftliches Wissen? Wer wendet wobei wissenschaftliches Wissen an? Die Ansicht, daß Wissenschaft sich aus ihrem *praktischen Nutzen* begründet und begründen muß, ist weit verbreitet. Diese pragmatisch-technologische Begründung resultiert aus einem sehr engen Verständnis von Wissenschaft. Wissenschaft als

Haltung des Menschen, über sich und seine Lebenswelt hinaus zu reflektieren, geht über einen bloß praktischen Nutzen hinaus. Wissenschaft als Weg des Menschen, seine Welt und sich selbst anzuschauen, zu erforschen und zu deuten, begleitet die Menschen vom Anfang ihrer Geschichte an. Wissenschaft – in diesem Sinne verstanden – gehört schon immer zum Alltag der Menschen und hat dort ihren festen Platz. Wissenschaft ist ein *Teil der menschlichen Lebenspraxis*. Das Zusammenspiel von Wissenschaft und Alltagspraxis hat sich im Verlauf der Geschichte ständig gewandelt. In der Wissenschaftstheorie wird die Art und Weise dieses Zusammenspiels als das *Anwendungsproblem der Wissenschaft* bedacht. Wissenschaft wurde schon früh bei der Ausbildung in Fachdisziplinen wie Medizin oder Recht angewandt. Erst viel später wurde Forschung zur bestimmenden Aufgabe der Wissenschaft, um für die praktische Bewältigung des Lebens Erkenntnisse und Lösungen zu erarbeiten. In allen akademischen Fachdisziplinen sind beide Anwendungsbereiche der Wissenschaft erhalten geblieben. Wissenschaft ist verbunden mit der Praxis, und Wissenschaft ist verbunden mit der Ausbildung.[1] In der wissenschaftstheoretischen Diskussion wird dem *Verhältnis von Theorie (Wissenschaft) und Praxis* größere Aufmerksamkeit entgegen gebracht als dem *Verhältnis von Theorie (Wissenschaft) und Ausbildung*.

Praxis und Theorie sind *Gegenwörter*. Wird das eine Wort genannt, dann taucht das andere in der Regel gleich mit auf. Der eine Begriff kann schlecht ohne den anderen sein, und sie haben auch eine gemeinsame Geschichte. Diese lange und komplizierte Geschichte kann hier nicht dargestellt werden.[2] Ich stelle lediglich *Grundzüge* der Bestimmung des Verhältnisses von Theorie und Praxis dar, um damit bei der Orientierung zu helfen.

5.1. Theorie und Praxis

Sprachgeschichtlich geht das Wort „*Praxis*“ auf das griechische Substantiv „praxis“ zurück. Dieses Substantiv leitet sich von dem Verbum „prássein“ ab. Es bedeutet „tun, verrichten, ausführen, vollbringen usw.“ Praxis steht demnach für „das Tun, die Tätigkeit; Handlungsweise; Geschäft, Unternehmen; Wirklichkeit, Tatsächlichkeit“.[3] Das seit dem 17. Jahrhundert in der deutschen Sprache belegte Fremdwort erscheint zuerst mit der Bedeutung „(Berufs-)ausübung, Tätigkeit; Verfahrensart“. Im 18. Jahrhundert findet es sich dann im Unterschied zu „Theorie“ als Bezeichnung für die tätige Auseinandersetzung mit der Wirklichkeit und die daraus gewonnene (Lebens-)erfahrung.[4] Ein

Praktiker ist ein Mensch mit alltagspraktischer Erfahrung. Die praktische Erfahrung geht auf aktives Tun und Handeln zurück, und das so gewonnene Wissen ist praktikabel, das heißt brauchbar, benutzbar, zweckmäßig.[5] Es hat sich in der Praxis bewährt. Praktisches Wissen wird in Alltags- oder Berufstheorien (siehe S. 28f.) gebündelt.

Parallel zum Begriff „Praxis“ ist der Begriff „Technik“ in die deutsche Sprache eingeführt worden. Der griechische Begriff „téchne“ bezeichnet allgemein „Kunstfertigkeit, das Machen und das Gemachte“ im Gegensatz zum Gegebenen, zur Natur. Technik ist eine Weise des Handelns (mit künstlichen Gegenständen und Verfahren), die praktischen Zwecken dient. Der Techniker will etwas machen, bewerkstelligen; ihn interessieren Zusammenhänge, die über das Funktionieren seiner Technik hinausgehen, nicht.

Das Fremdwort „*Theorie*“ ist seit dem 18. Jahrhundert in der deutschen Sprache bezeugt. Es ist aus dem griechisch-lateinischen Substantiv „theoría“ mit der Bedeutung „das Zuschauen; die Betrachtung, die Untersuchung; die wissenschaftliche Erkenntnis usw.“ entlehnt worden. Das griechische Substantiv „theorós“ liegt dem Substantiv „theoría“ zugrunde und bedeutet „Zuschauer“. Ein Theoretiker ist demzufolge ein Mensch, der sich etwas anschaut und es aufmerksam betrachtet, eben ein Beobachter, der zur Praxis Distanz hat. Die Bedeutung des Wortes „theoretisch“ wird im 17. und 18. Jahrhundert bereits eingeengt auf: „rein wissenschaftlich; gedanklich; gedacht, vorstellungsmäßig; ohne hinreichenden Bezug auf die Wirklichkeit“. *Theoretiker* wird synonym für „Wissenschaftler, Gelehrter“ gebraucht.[6] Umgangssprachlich wird mit dem Begriff Theoretiker dann aber bald ein wirklichkeitsfremder Mensch, ein „Hans-guck-in-die-Luft“, ein Mensch mit „zwei linken Händen“, der für die Praxis untauglich ist, verbunden. Diese Wertung ist auch heute noch verbreitet.

In früheren Epochen waren die Menschen zugleich praktisch tätig und haben über ihr praktisches Tun selbst nachgedacht. Die Menschen haben sich etwas – theoretisch – überlegt und diese Überlegungen dann selbst – praktisch – umgesetzt. Die Praxis wurde dann selbst wieder aus der Distanz überdacht. Neue Gedanken wurden entwickelt und wieder in die Tat umgesetzt usw. Die Menschen waren *ursprünglich Theoretiker und Praktiker in einer Person.* Vergleichbar ist das beispielsweise mit dem Vorgehen eines Bildhauers:

Der Bildhauer entwirft in seiner Vorstellung eine Plastik. Dann geht er daran, einen Stein seiner Vorstellung entsprechend mit Hammer und Meißel zu bearbeiten. Immer wieder unterbricht er sein Tun, tritt ein paar Schritte von seinem Werkstück zurück, betrachtet es aus der

Distanz und vergleicht seine Arbeit mit seinem vorgestellten Bilde. Bei dieser Betrachtung muß er sein Bild unter Umständen verändern. Die Eigenart des Materials läßt eventuell die Umsetzung seiner Vorstellung nicht zu. Danach geht er wieder an die Arbeit, korrigiert das eine oder andere an der entstehenden Plastik und schafft weiter – bis er zufrieden auf sein fertiges Werk schauen kann und schließlich Theorie und Praxis für ihn übereinstimmen.

Seit dem ausgehenden Mittelalter wird die europäische Geschichte durch den Prozeß der Zivilisierung und Industrialisierung geprägt. Ein wichtiger vorantreibender Faktor in diesem Prozeß ist das *Prinzip der Arbeitsteilung*. Viele neue Aufgaben in dieser Entwicklung sind überhaupt nur durch die Spezialisierung der einzelnen Menschen auf bestimmte eng umgrenzte Fragestellungen und die Zusammenarbeit vieler Menschen zu lösen. Die gesellschaftliche Arbeitsteilung ermöglicht erst eine große Steigerung menschlicher Leistungen auf mannigfaltigen Gebieten. Eine Folge aus der Aufteilung der Arbeit ist die Trennung von vielem, was ursprünglich zusammengehört. Die Trennung von körperlicher und geistiger Tätigkeit und damit verbunden die Trennung von Praxis und Theorie gehören dazu. Die Theorie wurde zur – beruflichen – Aufgabe von einigen Menschen, den „Geistesarbeitern". Die Praxis wurde zur Aufgabe vieler anderer Menschen, den „Werktätigen". Die Arbeitsteilung führte in letzter Konsequenz zu zwei Lagern in der Gesellschaft, den PraktikerInnen und den TheoretikerInnen. Die PraktikerInnen befassen sich unmittelbar und handelnd mit der Lösung derselben Aufgaben, mit denen sich TheoretikerInnen aus der Distanz und mit einem anderen Methodeninstrumentarium befassen.

Für die Theorie (in diesem Zusammenhang auch als Synonym für Wissenschaft gebraucht) wurden eigene soziale und organisatorische Strukturen auf- und ausgebaut. Die Universitäten wurden der gesellschaftliche Ort für Wissenschaft, Theoriebildung und Forschung. Mit dem riesigen Wachstum des Wissens, der immer stärker werdenden Spezialisierung auf kleinste Fachgebiete und dem Entstehen einer eigenen „Lebenswelt Wissenschaft" wurde die Kluft zwischen WissenschaftlerInnen und PraktikerInnen breiter und tiefer. Aus einer sachlich erforderlichen Arbeitsteilung entstand *eine organisatorische, räumliche und personelle Trennung der Theorie von der Praxis.*

Das führte im Lebensalltag dazu, daß TheoretikerInnen und PraktikerInnen einander kaum noch wahrnahmen. Beide Lager schlossen sich zunehmend in einer jeweils eigenen Welt mit eigenen Denk- und Handlungsmustern, einer eigenen Sprache und einem eigenen Lebensstil ein. Das Ergebnis ist ein auch heute noch *gespanntes Verhältnis* zwischen TheoretikerInnen und PraktikerInnen. Pauschale gegenseitige Abwertungen erschwerten und erschweren die sachlich geforderte Zusammenarbeit. Für „die PraktikerInnen" wurden „die TheoretikerInnen" zu Spinnern, die natürlich keine Ahnung von der Praxis haben und deren versponnene Ideen in der Praxis völlig unbrauchbar sind. Und für „die TheoretikerInnen" wurden „die PraktikerInnen" zu furchtbaren PragmatikerInnen, die theorie- und kopflos dahinwursteln.

Wie ist das Aufeinander-angewiesen-Sein konkret zu bestimmen und zu leben? So wie es viele Auffassungen von Wissenschaft gibt, gibt es viele Auffassungen über Praxis und Theorie und ihr Verhältnis zueinander.[7] Aus den vielen real existierenden und „theoretischen" Bestimmungen des Verhältnisses von Theorie und Praxis nenne ich vereinfachend folgende vier *Zuordnungsweisen*:

(1) Die *Praxis hat einen Vorrang* vor der Theorie: Die Praxis ist höher als die theoretische Erkenntnis, denn sie hat „nicht nur die Würde des Allgemeinen, sondern auch der unmittelbaren Wirklichkeit" (Lenin).[8] Aus der Praxis werden die Fragen gestellt, die die Wissenschaft zu beantworten hat. Wissenschaftliches Wissen dient der Praxis und wird im und am Lebensalltag überprüft. Die Theorie hat sich in der Praxis zu bewähren und/oder wird nach dem Nutzen für die Praxis bewertet. Die Praxis ist für eine empirisch orientierte Wissenschaft das entscheidende Kriterium der Wahrheit oder Bewährung. Das bedeutet den Verzicht der Wissenschaft auf eigene Wertsetzungen.

(2) Die *Theorie hat einen Vorrang* vor der Praxis: Die Wissenschaft hat qualifiziertere Erkenntnismethoden und Erkenntnisse als die Praxis und folgt eigenen Forschungs- und Erkenntnisdynamiken. Die Erkenntnisgewinnung wird nicht an die Praxis rückgekoppelt. Die Theorie wird weitgehend unabhängig von den Praxisfeldern entwickelt. Wissenschaft dient der Wahrheitsfindung. Die Wissenschaft ist normativ und setzt die Werte und will dann auch die Aufgaben und Ziele für die Praxis bestimmen. Die Praxis soll sich nach der Theorie richten. Die Praxis wird an den Vorgaben der Theorie von den WissenschaftlerInnen überprüft.

(3) *Praxis und Theorie sind identisch*: Ganz pragmatisch werden Praxis und Theorie so eng miteinander verschränkt, daß eine wirkliche Unterscheidung kaum noch möglich ist. Auf der Basis der Erfahrung und des erfolgreichen Handelns gründen dann wissenschaftliche Theorien. Und Theorien werden ihrerseits ohne Rücksicht auf bestehende Zu-

sammenhänge in der Praxis angewandt. Kriterium für die Anerkennung und Anwendung von Theorien ist allein, ob sie brauchbar sind und den von den Mächtigsten der Gesellschaft gesetzten Zielen dienen. Auf differenzierende wissenschaftstheoretische Reflexionen wird verzichtet.

(4) *Theorie und Praxis stehen miteinander in einem polaren Spannungsfeld*: Praxis und Theorie sind zwei gleichrangige Aspekte menschlicher Wirklichkeit und gehören zusammen wie die zwei Seiten einer Münze. Nur miteinander können sie die ganze Wirklichkeit menschlicher Lebensbewältigung umgreifen. Daher müssen Praxis und Theorie in ihrer Zuordnung und Ergänzung gemeinsam bedacht werden. Beide ereignen sich in derselben Lebenswelt und sind aufeinander angewiesen. Jeder Versuch, die beiden voneinander zu trennen oder sie gar als unversöhnliche Gegensätze darzustellen, ist künstlich. In gleicher Weise taugen die Versuche wenig, der Theorie einen zeitlichen oder gar qualitativen Vorrang vor der Praxis einzuräumen. Genauso wenig Sinn macht es, die Praxis zeitlich oder qualitativ der Theorie vorzuziehen. Sie begleiten einander und sind immer zugleich. Ihre Entsprechung kann als „*zirkuläre Bewegung*" im Sinne eines Kreislaufs verstanden werden. Theorie ist eine Form der Praxis und Praxis ist eine Wirklichkeitsgestalt einer bestimmten Theorie, nämlich der grundlegenden Selbst- und Weltauslegung des Menschen.[9]

So wie es viele Auffassungen von Wissenschaft gibt, gibt es viele Auffassungen über Praxis und Theorie und ihr Verhältnis zueinander. Die private Lebenswelt hat heute vielfach wissenschaftliche Verstehensformen und Verhaltensweisen in sich aufgenommen und ist durch sie bestimmt. Die Medien erschließen in einem nie gekannten Ausmaß die Wissenschaft für den Alltag und informieren die Öffentlichkeit darüber.

> „Das verwissenschaftlichte Leben der modernen Zivilisation ermöglicht Selbsterfahrungen, die in die geisteswissenschaftliche Theoriebildung eingehen, wie auch umgekehrt die Theoriebildungen die Lebens- und Verstehensweise, ja auch die Sprache der Lebenspraxis bestimmen. Wissenschaft und Leben bilden eine Einheit, die nicht mehr als Störfeld, sondern als Wechselbedingung empfunden wird."[10]

Die wissenschaftstheoretische Reflexion von Theorie und Praxis gehört zu den elementaren Aufgaben jeder Wissenschaftsdisziplin. Gerade wegen der Wechselbedingung von Theorie und Praxis in unserer Gesellschaft müssen die wissenschaftlichen Fachdisziplinen für sich bestimmen, was sie unter Praxis und Theorie jeweils verstehen und wie sie das Verhältnis zueinander sehen. Diese Bestimmung zeigt an, wie das Zusammenarbeiten aussehen soll und – alltagsnäher formuliert – wer das Sagen für sich beansprucht. Das Bestimmen und Offenlegen der Erwartungen an das Verhältnis von Theorie und Praxis verringert die Gefahr des gezielten oder auch unbewußten Mißbrauchs von Theorie für die Praxis (um zum Beispiel eine bestimmte – vorteilhafte – Praxis zu legitimieren) und umgekehrt (um zum Beispiel bestimmte – unbequeme – Theorien zu verhindern).

Festzuhalten bleibt: Die Wissenschaft steht der menschlichen Lebenswelt nicht gegenüber, sondern sie ist in sie einbezogen. *Theorie und Praxis durchwirken sich gegenseitig, ohne ihre Identität zu verlieren.* Wissenschaftliche Theorien dienen den WissenschaftlerInnen als Wissenspläne und den PraktikerInnen als Handlungspläne. „Nichts ist für PraktikerInnen praktischer als eine gute Theorie." Praktische Erfahrungen bringen den PraktikerInnen Handlungskompetenz und den WissenschaftlerInnen „Gegenstandskompetenz". Nichts ist für TheoretikerInnen anregender als eine gute Praxis.

5.2. Wissenschaft und Ausbildung

Neben dem Spannungsfeld „Wissenschaft und Praxis" gibt es auch noch das *Spannungsfeld „Wissenschaft und Ausbildung (Lehre)"*. Dieses Verhältnis ist in Deutschland nicht weniger schwierig als das Verhältnis von Theorie und Praxis. Die deutschen Hochschulen haben sowohl den Auftrag zu forschen als auch die Aufgabe zu lehren. Von den HochschullehrerInnen wird verlangt, daß sie in Personalunion zugleich LehrerInnen und ForscherInnen sind. LehrerInnen benötigen andere fachliche Kompetenzen als ForscherInnen. ForscherInnen haben mit wissenschaftlichen Methoden neue Erkenntnisse zu gewinnen. LehrerInnen haben auszubilden und die neuen Erkenntnisse der ForscherInnen den Studierenden zu vermitteln. ForscherInnen benötigen für ihre Aufgaben nicht die fachlichen Kompetenzen von LehrerInnen, und LehrerInnen benötigen für ihre Aufgaben nicht die fachlichen Kompetenzen von ForscherInnen.

Die personale Vermengung von Forschungs- und Lehrauftrag einerseits und die Vorliebe der deutschen HochschullehrerInnen für die angesehenere Forschung andererseits bewirken an den Hochschulen eine für die Studierenden nachteilige Situation: Lehrende berichten über Forschungsergebnisse und halten das für Lehre oder sogar für Ausbildung. Das Vortragen von Forschungsergebnissen (Theorien) ist aus didaktisch-pädagogischen Erwägungen etwas anderes als Ausbilden. Im Hochschulunterricht sind Lehr- und Lernprozesse anzustoßen, zu begleiten, zu überprüfen und zu bewerten. Dazu gehört selbstverständlich unter anderem auch die Vermittlung von Forschungsergebnissen. Die zu vermittelnden Lehr- und Lerninhalte sind unter dem Aspekt der anzustrebenden beruflichen Kompetenz auszuwählen, zu definieren und in ein Gesamtkonzept des Unterrichts zu integrieren. Den neuesten Stand der didaktisch-pädagogischen und fachlichen Forschungsergebnisse in die Ausbildung einzubeziehen, gehört zum berechtigten Anspruch an einen qualifizierten und qualifizierenden Hochschulunterricht.

Anmerkungen zu Kapitel 5

[1] Vgl. Abbildung 1 S. 11
[2] Vgl. beispielsweise die Studien zu Theorie und Praxis von Habermas 1978
[3] Duden 1963, 526f.
[4] Duden 1963, 526f.
[5] Duden 1963, 525
[6] Duden 1963, 708
[7] Vgl. Habermas 1978
[8] Zitiert nach Buhr / Kosing 1979, 261
[9] Rombach 1979, 17
[10] Rombach 1979, 170

Teil 2
Soziale Arbeit als Wissenschaft

Die Rückbesinnung auf die wissenschaftstheoretischen Fragen und Positionen (Teil 1) hat deutlich gemacht, wie vielfältig wissenschaftliches Denken und Handeln in einer Disziplin von vornherein angelegt sind. Eine Wissenschaftsdisziplin läßt sich nicht auf eine oder auf die Theorie reduzieren wie das bisweilen auch für Soziale Arbeit gefordert oder versucht wird.[1] Selbst wenn ein gemeinsamer Erkenntnisgegenstand gefunden und allgemein akzeptiert worden ist, ergeben sich immer noch viele verschiedene Möglichkeiten, wissenschaftlich damit umzugehen. Unterschiedliche Vorentscheidungen (zum Beispiel bei den Paradigmen, Wertsetzungen und Methoden) führen zu unterschiedlichen Theorien. Und verschiedene Theorien führen wiederum zu verschiedenen Forschungsansätzen (und Ausbildungsmodellen). Soziale Arbeit als Wissenschaft hat ihre philosophischen und wissenschaftstheoretischen Vorentscheidungen mit ihren Auswirkungen auf die Theoriebildung darzulegen und zu reflektieren. In diesem Teil werden – für die Soziale Arbeit als Wissenschaft – die kontroversen Vorentscheidungen aufgrund philosophisch-weltanschaulicher Vorannahmen, die Gegenstandsdiskussion, die Methodenbestimmungen, die Theorieentwicklung und die Forschung als Ordnungskategorien benutzt, um das „weitläufige Gelände" der Sozialen Arbeit als Wissenschaft auszuleuchten, überschaubar und begehbar zu machen.[2] Der Aufbau dieses Teils folgt dem Aufbau von Teil 1.

Am Anfang steht die mehr als 100 Jahre alte Forderung nach einer Wissenschaft Soziale Arbeit. Diese Forderung kommt wie bei den anderen wissenschaftlichen Disziplinen auch aus der Ausbildung zum Beruf. Auf dem Weg, diese Forderung zu verwirklichen, liegen viele Stolpersteine und stehen viele Sperrzäune, die in der Sache selbst gründen oder aber von außen hingestellt worden sind. Die Wert- und Normenfrage und die gesellschaftliche Funktion von Sozialer Arbeit sind sehr umstritten und verursachen tiefe Gräben zwischen den verschiedenen Parteien. Diese Zerstrittenheit wirkt sich auf die Bestimmung des Gegenstands von Sozialer Arbeit als Praxis und Wissenschaft aus. Die wichtigen Positionen in diesem Streit werden dargestellt und eine Perspektive für eine Einigung aufgezeigt.

Im Verlauf der Wissenschaftsgeschichte haben sich verschiedene wissenschaftstheoretische „Schulen" herausgebildet, die sich aufgrund ihrer philosophischen Voranahmen für bestimmte Erkenntnismethoden entschieden haben (siehe Teil 1 Abschnitt 3.3.). Diese „Schulen“ gibt es auch in der Sozialen Arbeit als Wissenschaft und nach ihnen lassen sich die darauf aufbauenden Theorien unterscheiden und einteilen. Nach dem breiten Methodenspektrum wird eine Übersicht über die Theorien Sozialer Arbeit mit ihren unterschiedlichen Niveaus und Inhalten gegeben. Dieser Teil schließt mit der Frage nach dem Verhältnis von Wissenschaft und Forschung sowie dem Verhältnis von Wissenschaft und Ausbildung in der Sozialen Arbeit.

Die Ausbildung für die Praxis (und den Beruf) in den verschiedenen Handlungsfeldern führte in der Regel zum Entstehen der einzelnen Wissenschaftsdisziplinen. Je komplexer die Handlungsfelder in der Praxis waren, desto anspruchsvoller waren die Ausbildungsinhalte und umso notwendiger wurde eine differenzierte und reflexive Aufbereitung der Ausbildungsinhalte. Aus den Ausbildungsinstituten entwickelten sich auf diese Weise Wissenschaftsinstitute für die einzelnen Fächer; diese Entwicklung trifft für die Medizin, das Recht und die Theologie genauso zu wie für die Pädagogik. Nicht anders verläuft die Entwicklung bei der Sozialen Arbeit. Daher hängt die Entwicklung der Sozialen Arbeit als Wissenschaftsdisziplin sehr eng mit der Entwicklung des Berufs „SozialarbeiterIn“ und der Ausbildung zu diesem Beruf zusammen. Insofern spielen beim jetzigen Entwicklungsstand der Sozialen Arbeit als Wissenschaft die Bereiche Praxis und Ausbildung in der Sozialen Arbeit noch so kräftig in die Soziale Arbeit als Wissenschaft hinein, daß Grenzen mitunter verschwimmen. Das zeigt sich insbesondere bei der Gegenstandsbestimmung, bei den Zielen und Aufgaben sowie den Methoden.

ANMERKUNGEN

1 Vgl. zum Beispiel Eyferth / Otto / Thiersch 1987

2 Das Bild für die Situation der Theoriediskusssion habe ich von Thiersch / Rauschenbach 1987, 986 übernommen.

siehe Skript S. 33

1. SOZIALE ARBEIT ALS WISSENSCHAFT – EINE ALTE FORDERUNG

Bereits seit mehr als 100 Jahre wird gefordert, soziale Probleme und ihre Lösungen nicht nur praktisch, sondern auch wissenschaftlich anzugehen. Engagierte und über das Leiden der Armen empörte SozialarbeiterInnen wie Jane Addams, Octavia Hill, Henrietta Barnett und Mary Richmond forderten eine wissenschaftliche Reflexion des Massenelends und seine Beseitigung in den Slums der Großstädte. Für sie reichte angesichts des Ausmaßes der sozialen Probleme eine Almosen gebende Sozialarbeit nicht mehr aus. Die Empörung der Frauen verband sich mit sehr konkreten wissenschaftlichen Anliegen, vor allem im Hinblick auf die Problemerfassung. Als Vorbild, die richtigen Fragen zu stellen und die richtigen Daten zu sammeln, diente ihnen die Arbeitsweise der Ärzte und Rechtsanwälte. Das Instrumentarium, die Mittel hierzu waren eine zuverlässige, unverzerrte, überprüfbare, sich auf Fakten und nicht auf Gerüchte, kirchliche Moralvorstellungen und bürgerliche Ressentiments verlassende Ermittlung, Analyse und Diagnostizierung der vorhandenen Probleme.[1] Mary Richmond forderte 1897 eine Ausbildung der Sozialarbeiter mit dem Hauptziel, „den professionellen Helfern (Charity workers) bessere kognitive Gewohnheiten und höhere Ideale ... im Umgang mit Individuen und Familien zu vermitteln."[2] Es kam ihr bei der Ausbildung der SozialarbeiterInnen darauf an, Theorie und Praxis in der richtigen Weise zu kombinieren. Auf den guten Charakter der SozialarbeiterInnen allein war für sie kein Verlaß, wenn nicht die Ausbildung und Erfahrung hinzutritt.[3]

Die Diskussion in Deutschland über die Soziale Berufsausbildung zu Beginn unseres Jahrhunderts bezeugt, daß bereits damals zwischen Sozialer Arbeit als Wissenschaft, Praxis und Ausbildung unterschieden wurde.[4] So verlangten Alice Salomon (1872 – 1948), Heinrich Weber (1888 – 1946) und andere, daß an den deutschen Universitäten Lehrstühle für Wohlfahrtspflege eingerichtet werden, die einen Lehrauftrag mit der Möglichkeit der Forschung verbinden. Der Caritas-Direktor Weber aus Münster setzte sich für die *Wohlfahrtspflege als selbständige Wissenschaft* ein. Er wollte, daß eine Wissenschaft, die sich aus den verschiedenen Fakultäten speist, und ein einheitlicher Lehrstuhl, dessen Träger mit den Dozenten aller Fakultäten und den Praktikern eng zusammenarbeiten würde, entstehen. Der Lehrstuhl sollte der staatswissenschaftlichen Fakultät zugeordnet werden.[5] Dagegen sprach sich Christian-Jasper Klumker (1868 – 1942), selbst Inhaber des Lehrstuhls für soziale Fürsorge und Statistik an der Universität in Frankfurt/M., aus. Für ihn war das Gesamtgebiet der Sozialen Arbeit aus so verschiedenartigen Dingen zusammengesetzt, daß er sich eine wissenschaftliche Disziplin dafür nicht denken konnte. Ab 1910 gab es an einzelnen deutschen Universitäten Lehrstühle, die sich mit der sozialen Fürsorge (Frankfurt/M.), der allgemeinen Wohlfahrtspflege (Münster i.W.) oder der Caritaswissenschaft (Freiburg i.Br.) befaßten. Es gelang jedoch nicht, über einzelne Ansätze, die stark von den Persönlichkeiten lebten, die diese Lehrstühle inne hatten, hinauszukommen.[6] Soziale Arbeit als Wissenschaft konnte sich bis heute nicht an den deutschen Universitäten etablieren.

Mit der Konferenz Sozialer Frauenschulen stellte Salomon als Grundsatz für die Ausbildung sozialer Berufe heraus, daß „die theoretische Ausbildung eine allgemein sozialwissenschaftliche sein soll."[7] Wenn es um die Randständigsten der Gesellschaft ging, erhoffte sie sich Antworten von der Wissenschaft auf die Fragen, warum, wozu und wie am besten was zu tun ist, um ihnen nachhaltig zu helfen. Die *Ausbildung zu sozialen Berufen* sollte nach Salomon allerdings nicht an den Universitäten stattfinden; skeptisch meinte sie:

> „Die deutschen Universitäten dienen der reinen Wissenschaft: der Vermittlung intellektueller Inhalte und Methoden der Forschung, ...; nicht unmittelbar der Vorbereitung zum Handeln... Die Soziale Arbeit braucht (aber) eine auf das praktische Handeln bezügliche Theorie, und zwar auf ein Handeln, das sich um das Wohl des Menschen in seiner Totalität bemüht. Das können die deutschen Universitäten nicht geben."[8]

Als Leiterin der Sozialen Frauenschule in Berlin plädierte sie für eine enge Verbindung von Theorie und Praxis Sozialer Arbeit und für eine Ausbildung an Sozialen Schulen, die die auszubildenden Mädchen und Frauen theoretisch und praktisch auf ihre pädagogischen und sozialen Rollen als Sozialarbeiterinnen vorbereiten.[9]

Nach dem Zweiten Weltkrieg forderten einige in der Sozialen Arbeit Engagierte erneut die wissenschaftliche Reflexion Sozialer Arbeit und damit Soziale Arbeit als Wissenschaft, zum Beispiel Herbert Lattke (1968). Der Begriff „*Sozialarbeitswissenschaft*" tauchte auf. Helmut Lukas systematisierte 1979 in seiner Publikation „Sozialpädagogik/Sozialarbeitswissenschaft" die Vielfalt von theoretischen Ansätzen und Theorien der Sozialarbeit/Sozialpädagogik nach wissenschaftstheoretischen Kriterien und trug dadurch wertvolle Bausteine zum Fundament der Sozialarbeitswissenschaft bei.[11]

Seit 1970 gibt es nun in der Bundesrepublik Deutschland an Universitäten den Diplomstudiengang „Pädagogik" mit der Studienrichtung „Sozialpädagogik" und an Fachhochschulen die Diplomstudiengänge „Sozialpädagogik / Sozialarbeit / Sozialwesen."[12] Damit wurden die Ausbildung von SozialarbeiterInnen und Soziale Arbeit als Fach im Hochschulbereich institutionalisiert. Viele AbsolventInnen dieser Studiengänge sind inzwischen in der Praxis tätig. Wie wirkt sich die „praxisorientierte Ausbildung auf wissenschaftlicher Grundlage" aus? Wie aus? Wie bewerten die AbsolventInnen ihre Ausbildung aufgrund ihrer Praxiserfahrung? Wie bewerten die Anstellungsträger die Ausbildungsergebnisse? Wie bewerten die Lehrenden das Resultat ihres Unterrichts? Welches Verhältnis haben PraktikerInnen Sozialer Arbeit zur Theorie Sozialer Arbeit nach ihrer Ausbildung an einer Hochschule? Wie gelingt heute die von Richmond, Salomon und anderen gewünschte und doch skeptisch betrachtete *Partnerschaft von Sozialer Arbeit und Wissenschaft*?

AbsolventInnen einer Fachhochschule kritisieren, daß ihre Ausbildung *unzureichend berufs- und praxisbezogen* war, außerdem wurde sie als eher oberflächlich erlebt:

> „Die Fachhochschule vermittelt in zusammenhanglos nebeneinander stehenden Fächern nur Halbwissen. Quantität auf Kosten der Qualität. Der Sozialarbeiter hat Pädagogik, ist aber kein Pädagoge, er hat Recht, ist aber kein Jurist usw. Er hat von allem gehört, aber nur ein bißchen und nicht so gründlich."[13]

Die Autoren der Befragung fassen als Ergebnis ihrer Untersuchung zusammen: „Die geäußerte *Kritik* ... deutet daraufhin, daß die Studierenden ganz offenkundig in der Ausbildung auf eine andere Rolle vorbereitet werden, als sie ihnen in der Berufspraxis abverlangt wird."[14] Diese Kritik an der Hochschulausbildung der SozialarbeiterInnen ist unter den AbsolventInnen der Fachhochschulen weit verbreitet.[15] In abgewandelter Form gilt sie auch für die universitäre Ausbildung der SozialpädagogInnen.[16]

Viele *Anstellungsträger* kritisieren – wie die AbsolventInnen – an der SozialarbeiterInnen/SozialpädagogInnen-Ausbildung pauschal eine *Theorielastigkeit und mangelnden Praxisbezug*.[17] So hat das Präsidium des Deutschen Städtetages an die Fachhochschulen appelliert, „die Ausbildung von Sozialarbeitern/Sozialpädagogen konsequenter an den Anforderungen der Praxis zu orientieren."[18] Generell wird von allen Anstellungsträgern beklagt, daß es bislang noch nicht gelungen sei, das Problem des Theorie-Praxis-Bezugs in der Ausbildung der SozialarbeiterInnen/SozialpädagogInnen zufriedenstellend zu lösen.[19]

HochschullehrerInnen fragen ebenfalls nach dem Erfolg der Ausbildung. Stellvertretend für viele HochschullehrerInnen zitiere ich die Einschätzung des Tübinger Sozialpädagogen Hans Thiersch. Als Ziel der Einrichtung des Diplomstudiums Sozialpädagogik nennt er „eine Professionalität, die im Horizont von – sozialwissenschaftlich orientierter – Wissenschaft, vor allem von Erziehungswissenschaft, Handlungskompetenz vermittelt." Und er behauptet, daß „dies Ziel von

den Studierenden nur bedingt übernommen und in der Praxis repräsentiert wird."[20]
Viele HochschullehrerInnen wehren sich heftig gegen die Kritik aus der Praxis und beklagen ihrerseits eine *Theoriemüdigkeit* der PraktikerInnen.[21] Andere meinen: „Die pragmatische *Theoriefeindlichkeit* und die Blindheit der Praxis geben der Sozialarbeit deshalb etwas Scheinhaftes, einen Hauch von Donquijoterie."[22]
Die Auseinandersetzung um die Ausbildung in der Sozialen Arbeit ist Gegenstand zahlreicher Publikationen; sie zeigt die allseitige Verwirrung und spiegelt zwei zentrale Probleme der Sozialen Arbeit wider:

(a) Soziale Arbeit als Wissenschaft wird nicht oder nicht ausreichend gegen Soziale Arbeit als Praxis und Ausbildung abgegrenzt.
(b) Eine Konzentrierung der Sozialen Arbeit als Wissenschaft auf eigene Fragen und Antworten fehlt.

Die Ausbildung zu SozialarbeiterInnen ist zu unterscheiden von Sozialer Arbeit als Wissenschaft.[23] Die Diskussion von Desideraten und Defiziten in der Ausbildung möchte ich in diesem Zusammenhang nicht weiter verfolgen.[24] Beide haben zwar miteinander zu tun, unterscheiden sich aber in den Aufgaben, Zielen, Inhalten und Methoden beträchtlich voneinander. Obgleich eine Verbindung von Sozialer Arbeit als Wissenschaft zur Ausbildung in Sozialer Arbeit besteht, möchte ich hier allein bei der Sozialen Arbeit als Wissenschaft bleiben.
Das Verhalten „der TheoretikerInnen" auf der einen Seite und das „der PraktikerInnen" auf der anderen Seite erinnnert mitunter an die Szenen zerstrittener Ehepartner. Beide Partner sind durch dieselbe schwierige Lebensaufgabe miteinander verbunden, sind aber darüber enttäuscht, daß es dem anderen nicht gelingt, die gemeinsame Aufgabe zufriedenstellend zu lösen. So schlagen sie einander ihre Ansprüche und Enttäuschungen um die Ohren und schieben sich gegenseitig die Schuld an der Misere zu, nach dem Motto „praxisferne Theorie gegen theorielose Praxis".[25] Über das Streiten werden leicht die naheliegenden und verbindenden Aufgaben vergessen. Eine Rückbesinnung auf die gemeinsamen Grundlagen und eine Bescheidung auf die je eigene Aufgabe könnte eine bessere Verständigung ermöglichen.
Einig sind sich die an der Ausbildung von SozialarbeiterInnen und SozialpädagogInnen Beteiligten darin, daß die prinzipiell neue Stufe des wachsenden wissenschaftlichen Selbstbewußtseins von Sozialer Arbeit – einhergehend mit der Einsicht, daß Ausbildung nur im Horizont von Wissenschaft geschehen kann – nicht einfach wieder zurückgenom-

men werden kann.[26] Zurück kann man auch nicht mehr hinter die Tatsache, daß es in der und für die Soziale Arbeit inzwischen eine große Fülle von Ansätzen, Konzepten, Modellen und Theorien gibt.[27] Das von der Sozialen Arbeit als Wissenschaft hervorgebrachte Theorie-Ensemble ist bunt, vielgestaltig und mehrschichtig wie das Handlungsfeld der Sozialen Arbeit selbst. *Das gewachsene Selbstbewußtsein und die vorhandenen wissenschaftlichen Arbeiten* bilden *eine große und kraftvolle Ressource* für die Soziale Arbeit als Wissenschaft.

Eine Analyse der gegenwärtigen Situation von Sozialer Arbeit als Wissenschaft ergibt allerdings einige *Schwächen*:

(1) Die Auffassungen über Wissenschaft sind höchst kontrovers. Selten nur reflektieren oder klären AutorInnen von Publikationen zur Theorie Sozialer Arbeit das, was sie jeweils unter Sozialer Arbeit als Wissenschaft verstehen. Wenn zu dieser Frage überhaupt Stellung genommen wird, dann werden die in der Wissenschaftstheorie erarbeiteten Begriffe und zu beachtenden Aspekte kaum berücksichtigt. Die Bereitschaft, sich mit traditionellen bewährten Wissenschaftsauffassungen zu befassen oder sich ihnen gar anzuschließen, ist recht gering. Die Bereitschaft ist groß, neue Begriffe zu prägen, eigene Bilder und Sprachspiele zu kreieren und andere Denkansätze als den eigenen schnell als „traditionell“ oder Ideologie abzuwerten. So existieren viele eigenwillige Wissenschaftsauffassungen ohne eine angemessene Rückbindung in die Wissenschaftsgeschichte und ohne plausible wissenschaftstheoretische Aufbereitung.

(2) Eine Einigung auf einen konkreten, präzise definierten Gegenstand steht aus. Das andauernde Gezerre, Sozialpädagogik und Sozialarbeit voneinander abzugrenzen oder doch zu verbinden und das verlegene Ausweichen auf den Kunstbegriff „Sozialwesen“ kennzeichnen die Problematik treffend. Die Begriffe können in einem weiten Verständnis als stellvertretend für Gegenstandsbereiche der Sozialen Arbeit als Wissenschaft angesehen werden. Immer wieder wird die enge verbindliche Bestimmung eines gemeinsamen Gegenstands gefordert, doch bisher ist sie ausgeblieben.[28] Auch hier wird das einsame Vergnügen gepflegt, möglichst eigene Vorschläge zu präsentieren, ohne die Vorschläge und Arbeiten anderer zur Kenntnis zu nehmen oder sich gar mit ihnen zu befassen. Damit ist die verbindende und verbindliche Ausgangsbasis der Sozialen Arbeit als Wissenschaft noch zu bestimmen.

(3) Keines der anerkennungsfähigen Paradigmen wird allgemein anerkannt. Wenn nach Paradigmen für Soziale Arbeit gefragt wird, dann wird häufig auf Paradigmen benachbarter Fachdisziplinen wie Psy-

chologie, Soziologie, Medizin oder Recht zurückgegriffen, beziehungsweise diese werden von dort entlehnt. Unberücksichtigt bleibt dabei oft, daß die anderen Disziplinen ihren Gegenstand unter einem eigenen Blickwinkel anschauen. Deshalb taugen entliehene Paradigmen als Erklärungsmuster für Soziale Arbeit in der Regel wenig. Unter diesen Paradigmen sind das Devianz-Paradigma, das marxistische Paradigma der Verelendung, das Prozeß- und Systemparadigma, das Alltags-Paradigma und das ökosoziale Paradigma zur Zeit am weitesten verbreitet. Es kann eine gewisse Leichtigkeit, unbekümmert irgendwelche Begriffe als „neue" Paradigmen für Soziale Arbeit (zum Beispiel Regionalität oder Gesellschaftsgeschichte) anzubieten, nicht übersehen werden.

(4) Die gesellschaftliche Funktion und Bedeutung Sozialer Arbeit als Praxis und als Wissenschaft ist umstritten. Auf die Frage nach der gesellschaftlichen Funktion Sozialer Arbeit als Wissenschaft und Praxis stehen sich unversöhnliche Antworten gegenüber: Eine Auffassung ist: Soziale Arbeit hat sich den Werten und Zielen, die die jetzige Gesellschaft ihr vorgibt, unterzuordnen. Sie hat ihre KlientInnen in diese Gesellschaft zu integrieren. Die andere Position heißt: Soziale Arbeit hat eigene Ziele aufgrund eigener Werte zu entwickeln und zu verfolgen. Sie hat eine kritische Funktion der Gesellschaft gegenüber wahrzunehmen. Dieser Streit verhindert notwendige Zusammenarbeit.

(5) Die Zuordnung im Rahmen einer Wissenssystematik ist offen. Wo soll sich die Soziale Arbeit als Wissenschaft im System der Wissenschaften zuordnen? Soll sie sich als Subdisziplin der Pädagogik oder der Soziologie, als Integrationsdisziplin über allem frei schwebend oder als eigenständige Disziplin – also Soziale Arbeit als Wissenschaft – gleichrangig neben Pädagogik, Soziologie, Medizin, Psychologie usw. verstehen und ausgeben?[29] Die Entscheidung bei der Beantwortung dieser Frage hängt fast immer mit der Herkunftsdisziplin zusammen, aus der die AutorInnen jeweils stammen. ErziehungswissenschaftlerInnen plädieren für eine Zuordnung zu den Erziehungswissenschaften, SoziologInnen und PsychologInnen für eine Zuordnung zu den Sozialwissenschaften.

(6) Eine Gemeinschaft der SozialarbeitswissenschaftlerInnen existiert nicht. Bei den SozialarbeitswissenschaftlerInnen gibt es – salopp formuliert – eine Dreiklassengesellschaft: Die erste Klasse bilden die UniversitätshochschullehrerInnen, das sind habilitierte PädagogInnen, PolitologInnen, SoziologInnen usw. Sie kennen in der Regel das Handlungsfeld Sozialer Arbeit lediglich aus der Literatur oder aus

Feldstudien. Die zweite Klasse bilden die FachhochschullehrerInnen, promovierte JuristInnen, MedizinerInnen, PädagogInnen, PolitologInnen usw. mit mindestens fünfjähriger Praxis in ihrem Beruf. Sie kennen in der Regel das Praxisfeld der Sozialen Arbeit aus der Fragestellung und Berufsperspektive ihrer jeweiligen akademischen Ausbildung. Durch die Praxisorientierung der Fachhochschulausbildung können sie – je nach Engagement – das Praxisfeld Sozialer Arbeit intensiv berühren und gut kennenlernen. Die dritte Klasse bilden diplomierte SozialarbeiterInnen, die in der Sozialen Arbeit ausgebildet worden sind und Praxiserfahrung haben. Sie sind entweder als Lehrkräfte für besondere Aufgaben an Fachhochschulen angestellt oder arbeiten im Rahmen ihrer praktischen Tätigkeit wissenschaftlich. Es gibt viele gemeinsame Aufgaben für die Mitglieder der drei Klassen, jedoch wenig fruchtbare Zusammenarbeit.[30]

Anmerkungen zu Kapitel 1

1 Staub-Bernasconi 1986, 12
2 Staub-Bernasconi 1986, 13
3 Wendt 1990a, 171f.
4 Vgl. Salomon 1927, 172 - 192; Orthbandt 1980, 267 - 275
5 Vgl. Salomon 1927, 178
6 Salomon 1927, 172 - 192
7 Salomon 1927, 62
8 Zitiert nach Staub-Bernasconi 1986, 14
9 Wendt 1990a, 173
10 Vgl. Lattke 1968
11 Lukas 1979
12 Vgl. die Untersuchung von Rohde 1989
13 Goll u.a. 1989, 108
14 Goll u.a. 1989, 111
15 Vgl. Bayer u.a. 1984, Gehrmann u.a. 1985
16 Vgl. Lüders 1987
17 Zum Beispiel die Stellungnahme der Bundesvereinigung der kommunalen Spitzenverbände von 1976
18 Zitiert nach Deutscher Verein für öffentliche und private Fürsorge 1983, 1f.
19 Vgl. Stellungnahme des Deutschen Vereins in: Deutscher Verein für öffentliche und private Fürsorge 1983
20 Thiersch 1985, 480
21 Brunkhorst / Otto 1989, 373
22 Weller 1986, 174
23 Vgl. Pfaffenberger 1990; Rohde 1990
24 Vgl. zum Beispiel Rohde 1990; Pfaffenberger 1990
25 Vgl. hierzu Thiersch 1985, 1987; Späth 1985; Weller 1986; Lüders 1987 u.a.
26 Thiersch 1985, 480
27 Vgl. die Zusammenstellungen bei Vahsen 1975; Lukas 1979; Schmidt

1981; Marburger 1981; Lowy 1983; Wollenweber 1983; Thiersch / Rauschenbach 1987

[28] Zum Beispiel aus der Sicht der Fachhochschule durch Zink 1988, 45 - 49; aus der Sicht der Universität durch Thiersch / Rauschenbach 1987, 986

[29] Vgl. Pfaffenberger 1985, 495

[30] Vgl. Landeskonferenz der lehrenden Sozialarbeiter und Sozialpädagogen 1986

2. Kontroversen im Vorfeld

Im Teil 1 sind viele Faktoren benannt worden, die bei der Konstituierung einer Wissenschaftsdisziplin mitwirken. Eine wichtige Voraussetzung ist die, daß eine mächtige Mehrheit in einer Gesellschaft überhaupt an der Konstituierung einer wissenschaftlichen Disziplin interessiert ist. Wenn seit mehr als 100 Jahren die Konstituierung der Sozialen Arbeit als Wissenschaft mit guten Gründen gefordert wird, dann ist danach zu fragen, weshalb diese Forderung bislang nur sehr unzureichend erfüllt worden ist.
Soziale Arbeit verändert, indem soziale Probleme gelöst werden sollen. Ziele von Veränderungen werden durch anzustrebende oder zu verwirklichende Werte und Normen bestimmt. Kontroverse Wertauffassungen bewirken kontroverse Zielbestimmungen für die Soziale Arbeit als Wissenschaft und als Praxis. Für die Soziale Arbeit als Wissenschaft (und auch als Praxis) ist es wichtig zu bedenken, wer ihr Werte und Ziele vorgibt und welche Funktion sie damit in der Gesellschaft spielen soll beziehungsweise spielen will. Eine solche Reflexion muß am Anfang stehen, da alle anderen Entscheidungen innerhalb der Sozialen Arbeit als Wissenschaft auf diesen Vorentscheidungen aufbauen.

2.1. Stolpersteine und Sperrzäune

Auf dem Weg der weiteren Etablierung der Sozialen Arbeit als Wissenschaft liegen *mächtige Stolpersteine* und stehen *hohe Sperrzäune.* Die Stolpersteine ergeben sich aus dem sehr komplexen Handlungsfeld Sozialer Arbeit und liegen in dem Gegenstand der Sozialen Arbeit selbst. Die Sperrzäune sind jedoch von Menschen errichtet worden, die Soziale Arbeit in Theorie und Praxis beeinflußen, gestalten oder gar bestimmen möchten.

(1) Stolpersteine

Soziale Arbeit hat es mit sozialen Problemen und Konflikten zu tun, also mit *schwierigen, komplexen und umfassenden Sachverhalten*, die sich nicht ohne weiteres einer Disziplin zuordnen und dort zusammenfassen lassen. Die traditionelle Zweiteilung des Handlungsfeldes in Sozialpädagogik und Sozialarbeit spitzt die Problemlage nur zu. Die Unterscheidung der zwei Handlungsfelder Sozialarbeit und Sozialpädagogik und das Konvergenztheorem mögen anfangs als hilfreich erschienen sein, aber sie erleichtern die Entwicklung als Wissenschaft nicht, sondern behindern sie.

Soziale Arbeit läßt sich *als Beruf* im Laufe ihrer *Geschichte* aus *verschiedenen Wurzeln* (sowohl haupt- als auch nebenamtlichen Tätigkeiten) und Entwicklungslinien herleiten: ArmenpflegerIn, FürsorgerIn, Kindergärtnerin, JugendleiterIn, VerwalterIn, BewährungshelferIn, KontrolleurIn, GesundheitspflegerIn, VolkspflegerIn, SozialtherapeutIn, HeimleiterIn, AufsichtsbeamtIn, GerichtshelferIn, SozialarbeiterIn, SozialpädagogIn usw. Ein einheitliches, gewachsenes Selbstbewußtsein als Beruf fehlt der Sozialen Arbeit; dadurch wird das Wachstum als Wissenschaftsdisziplin beachtlich erschwert. Denn eine homogene Berufstradition wie bei TheologInnen, JuristInnen und MedizinerInnen erleichtert die Bildung eines homogenen Wissenschaftsselbstbewußtseins.

Erhebliche Schwierigkeiten ergeben sich aus der *ungleichmäßigen Entwicklung und Bedeutung einzelner Aufgabenfelder der Sozialen Arbeit*. Grob formuliert: Typische Aufgabenfelder der Sozialpädagogik (zum Beispiel Jugendhilfe und Heimerziehung) sind viel stärker wissenschaftlich bedacht und aufbereitet worden als typische Aufgabenfelder der Sozialarbeit (zum Beispiel Bewährungshilfe und Sozialpsychiatrie). Eine Erklärung hierfür kann die traditionelle Einbindung der Pädagogik und der Sozialpädagogik in wissenschaftliche Hochschulen sein. Eine große Bedeutung haben die Aufgabenfelder im Bereich der Familienhilfe, weil dort sehr viele SozialarbeiterInnen angestellt sind; geringe Bedeutung hat dagegen unter diesem Aspekt das Aufgabenfeld Sozialdienst im Krankenhaus. Außerdem ist zu erkennen, daß in einzelnen Bereichen „benachbarte“ Disziplinen starken Einfluß ausüben (zum Beispiel die Psychiatrie bei der Sozialarbeit mit psychisch Kranken oder das Recht in der Bewährungshilfe). Manche Bereiche (zum Beispiel die Nichtseßhaftenhilfe) sind dagegen so wenig attraktiv, daß sich kaum jemand dafür interessiert.

Soziale Probleme entstehen und existieren in der alltäglichen Lebenswelt. Viele Menschen werden von ihnen berührt, viele Menschen wünschen daher Lösungen, die ihren persönlichen Interessen entsprechen. *Soziale Probleme sind kein Monopol für SozialpädagogInnen oder SozialarbeiterInnen.* JournalistInnen, ÄrztInnen, PolitikerInnen, GewerkschaftlerInnen, PsychologInnen, PfarrerInnen usw. befassen sich ebenfalls hauptberuflich und sehr aktiv mit sozialen Problemen und ihren Lösungen, auch wenn die Lösung sozialer Probleme nicht der ausdrücklich definierte Gegenstand ihres Faches oder ihres Berufes ist. Nicht zu vergessen sind die unendlich vielen Alltagstheorien von jedermann und jederfrau, mit denen soziale Probleme erklärt und Lösungen begründet und gefordert werden. Die Grenzen zwischen Alltags-, Berufs- und wissenschaftlichem Wissen in der Sozialen Arbeit sind schwer zu ziehen und bleiben durchlässig.

Im Unterschied zu den Naturwissenschaften zum Beispiel liegt es bei Sozialer Arbeit auf der Hand, daß *Werte, Normen, Besitz und Macht* zentrale Aspekte sind und es auch in der Sozialen Arbeit als Wissenschaft sein müssen. Leiden, Armut und Elend von Menschen lassen sich nicht als soziale Probleme thematisieren, ohne an Besitzstände zu rühren. Soziale Probleme in einer Gesellschaft lassen sich nicht so distanziert und „sachlich" behandeln wie der Einfluß der Ascorbinsäure auf das Streßverhalten von Pflanzen. WissenschaftlerInnen müssen sich auf sachliche und persönliche Angriffe wegen ihrer Theorien einrichten. Soziale Probleme einer Gesellschaft wissenschaftlich anzugehen, bedeutet, verschlungene Interessengeflechte zu untersuchen und den Nerv Mächtiger zu berühren.

Soziale Arbeit als Praxis ist das letzte Glied in der Kette der gesellschaftlich institutionalisierten Lösungen von sozialen Problemen. Sie ist die „einzige Hilfsstation für diejenigen, die sich finanziell keine private Behandlung leisten können, sowie für solche, die vom professionellen Spezialisten als unbehandelbar erklärt und abgeschrieben werden"[1]. Die KlientInnen, um die sich die Soziale Arbeit in ihrer Praxis kümmert, haben in der Gesellschaft einen Platz am äußersten Rand und werden gering geachtet. Die gesellschaftliche Einschätzung der Sozialen Arbeit als Praxis entspricht der Bewertung ihrer KlientInnen. Soziale Arbeit als Wissenschaft ist davon ganz wesentlich mitbetroffen. Die berufsspezifische Theorielosigkeit der Sozialen Arbeit als Wissenschaft entspricht daher nach Staub-Bernasconi dem ganz *besonderen Ort ihrer KlientInnen in der Gesellschaft.*[2]

(2) Sperrzäune

Stolpersteine liegen auf den Feldern der Sozialen Arbeit als Praxis und sind zu überwindende Hindernisse auf dem Weg der Sozialen Arbeit als Wissenschaft. Zu den handfesten Rahmenbedingungen heutiger – und auch früherer – Sozialer Arbeit gehören hohe Sperrzäune, mit denen zahlreiche Interessengruppen versteckt oder offen, direkt oder indirekt Soziale Arbeit als Wissenschaft begrenzen, behindern und/oder bestimmen möchten.[3] Diese von mächtigen Kräften errichteten Sperrzäune dürfen als behindernde Realität bei der Entwicklung der Sozialen Arbeit als Wissenschaft nicht übersehen werden.

Fast alle wissenschaftlich tätigen SozialarbeiterInnen und SozialpädagogInnen in der Bundesrepublik Deutschland sind – wie ihre KollegInnen in der Praxis – Angestellte oder Beamte. Freiberuflich tätige SozialarbeiterInnen sind bei uns Ausnahmen. In der Regel haben also SozialarbeiterInnen und SozialpädagogInnen *Dienstherren oder ArbeitgeberInnen*, die den Handlungsrahmen einschließlich der Spielräume festsetzen und kontrollieren, ob beides eingehalten wird.[4] Die wichtigsten Dienstherren und ArbeitgeberInnen sind der Staat, die Kommunen und die Spitzenverbände der Freien Wohlfahrtspflege. SozialarbeiterInnen können faktisch nur zwischen bestimmten Arbeitsfeldern bei freien oder öffentlichen Trägern sozialer Dienste wählen. Wenn sie sich entschieden haben und angestellt worden sind, dann sind sie in der Pflicht, vorgeschriebene Dienstleistungen zu erbringen und unter den Bedingungen der jeweiligen Institution zu funktionieren. Gehaltsaufbesserungen und Beförderungen hängen von der Beurteilung der Dienstvorgesetzten ab. Damit existieren wirkungsvolle Regulations- und Disziplinierungsmöglichkeiten, vorgeschriebene Wege einzuhalten. Auf das große Interesse dieser Dienstherren und ArbeitgeberInnen, auf Theorie, Praxis und Ausbildung in Sozialer Arbeit einzuwirken, habe ich bereits hingewiesen. Damit sind zum Beispiel die für eine Grundlagenforschung in der Sozialen Arbeit notwendigen Entfaltungsmöglichkeiten kaum gegeben.

Soziale Arbeit steht in einem engen Verhältnis zur *Sozialpolitik*. Die sicherste Aussage, die man über das Verhältnis von Sozialarbeit und Sozialpolitik machen kann, ist, daß es sich um ein ambivalentes Verhältnis handelt. Beide Begriffe sind in einer unterschiedlich definierbaren Weise aufeinander bezogen. Das Verhältnis ist bald als ein solches der Über- und Unterordnung, bald als ein solches der Konkurrenz, bald als ein solches der Komplementarität zu sehen.[5] Bestimmen die SozialpolitikerInnen die Ziele und Projekte Sozialer Arbeit? Oder sind es die Finanz- und HaushaltsexpertInnen, die die Finanzierung Sozialer Arbeit festlegen? In welchem Maße hängen Inhalt und Umfang Sozialer Arbeit von politischen Entscheidungen ab? Dürfen SozialarbeiterInnen nur das ausführen, womit sie PolitikerInnen, die die Regierungsmacht inne haben, beauftragen? Wer beeinflußt wiederum „die PolitikerInnen"? Sind es die ArbeitgeberInnen, Gewerkschaften, Kirchen, Parteien oder ist es einfach nur „das Kapital"? Soziale Arbeit als Wissenschaft wird diese *Abhängigkeit von offenen und/oder verborgenen Mächten* in umfassender Weise in ihre Überlegungen mit einbeziehen müssen.[6] Schon die methodologischen Überlegungen zur Entwicklung einer Metatheorie berühren diese Abhängigkeiten, spätestens dann, wenn die Wert- und Normenfrage beantwortet werden muß.

SozialarbeiterInnen erfüllen selten die formalen Voraussetzungen (zum Beispiel durch ein abgeschlossenes wissenschaftliches Hochschulstudium mit Promotion) für eine Berufung als ProfessorInnen an Fachhochschulen oder Universitäten. Daher fehlen sie sowohl an den Fachhochschulen als auch an den Universitäten. Ihre Plätze haben VertreterInnen anderer Berufe eingenommen, die den Gegenstand ihres wissenschaftlichen Tuns aus eigener beruflicher Erfahrung in der Regel nicht kennen. Und so wurde die *Theoriebildung für die Soziale Arbeit zur Domäne von PsychologInnen, PsychiaterInnen, PädagogInnen, SoziologInnen usw.* Sie haben aus dem Wissenschaftsverständnis ihres Faches heraus „Theorien für Soziale Arbeit" entwickelt, ohne die Besonderheiten der Praxis von Sozialer Arbeit zu kennen und daher berücksichtigen zu können. Mitunter läßt sich eine Absicht erkennen, dem verhältnismäßig jungen Beruf nachzuweisen, wie theorielos und unwissenschaftlich seine Basis ist.[7]

Eine andere Gruppe verhindert, daß Soziale Arbeit als eine eigenständige wissenschaftliche Disziplin respektiert und behandelt wird. Offensichtlich kollidierte die Einrichtung eines eigenen Faches Soziale Arbeit als wissenschaftliche Disziplin selbst an Fachhochschulen mit den Interessen der Mehrheit der Mitglieder der *Studienreformkommission „Pädagogik/Sozialpädagogik/Sozialarbeit.*" Die von dieser Kommission vorgeschlagene Rahmenprüfungsordnung für die Diplomprüfung im Studiengang „Sozialwesen an Fachhochschulen" (1988) basiert auf den Empfehlungen, die die Kommission 1984 vorgelegt hat.[8] Es werden dort Gründe angeführt, die es nahe legen, die bisherige Trennung in Sozialarbeit und Sozialpädagogik zu überwinden. Da heißt es:

> „In Theorie und Praxis wird zunehmend deutlich, daß die verschiedenen Aufgaben vor dem Hintergrund gemeinsamer Einsichten verstanden und mit Hilfe gemeinsamer Handlungskonzepte und -methoden bewältigt werden... Die Entwicklung in den Arbeitsfeldern und die sich dort überschneidenden Aufgaben lassen kaum noch eine klare Abgrenzung zu. Dadurch wird die überkommene Einteilung von Sozialpädagogik und Sozialarbeit auch in der beruflichen Praxis in Frage gestellt."[9]

Eine Konsequenz für die Studienreformkommission lautet also, die Differenzierung in bisher zwei Studiengänge Sozialarbeit und Sozialpädagogik aufzugeben. Es soll nur noch einen Fachhochschulstudiengang Sozialwesen mit dem Abschluß als „Diplom-Sozialarbeiter" beziehungsweise „Diplom-Sozialarbeiterin" geben.

Warum ist der vorgesehene Studiengang kein Studiengang „Soziale Arbeit", wenn der Studienabschluß „Diplom-SozialarbeiterIn" ist? Die bisherige Gliederung der Ausbildungsbereiche nach Wissenschaftsdisziplinen soll einereits zugunsten einer fächerübergreifenden Strukturierung abgelöst werden. Dabei wird aber andererseits weiterhin grundsätzlich von Wissenschaftsdisziplinen ausgegangen. Die Kommission unterscheidet zwischen Gesellschafts-, Human- und Rechtswissenschaften einerseits und einem „beruflich-methodischen Handlungskonzept (Praxistheorie)" andererseits; darunter versteht sie Rahmenkonzepte, Didaktik/Methodik und anderes in der Sozialarbeit und Sozialpädagogik.[10] Der nahe liegenden Konsequenz, einem Fach „Soziale Arbeit (als Wissenschaft)" innerhalb des eigenen Studienganges einen Platz zuzugestehen und damit die Soziale Arbeit als eigenständige Wissenschaftsdisziplin anzuerkennen, weicht die Kommission ohne Begründung aus.

Die Kommission vermeidet den Ausdruck „Wissenschaft" im Zusammenhang mit Sozialer Arbeit, indem sie auf die schreckliche Wortschöpfung „Praxistheorie" zurückgreift.[11] „Praxistheorie" ist wissenschaftstheoretisch betrachtet so aussagekräftig wie „Fleischfisch".[12] Das Wort Praxistheorie wird zwar von einigen AutorInnen in der Sozialarbeit benutzt;[13] aber dadurch wird es auch nicht sinnvoller. Dasselbe Manöver wird von der Kommission noch an anderer Stelle wiederholt: „Für den Ausbildungsbereich Sozialwesen empfiehlt sich die Beibehaltung eines eigen- und grundständigen Diplomstudienganges, weil ... das Berufsfeld Gegenstand einer eigenen Praxistheorie geworden ist."[14] Das Berufsfeld ist üblicherweise kein Gegenstand einer Wissenschaftsdisziplin. Die Vermengung von Wissenschaft, Theorie, Praxis, Beruf und Ausbildung hat hier einen Höhepunkt erreicht.[15] Soziale Arbeit als eigene Wissenschaftsdisziplin findet *im Hochschulbereich wenig Unterstützung*. Das hat sich seit Klumkers Einlassungen vor mehr als 70 Jahren kaum verändert. War die Skepsis von Alice Salomon gegenüber den deutschen Universitäten als Partnerin der Sozialen Arbeit unberechtigt?

Die in der Abbildung 7 (siehe S. 92) auf die Soziale Arbeit gerichteten Interessenspfeile können jede/n SozialarbeiterIn im ersten Augenblick erschrecken, mutlos machen und fragen lassen: Hat Soziale Arbeit –

Abbildung 7: Eine Übersicht der an der Sozialen Arbeit interessierten wissenschaftlichen Disziplinen und gesellschaftlichen Gruppen

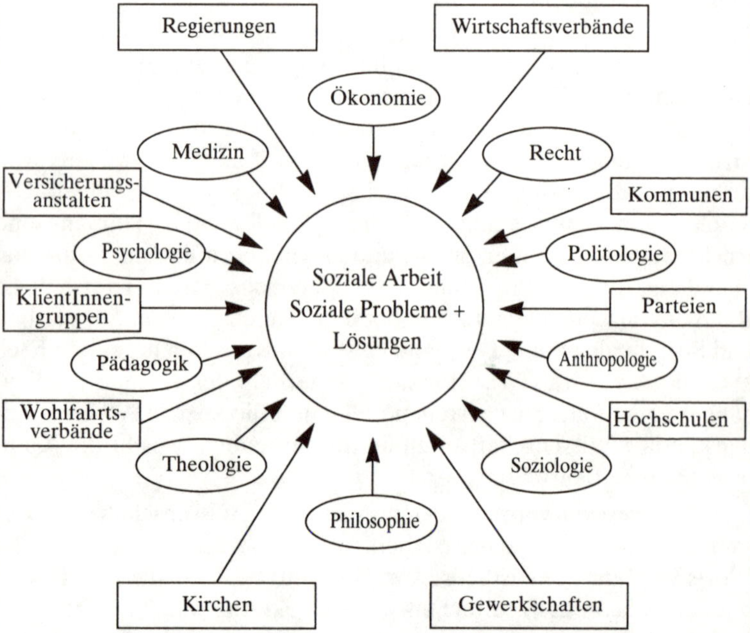

ob als Praxis oder als Wissenschaft – angesichts dieser Übermacht überhaupt irgendeine Chance, eigenständig zu sein? Ist sie nicht verurteilt, als Dienerin vieler Mächte auszuführen, was die anderen denken und machtvoll anordnen? Man kann aufgrund dieser Bedrängnis aber auch auf den Gedanken kommen, daß die wissenschaftliche Reflexion sozialer Probleme und ihrer Lösungen im Rahmen von *Sozialer Arbeit als Wissenschaft für jede/n SozialarbeiterIn lebensnotwendig* ist, will er/sie nicht erdrückt werden. Viele Fragen, die SozialarbeiterInnen und andere in der Sozialen Arbeit Tätige sowie die Öffentlichkeit zur Sozialen Arbeit haben, sind zu bedenken und zu beantworten.[16] Ich nenne als Beispiele für solche Fragen:

(a) Was sind soziale Probleme?
(b) Welche Lösungen gibt es für soziale Probleme?
(c) Was macht eigentlich eine SozialarbeiterIn?
(d) Ist Soziale Arbeit wirklich nötig?

(e) Von welchen Prämissen geht Soziale Arbeit aus?
(f) Wem nutzt Soziale Arbeit?
(g) Wer hat ein Interesse an Sozialer Arbeit?
(h) Welche Ziele verfolgt Soziale Arbeit?
(i) Wer bestimmt die Ziele?
(j) Muß Soziale Arbeit hauptberuflich ausgeübt werden?
(k) Wodurch unterscheiden sich haupt- und ehrenamtliche MitarbeiterInnen?
(l) Leistet Soziale Arbeit tatsächlich das, was sie behauptet?
(m) Welche Aufgaben übernimmt Soziale Arbeit für wen in der gegenwärtigen Gesellschaft?
(n) Welche Methoden und Verfahren muß eine SozialarbeiterIn beherrschen, um kompetent handeln zu können?
(o) Worin unterscheidet sich Soziale Arbeit als Wissenschaft von anderen Disziplinen, die sich auch mit sozialen Problemen befassen? usw.

Das berufliche Selbstverständnis der SozialarbeiterInnen steht in einem engen Zusammenhang mit den Antworten auf diese Fragen.[17] Gerade wegen der vielen Stolpersteine und Sperrzäune gibt es also *gute Gründe und wichtige Aufgaben für eine eigene Wissenschaft Soziale Arbeit*. Wo sonst könnten die vielen Fragen der Sozialen Arbeit kompetent erforscht werden? Wer sonst sollte Lösungsmodelle erarbeiten, um sozial bedingtes Leid und Elend zu verringern oder gar aus der Welt zu schaffen?
Hans L. Zetterberg nennt vor 30 Jahren die Vorstellung, daß die Wissenschaft zur Lösung sozialer Probleme herangezogen werden kann, eine der ansprechendsten Ideen unseres Jahrhunderts.

> „Wenn die Physik des 18. Jahrhunderts uns den modernen Ingenieur gab, die Biologie des 19. Jahrhunderts den modernen Arzt, so träumt die Sozialwissenschaft davon, der Menschheit den Sozialpraktiker geben zu können, der sich in wissenschaftlicher Weise mit den sozialen Problemen befaßt. Das Definitionsmerkmal des Praktikers ist, daß er empirisch bestätigte Theorien auf problematische Situationen anwendet. Um ein guter Praktiker zu sein, muß man also notwendigerweise die Theorie kennen."[18]

2.2. Wertsetzungen

Soziale Arbeit als Wissenschaft befaßt sich reflexiv mit sozialen Problemen und den Lösungen dieser Probleme. Dadurch ist sie in zweifacher Weise mit Werten und Normen konfrontiert und herausgefordert:

(a) Soziale Probleme und ihre Lösungen, also der Gegenstand der Sozialen Arbeit als Wissenschaft selbst ist von Werten und Normen durchdrungen. Daher hat es Soziale Arbeit als Wissenschaft in jedem Fall – das gilt auch dann, wenn sie eine „wertfreie Wissenschaft" sein will – mit Werten und Normen zu tun. Sie kann dem gar nicht ausweichen, weil Werte und Normen integraler Bestandteil ihres Forschungsgegenstands sind, was wiederum nicht ohne Einfluß auf die Wissenschaft selbst bleiben kann.
(b) Soziale Arbeit als Wissenschaft muß für sich selbst entscheiden, wie sie mit der Wertfrage umgehen will, näherhin ob sie selbst Werte und Normen setzen will oder nicht. Dabei hat sie dieselben grundsätzlichen Möglichkeiten wie jede andere Wissenschaft auch: sie kann sich als wertvolle oder wertfreie Wissenschaft definieren. Wenn Sein und Wert als identisch angesehen werden, sind die Werte gegeben und unabdingbarer Bestandteil der Wissenschaft. Wird das Verhältnis von Sein und Wert als Dualismus aufgefaßt, bilden Werte die Grundlage menschlichen Erkennens und Handelns und damit auch von Wissenschaft. Werden Werte als nicht ans Sein gebunden und daher als relativ aufgefaßt, können Werte in der Wissenschaft gesetzt werden, müssen es aber nicht. Beim „Ende aller Werte" sind die gehandelten Werte zu entlarven und ihre eigentliche Funktion ist den Menschen bewußt zu machen.[19]

Die Soziale Arbeit als Wissenschaft muß festlegen, wie sie mit der Wertfrage umgehen und – falls sie sich mit der Wertfrage befassen will – welche Werttheorie sie für sich übernehmen will. Reflektierte und unreflektierte Entscheidungen in der Wertfrage bestimmen die Theorie in ihrer Substanz. VerfasserInnen von Theorien der Sozialen Arbeit können unter den Grundrichtungen der Werttheorien auswählen. Folgende Varianten zeigen sich – meiner Einsicht nach – als Möglichkeiten, mit der Wertfrage umzugehen:

(1) Wertvolle Theorien
Für viele AutorInnen ist es „seit jeher ein Axiom, daß Werte eine Grundlage für die Praxis der Sozialarbeit/Sozialpädagogik darstellen, da sozialarbeiterische/sozialpädagogische Tätigkeiten und Handlungsweisen normativ ausgerichtet sind".[20] In beinahe allen Theorien der Sozialen Arbeit werden ausdrücklich Ziele, Ideale, Werte oder Normen für die Soziale Arbeit genannt. Das weite Spektrum der Wertsetzungsmöglichkeiten wird ausgeschöpft. Differenzierte Inhaltsbestimmungen dessen, was mit den Werten jeweils konkret gemeint ist, und Begründungen für die jeweiligen Wertsetzungen fehlen

meistens. Häufig stehen die Werte da „als in letzter Instanz unerklärliche Größen“, deren spekulative Basis verschleiert wird.[21]
Die expliziten und impliziten wertphilosophischen Positionen der VerfasserInnen von Theorien der Sozialen Arbeit lassen sich nach der Autorität, auf der die Werte gründen, folgendermaßen einteilen:
(a) Werte und Normen aufgrund göttlicher Autorität: In vielen Kulturen werden Werte und Normen für das Zusammenleben auf eine göttliche Autorität zurückgeführt. Eine kleine auserwählte Gruppe (Priesterschaft) verkündet den Menschen diese Werte und Normen und setzt sich dafür ein, daß sie beachtet und eingehalten werden. In Deutschland übernehmen die Kirchen diese Aufgabe. Die Kirchen befassen sich eingehend mit dem gesellschaftlichen Leben, um zu klären und zu belehren, welche Erscheinungen und Einrichtungen nach der göttlichen Offenbarung gut, welche böse und was zu tun ist, um insbesondere den Forderungen nach Gerechtigkeit zu genügen.[22] Die christliche Soziallehre besteht nicht so sehr aus überzeitlich und überörtlich geltenden, sogenannten „ewigen“ Wahrheiten, sondern wendet diese Wahrheiten auf die nach Zeit und Ort verschiedenen, ständigem Wechsel unterliegenden Verhältnisse an. Sie folgt dem Wandel der Dinge und muß auf die ständig neu auftauchenden Fragen laufend neue Antworten geben. Die kirchliche Soziallehre erwächst geschichtlich aus dem, was das gesellschaftliche Leben an Fragen, insbesondere Streitfragen aufwirft, und was es an Nöten und Ungerechtigkeiten erzeugt. Diese Aussagen werden für die katholische Kirche in päpstlichen Rundschreiben und Konzilsdokumenten, für die evangelischen Kirchen in Erklärungen und Denkschriften der Synoden und Landeskirchenräte amtlich veröffentlicht. Obgleich für die kirchenlehramtlichen Verlautbarungen die Gesetze Gottes Maßstab sind, sind sie im zeitgeschichtlichen Zusammenhang zu sehen und zu verstehen. Insofern kann auch von einem Wandel in diesen Auffassungen gesprochen werden.
Theorien der Sozialen Arbeit, die ausdrücklich auf christlichem Glauben und christlichen Werten aufbauen, sind mir nicht bekannt. Ich klammere für diese Feststellung Theorien der Christlichen Soziallehre ausdrücklich aus. Mitunter wird die „Theorie der Fürsorge“ von Scherpner so gesehen und ihr der gleiche „unwissenschaftliche“ Status wie den kirchlichen Soziallehren zugewiesen.[23] Neuerdings hat Franz-Josef Hungs „einige Vorüberlegungen zur Sozialarbeit in christlicher Verantwortung“ vorgelegt.[24] Von der Eigenart Jesu her möchte er deutlich werden lassen, „worin das sogenannte Proprium einer Sozialarbeit in christlicher Verantwortung zu suchen und zu sehen ist“.[25]

Ziel einer Weiterführung dieser Vorüberlegungen könnte es sein, eine Theorie Sozialer Arbeit zu entwickeln, die die Berufs- und Glaubenspraxis christlicher SozialarbeiterInnen miteinander verbindet, also ausdrücklich auf christlichen und damit göttlichen Werten aufbaut.

(b) Werte und Normen aufgrund menschlicher Autorität: Seitdem die Soziale Arbeit sich nicht mehr als Ableger christlicher oder kirchlicher Carität versteht und die Theorieentwicklung aus dem Umfeld der Theologie gelöst worden ist, müssen die anzustrebenden Werte und Normen von den Menschen kraft eigener Autorität gesetzt werden. In den Theorien zur Sozialen Arbeit werden in großer Zahl Werte, Ziele und Normen genannt. Das Reservoir für Wert- und Zielbestimmungen der Sozialen Arbeit ist schier unerschöpflich: Solidarität, Subsidiarität, Partizipation, Emanzipation, Normalität, Subjektivität, Personenwürde, Partnerschaft, Bewußtsein, Bewußtheit, seelische und körperliche Gesundheit, Selbstbestimmung, Selbstverwirklichung, Veränderung, Integration, Gesellschaftskritik, Reform, Evolution, Revolution, gerechter Austausch, Chancengleichheit, soziale Gerechtigkeit, Freiheit, Gerechtigkeit, Echtheit, Bildung, gerechter Güteraustausch, Liebe, Hoffnung, Wohlbefinden, Zukunft usw. usw. So unterschiedlich diese Wertangaben sind, so lassen sie sich doch insgesamt dem Wert der Humanität und der menschlichen Würde unterordnen, was auch immer im einzelnen darunter verstanden wird. Die von den Vereinten Nationen erklärten *Menschenrechte* werden von allen AutorInnen – ohne daß das jeweils eigens gesagt wird – offensichtlich als vorrangige Werte anerkannt. In der Auswahl und Hervorhebung einzelner Menschenrechte als Werte und Normen für Soziale Arbeit unterscheiden sich die einzelnen Theorien voneinander. Bevorzugte Werte aus der Allgemeinen Erklärung der Menschenrechte sind: Freiheit, Gleichheit, Brüderlichkeit (Art. 1), Soziale Sicherheit (Art. 22), Soziale Betreuung (Art. 25). Aus der Europäischen Sozialcharta: Gerechtes Arbeitsentgelt (Art. 4), Fürsorge (Art. 13), berufliche und soziale Eingliederung Behinderter (Art. 15).[26]

Die Werte kraft menschlicher Autorität werden in der Regel einfach als selbstverständlich und allgemein anerkannt gesetzt. Explizite Begründungen oder Reflexionen der eigenen Wertsetzungen fehlen bei fast allen Theorien. Die Akzeptanz wird stillschweigend erwartet und als selbstverständlich gegeben vorausgesetzt.

(2) Wertfreie Theorien

In der Tradition des Positivismus und des Rationalismus werden nur solche Gegenstände und Theorien als Wissenschaft zugelassen, die sich auch empirisch überprüfen lassen. Die Wertfrage wird bewußt aus der Wissenschaft ausgeklammert und in den vorwissenschaftlichen Bereich der empirisch unbegründbaren Meinungen, persönlichen Anschauungen, Vorurteile, Ideologien usw. verwiesen. Gesellschaftliche Werte und Normen werden von mächtigen Instanzen außerhalb der Wissenschaft festgesetzt und gehören in den Bereich der Politik. In der Sozialen Arbeit als Wissenschaft vertritt meines Wissens allein Lutz Rössner mit seinen Schülern die kritisch-rationale Position, daß Theorien wertfrei sein müssen.

Eine andere Gruppe von AutorInnen folgt dieser Position in der Sozialen Arbeit nur zum Teil, indem sie die „bürgerlichen Werte" als Ausdruck von Herrschaft grundsätzlich ablehnt. Diese Werte werden als Theoreme für eine kritische und emanzipative Soziale Arbeit als Wissenschaft ausgeschlossen. Aufgabe ist es, das zu erforschen, was mit dem Werttheorem verdeckt werden soll. Es geht um die Selbstbehauptung des Subjekts gegenüber gesellschaftlichen Mächten, die ihre Macht mit Werten stabilisieren. Partiell ist diese Haltung bei VertreterInnen kritisch-dialektischer (Fritz Haag u.a.) und historisch-materialistischer (Karam Khella, Walter Hollstein u.a.) Theorien zu erkennen. Von eigenen Wertsetzungen aus werden die „bürgerlichen" Werte entlarvt. Die eigene Wertposition wird zumeist weder reflektiert noch begründet, sondern als selbstverständlich gegeben vorausgesetzt.

Heinrich Rickert und Max Weber haben auf die Nähe der Wertbestimmung zur Weltanschauung hingewiesen. Wer werte, so sagt Weber, befinde sich in einer überwissenschaftlichen Sphäre. Jede sinnvolle Wertung fremden Wollens könne nur Kritik von einer eigenen „Weltanschauung" heraus, Bekämpfung des fremden Wertes vom Boden eines eigenen Wertes aus sein.[27] Die Wertdiskussion wird in der Sozialen Arbeit als Wissenschaft mit großer Härte geführt. Schnell und rigoros werden die Werte anderer AutorInnen abgewertet oder gar entwertet. Im „Namen der Wissenschaft" – darunter geht es nicht – wird verurteilt, was der eigenen Weltanschauung entgegensteht. So bezeugen mitunter gerade diejenigen, die sich so vehement gegen Ideologien und für Wissenschaftlichkeit in der Sozialen Arbeit einsetzen, wie schmal der Grat zwischen Glaubenslehre und Wissenschaft in der Sozialen Arbeit ist.[28]

2.3. Gesellschaftliche Funktionen von Sozialer Arbeit

In philosophischen, anthropologischen, pädagogischen und soziologischen Abhandlungen wird stets von „dem Menschen" geredet. Doch über die bekannten antiken Bestimmungen des Menschen als eines Lebewesens, das sich durch seine Seele, seinen Geist, seine Vernunft vom Tier unterscheidet und das ein von Natur aus „politisches/soziales Wesen" ist, kam man praktisch nicht hinaus. Vielleicht ist mehr auch gar nicht möglich, wenn man philosophisch-allgemein „den Menschen" charakterisieren oder gar definieren möchte. Die Philosophie der Existenz hat hervorgehoben, der Mensch sei das Wesen, das sich zu sich selbst verhalten könne. Darin wird das Moment der Verantwortung benannt. Die Freiheit des Menschen und damit das Prinzip der Verantwortlichkeit beziehungsweise des zurechenbaren, bestrafbaren Handelns wurde im Grunde schon immer anerkannt oder vorausgesetzt. Alle derartigen Aussagen gelten als allgemeine und abstrakte Aussagen für sämtliche Exemplare der Spezies Mensch. Damit ist ein Gleichsein, eine Gleichheit aller Menschen als Menschen ausgesprochen und sachlich gemeint, also auch die Gleichheit von Mann und Frau und die Gleichheit aller sogenannten Rassen. Diese *Einheit und Gleichheit aller Menschen* zu erkennen stellt eine Abstraktionsleistung dar, die auf der Wahrnehmung aller Verschiedenheiten beziehungsweise Ungleichheiten der Menschen beruht, die uns allen hinlänglich bekannt sind.[29]

(1) Die Idee eines Naturzustands der Menschen

Jeder Theorie der Sozialen Arbeit liegt ein „*Bild vom Menschen*" zugrunde. In auffallender Weise wird dieses Bild in den gegenwärtigen Theorien selten thematisiert, noch seltener ausführlich beschrieben. Die natürliche Gleichheit und Einheit aller Menschen jedoch ist meines Wissens in fast allen Theorien zur Sozialen Arbeit ein selbstverständlicher Bestandteil der Auffassung über den Menschen. Niemand geht heute hinter die Allgemeine Erklärung der Menschenrechte der Vereinten Nationen aus dem Jahre 1948 zurück.

Das jeweilige Menschenbild des/der AutorIn und das darauf aufbauende „*Bild vom menschlichen Zusammenleben*" liegen den Theorien Sozialer Arbeit zugrunde. Fast alle AutorInnen von Theorien zur Sozialen Arbeit befassen sich auch dann ausdrücklich und zentral mit den Formen menschlichen Zusammenlebens, wenn das zugrunde liegende Menschenbild nicht vorgestellt worden ist. Eigene Vorstellungen werden als Kontrast der bestehenden Gesellschaftsordnung kritisch gegenüber gestellt. In der Mehrzahl der Theorien wird auf vorhandene politische oder sozialphilosophische Theorien (Gesellschaftstheorien) zurückgegriffen. Den meisten AutorInnen der Theorien Sozialer Arbeit schwebt ein ideales Bild vom menschlichen Zusammenleben vor, entweder als anzustrebendes Ziel (zum Beispiel als sozialistische Gesellschaft) oder als verloren gegangener Zustand (zum Beispiel als Paradies). Die Erklärungen dafür, weshalb das Ideal noch nicht erreicht worden oder aber wieder verloren gegangen ist, füllen Bücherwände.

Die „Zwei Abhandlungen über die Regierung" (1690) des Engländers John Locke (1632 – 1704) haben bis heute viele politische Theorien und Gesellschaftstheorien beeinflußt.[30] Die *Idee eines menschlichen Naturzustands*, die Locke in seinen Abhandlungen entfaltet hat, taucht bei vielen Philosophen im Zusammenhang mit der Diskussion über das Naturrecht und die Gleichheit aller Menschen auf. Lockes Theorie eines vorstaatlichen Naturzustands gilt als entscheidender Schritt weg von der christlichen Naturrechtstheorie. Nach der christlichen Naturrechtstheorie hat Gott die Natur als eine harmonische Ordnung geschaffen. Die göttlichen Gesetze für das menschliche Zusammenleben legen die Rechte und Pflichten der Menschen fest; sie sind in der Natur vorgegeben und vom Menschen mit seinen geistigen Kräften zu erkennen. Locke bestreitet, daß die Prinzipien (natürlichen Gesetze) für das Zusammenleben der Menschen vorgegeben sind. Der Mensch, sagt er, muß allein mit seinen Sinnen und mit seinem Verstand die natürlichen Gesetze ermitteln.[31]

Locke wollte mit seinen Überlegungen in politische Auseinandersetzungen um den englischen Königsthron eingreifen. Seine Sozialvertragstheorie sollte erklären, was politische Gewalt ist, und weshalb die Menschen sich der politischen Gewalt zu unterwerfen haben. Um politische Gewalt und ihre Legitimität aber richtig verstehen zu können, muß man nach Locke jenen Zustand in Betracht ziehen, in welchem sich die Menschen von Natur aus befinden. Er behauptete, daß allen Menschen von Natur ein idealer Zustand zu eigen ist, in dem sie aber nicht bleiben. Aus vernünftigen Erwägungen heraus entscheiden sie sich aber, Glieder einer politischen Gesellschaft zu sein und sich zu einem Staat zusammenzuschließen.

Der Naturzustand ist für Locke ein idealer Zustand, ein *Zustand vollkommener Freiheit*. Die Menschen regeln innerhalb der Grenzen des Naturgesetzes ihre Handlungen und verfügen so über ihren Besitz und ihre Persönlichkeit, wie es ihnen am besten scheint, ohne dabei jemanden um Erlaubnis zu bitten oder vom Willen eines anderen abhängig zu sein. Der Naturzustand ist ferner ein *Zustand der Gleichheit*, in dem alle Macht und Rechtsprechung wechselseitig sind, da niemand mehr besitzt als der andere. Alle Geschöpfe haben von Geburt an die gleichen Vorteile der Natur und dieselben Fähigkeiten; daher unter-

steht niemand einem anderen. Alle Menschen unterstehen dem natürlichen Gesetz, das von jedem mit seiner Vernunft erkannt werden kann und alle verpflichtet. Niemand soll einem anderen, da alle gleich und unabhängig sind, an seinem Leben und Besitz, seiner Gesundheit und Freiheit Schaden zufügen. Jeder Mensch ist verpflichtet, sich selbst und nach Möglichkeit auch die übrige Menschheit zu erhalten. Gott stellte den Menschen die Schöpfung zur Verfügung, damit sie sich erhalten können. Er gab ihnen die *Welt als Gemeineigentum*. Niemand besitzt von Natur aus Privateigentum und damit das Recht, jemanden vom Eigentum auszuschließen. Dennoch darf nach Locke jeder Mensch sich Eigentum mit seinen eigenen Händen erarbeiten; allerdings darf sich jeder nur soviel an Naturprodukten und Land aneignen, wie er zum eigenen Verbrauch benötigt. Es ist darauf zu achten, daß den anderen genügend Güter von der gleichen Qualität bleiben. *Jeder hat so genug zu seinem Lebensunterhalt*. Es gibt keinen Grund zum Streiten. Der Naturzustand ist für Locke ein *Zustand des Friedens, des Wohlwollens, der gegenseitigen Hilfe und Erhaltung*.
Allerdings gibt es Menschen, die sich nicht an das natürliche Gesetz halten und diesen Zustand stören. Gegen diese Menschen dürfen sich die angegriffenen Menschen wehren, wenn ihre Selbsterhaltung gefährdet ist. Die Störer gelten als unvernünftig. Sie haben keine Vernunft oder sie gebrauchen ihre Vernunft nicht. Damit zeigen sie, daß sie keine Menschen sind. Selbst den Totschlag erlaubt Locke als Mittel gegen diese unvernünftigen, unmenschlichen Störer.
Die Erfindung und Einführung des Geldes zerstörte für Locke den gesellschaftlichen Frieden. Mit dem Geld können einzelne Menschen Besitztümer anhäufen; das hängt von ihrem Fleiß ab. Dagegen hat Locke nichts einzuwenden, solange das Naturgesetz beachtet wird. Er gesteht jedem Menschen Privateigentum zu. Die Mehrzahl der Menschen hält sich aber nicht an das Naturgesetz, sondern verlangt egoistisch nach mehr Besitz und kümmert sich nur noch um ihre eigenen Interessen. Die *Entartung des Selbsterhaltungstriebes und des Strebens nach Glück und Lust* zerstören die Harmonie und den Frieden. Furcht und beständige Gefahr lösen Wohlwollen und gegenseitige Hilfe ab. Die Menschen verlassen deshalb den Naturzustand und schließen einen *Gesellschaftsvertrag zum gegenseitigen Schutze*. Aufgabe des Staates ist es sodann, den Individuen und ihrem gemeinsamen Wohl zu dienen, indem er den gegenseitigen Schutz ihres Lebens, ihrer Freiheit und ihres Vermögens gewährleistet. Ständige Bedrohungen und Streit sollen verhindert werden. Der Frieden, die Sicherheit und die öffentliche Wohlfahrt des Volkes ermöglichen erst einen ungestörten Genuß

des Eigentums. Locke schwebte die harmonische, an den Gesetzen der Natur orientierte Gesellschaft vor, aber die Dynamik der von ihm beschriebenen, aus egoistischen Individuen bestehenden Gesellschaft verhinderte diese Harmonie.[32]

(2) Anpassen/Verändern – Aufgabe der Sozialen Arbeit

Der Naturzustand – eine schöne Erinnerung, eine Idee, ein Traum, eine Utopie? Unsere Lebenswelt steht im Kontrast zu einem solchen „Goldenen Zeitalter". Die Verletzung des Gleichheitsprinzips und das barbarische *Gesetz der Ungleichheit* (d'Alembert) – das sogenannte Recht des Stärkeren – haben zu Unterdrückung, Armut, Not und Elend geführt. Die Starken, die Besitzergreifenden, die Intelligenteren, Schlaueren, Listigen usw. haben die Ungleichheit aufgebracht und bringen sie immer noch auf. Ob und wie man die Ungleichheit rückgängig machen kann, das ist die herausfordernde Frage geblieben. Die Sozialen Probleme und Konflikte sind weltweit. Die sozialen Störungen sind zur Aufgabe der Sozialen Arbeit insgesamt – und damit auch der Sozialen Arbeit als Wissenschaft geworden. Theorien der Sozialen Arbeit müssen antworten auf die Fragen: Was haben die sozialen Probleme mit der Ungleichheit der Menschen zu tun? Inwieweit resultieren soziale Probleme aus der Macht der Starken und Habgierigen? Wen stören eigentlich soziale Probleme? Was soll verändert werden, damit sich wer nicht mehr gestört fühlt? Wenn soziale Probleme gelöst werden sollen, dann geht das nur dadurch, daß sich irgend jemand verändert oder irgend etwas verändert wird. Verändern wird so zum Auftrag der Sozialen Arbeit.

Verändern bedingt Anpassen. Verändern ist ohne Anpassen nicht möglich, so wie Anpassen ohne Verändern nicht möglich ist. Wenn ich etwas oder jemanden verändere, dann bedeutet das, daß ich mir die Gegebenheiten oder den anderen anpasse („aktive Anpassung"). Wenn ich verändert werde, dann passe ich mich den Gegebenheiten oder dem anderen an („passive Anpassung"). Anpassen kann ich mich mit meinem Denken und Tun an meine eigenen Bedürfnisse, Werte und Normen („innere Anpassung"). Ich kann mich aber auch den Stärkeren, dem Milieu, der Marktlage, dem politischen System, der „peergroup" usw. anpassen („äußere Anpassung").

Der Begriff „Anpassung" ist heute weitgehend negativ besetzt. Wer paßt sich schon gern an? Und wer möchte schon als angepaßt gelten? Ein gewisses Maß an Anpassung ist aber für jeden Menschen notwendig, um überhaupt leben zu können. Der Streitpunkt liegt in dem Maß der Anpassung (zuviel oder zuwenig). Die Frage: Wer muß sich wem anpassen? verweist darauf, daß *Anpassen und Verändern* mit der *Frage nach Macht* verbunden ist. Die Nähe von Anpassung und Ohnmachtserfahrungen begründet vermutlich die negative Bewertung von Anpassung.

In einer Gesellschaft sind – vereinfacht gesagt – an der Sozialen Arbeit der Staat (das heißt die mit Macht ausgestattete Regierung), die KlientInnen (das heißt die Benachteiligten, Armen, Behinderten usw.) und die SozialarbeiterInnen beteiligt. Natürlich gibt es noch weitere Gruppen, die an der Sozialen Arbeit interessiert und beteiligt sind.[33] Aus didaktischen Gründen vernachlässige ich hier eine weitere Differenzierung. Der Staat, die KlientInnen und die SozialarbeiterInnen leben innerhalb der Gesellschaft in einem Dreiecksverhältnis miteinander, einem *Dreieck der Sozialen Arbeit* (siehe Abbildung 8).

Abbildung 8: Das Dreieck der Sozialen Arbeit

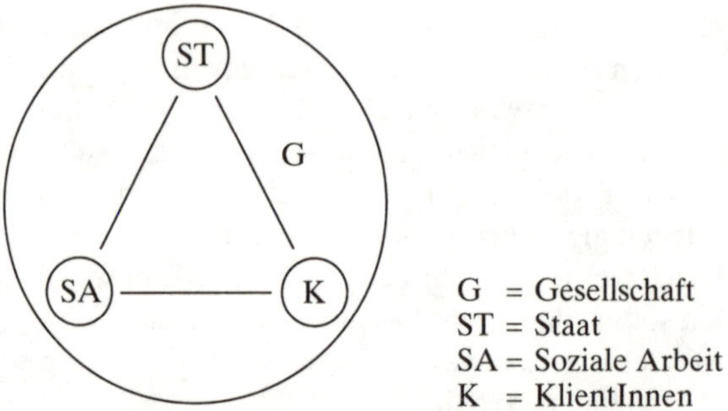

Soziale Probleme und ihre Lösungen sind Gegenstand Sozialer Arbeit als Praxis und damit auch als Wissenschaft. Gelöst werden können diese Probleme und Konflikte nur durch Veränderungen. Welche Konfliktpartei muß nachgeben und sich dem Anspruch der anderen Partei anpassen? In den Theorien zur Sozialen Arbeit wird ausgeführt, wie die Veränderungsprozesse verlaufen sollen. Zentral ist dabei die Antwort auf die Fragen: „Wer soll sich wem anpassen?“ und „Welche Rolle spielen dabei die SozialarbeiterInnen?“

Vier Funktionen können SozialarbeiterInnen in der Praxis und damit auch Soziale Arbeit als Wissenschaft bei der Lösung sozialer Probleme grundsätzlich übernehmen:

(a) *Der Staat paßt an:* Die Gruppe der Stärkeren oder die Mehrheit in der Gesellschaft (der Staat) bestimmt, wie sich die Schwächeren oder die Minderheiten (KlientInnen) zu verhalten haben. Die Herrschen-

Abbildung 9: Der Staat paßt an.

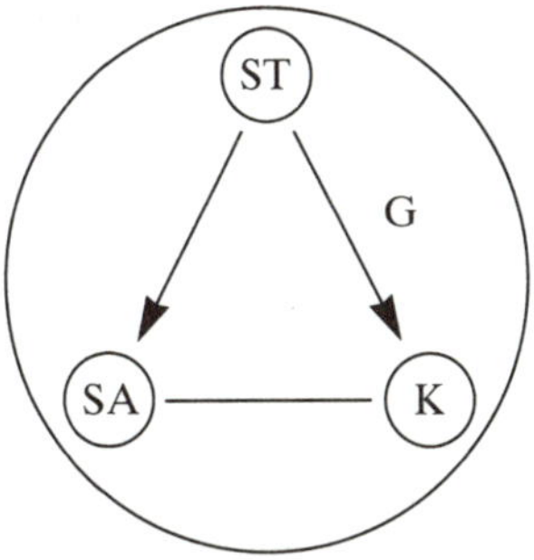

den schaffen entspechende Rahmenbedingungen (zum Beispiel durch die Gesetzgebung) und erteilen der Sozialen Arbeit ein Mandat. Soziale Arbeit hat so auf die von den Herrschenden als Störende und Abweichende erlebten Menschen einzuwirken, daß sie sich den vom Staat vorgegebenen Normen anpassen. Soziale Arbeit als Praxis (und damit auch als Wissenschaft) hat nach den Vorgaben des Staates zu funktionieren und die KlientInnen den vorgeschriebenen Normen anzupassen (siehe Abbildung 9). Man spricht hierbei von sozialintegrativer, traditioneller, technologischer, therapeutischer oder pädagogischer Sozialer Arbeit. Beispiele hierfür sind die Theorien von Hans Scherpner (siehe Teil 4.1.) und Lutz Rössner (siehe Teil 4.2.).

(b) Die KlientInnen passen an: Die Gruppe der Schwächeren und die Minderheiten (KlientInnen) stören sich an den in der Gesellschaft herrschenden Rahmenbedingungen und Normen. Sie entwickeln ihre

Abbildung 10: Die KlientInnen passen an.

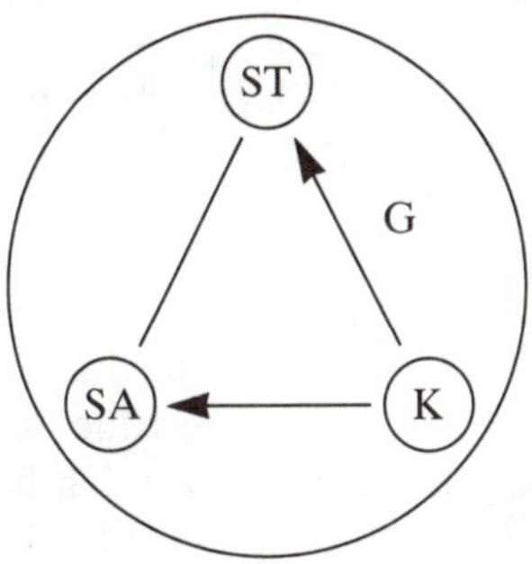

eigenen Vorstellungen über die Rahmenbedingungen und Normen der Gesellschaft. Die Stärkeren und die Mehrzahl der Gesellschaft haben sich diesen Normen anzupassen. Soziale Arbeit als Praxis (und damit auch als Wissenschaft) handelt im Auftrag ihrer KlientInnen und hat die Gesellschaft nach dem Mandat ihrer KlientInnen anzupassen (siehe Abbildung 10). Man spricht hier von gesellschaftsverändernder, offensiver, alternativer, systemkritischer oder politischer Sozialer Arbeit. Ein Beispiel hierfür sind die Überlegungen zu einer Metatheorie der Sozialarbeit von Fritz Haag u.a. (siehe Teil 4.3.).

(c) Die Soziale Arbeit paßt an: Die SozialarbeiterInnen haben eine eigene Vorstellung davon, wie die Gruppen innerhalb einer Gesellschaft miteinander leben sollen und wie die sozialen Probleme beseitigt werden können. Die Gesellschaft insgesamt, also Regierung und KlientInnen haben sich den Normen und Wertvorstellungen der Sozialen Arbeit als Praxis (und damit auch als Wissenschaft) anzupassen. Die SozialarbeiterInnen handeln autonom (siehe Abbildung 11). Man spricht von autonomer Sozialer Arbeit, die zugleich gesellschaftsverändernd, evolutionär, revolutionär oder emanzipativ ist. Beispiele hierfür sind die Theorien von Karam Khella (siehe Teil 4.4.) und Hans Thiersch (siehe Teil 4.5.).

Abbildung 11: Die Soziale Arbeit paßt an.

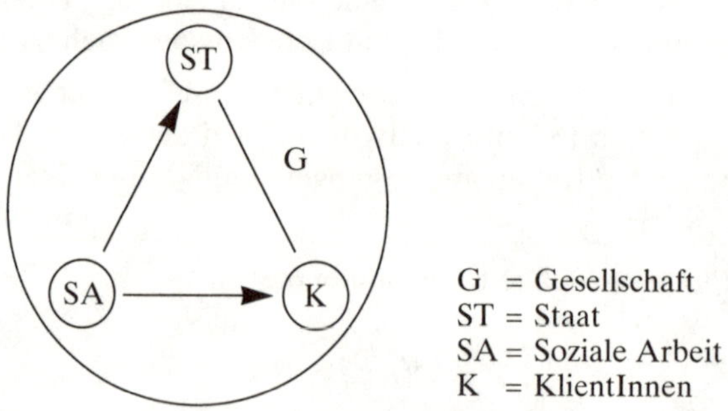

(d) Alle Betroffenen sind aktiv beteiligt, gemeinsame Lösungen zu finden und zu verwirklichen: Die Lösungen werden von den Mächtigen und den Schwächeren, der Mehrheit und den Minderheiten der Gesellschaft gemeinsam gesucht und gefunden. Eine Aufgabe Sozialer Arbeit ist es, die Verbindung der Konfliktparteien herzustellen und dann den Dialog zu ermöglichen. Im Dialog werden Lösungen gefunden, die alle Parteien zufrieden stellen. Zur Aufgabe der Sozialen Ar-

beit als Praxis gehört es, ihr wissenschaftliches und praktisches Wissen über soziale Probleme und ihre Lösungen bei den anstehenden Problemlösungen einzubringen (siehe Abbildung 12). Man spricht von dialogischer oder vermittelnder Sozialer Arbeit. Als Beispiel hierfür nenne ich die Theorien von Wolf Rainer Wendt (siehe Teil 4.6.) und von Silvia Staub-Bernasconi (siehe Teil 4.7.)

Abbildung 12: Alle Betroffenen sind am Lösungsprozeß aktiv beteiligt.

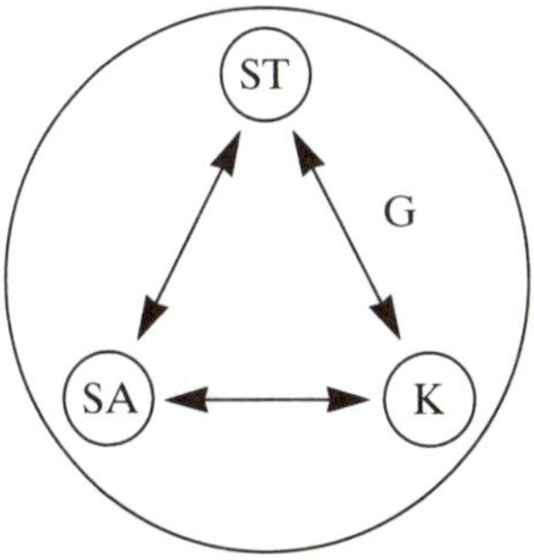

G = Gesellschaft
ST = Staat
SA = Soziale Arbeit
K = KlientInnen

Für die Soziale Arbeit als Wissenschaft sind diese Vorentscheidungen für die eine oder andere Variante der gesellschaftlichen Funktion Sozialer Arbeit wichtig. In der Literatur wird fast immer nur zwischen zwei Funktionen der Sozialen Arbeit unterschieden: sozialintegrativ oder gesellschaftsverändernd zu sein.[34] Diese Entweder-Oder-Haltung begreift die komplexe Realität nicht und schöpft auch nicht die grundsätzlichen Möglichkeiten, die der Sozialen Arbeit in Theorie und Praxis gegeben sind, aus.

(3) Eine Anmerkung aus der Praxis

SozialarbeiterInnen erleben in ihrer Berufspraxis häufig eine bedrückende Spannung: das *doppelte Mandat*. Sie erfahren sich einem Loyalitätskonflikt ausgeliefert, da eine saubere Trennung zwischen sozialintegrativer und gesellschaftsverändernder Sozialer Arbeit – wie sie den wissenschaftlichen Theorien bisweilen zugrunde liegt – in der Praxis kaum durchführbar ist. Unter Handlungsdruck sollen sie gleichzeitig zwei sich einander ausschließende Aufträge („Mandate") ausführen. Einerseits verlangt die Kommune beispielsweise von ihnen, möglichst wenig Sozialhilfe zu bewilligen, um Geld zu sparen, andererseits erwarten die KlientInnen aber von ihnen, möglichst großzügig unterstützt zu werden. Dieser Konflikt wird meistens recht plakativ mit Kontrolle im Auftrag des Staates (im Jugendamt, Sozialamt usw.) gegenüber Hilfe auf Wunsch der KlientInnen dargestellt.[35] Wenn man will, kann man auch von einem *mehrfachen Mandat* der SozialarbeiterInnen sprechen, da sie es in der Regel mit mehr als zwei Konfliktparteien zu tun haben und ja auch eine eigene Position zu vertreten haben, die im günstigen Fall auf dem Fundament einer wissenschaftlichen Theorie Sozialer Arbeit steht. Für FamilienberaterInnen zum Beispiel sind im Prinzip vier Positionen offen:

(a) Sie definieren sich als InteressenvertreterInnen ihrer Behörde (Kontroll- und Vollzugsfunktion).
(b) Sie sehen sich als InteressenvertreterInnen ihrer KlientInnen (Helferfunktion).
(c) Sie versuchen zwischen den Anforderungen der Behörde und den Bedürfnissen der KlientInnen zu vermitteln (Vermittlerfunktion).
(d) Sie nehmen einen eigenständigen professionellen Standort ein (unabhängige Expertenfunktion).[36]

Freilich sind in der jeweiligen Situation die konkreten Machtverhältnisse nicht nur zu berücksichtigen, sondern sie werden vielmehr den Ausschlag dazu geben, welche Position – das heißt welche gesellschaftliche Funktion – die SozialarbeiterInnen – in der Praxis und in der Wissenschaft – letztlich in diesem Konflikt wahrnehmen werden.

Anmerkungen zu Kapitel 2

1 Staub-Bernasconi 1983c, 21
2 Staub-Bernasconi 1983c, 21
3 Vgl. hierzu Salomon 1927
4 Münder 1985
5 Kaufmann 1979, 87
6 Brunkhorst / Sünker 1985
7 Staub-Bernasconi 1983a, 1
8 Sekretariat der Ständigen Konferenz der Kultusminister der Länder in der BRD 1984, 1988
9 A.a.O. 1988, 2
10 A.a.O. 1988, 25ff.
11 Der Begriff „Praxistheorie“ wird zum Beispiel im Handlexikon zur Wissenschaftstheorie von Seiffert 1989 nicht einmal erwähnt!
12 Vgl. dazu Teil 2 Abschnitt 5.2.
13 Zum Beispiel Schwendtke 1977, 210f.
14 A.a.O. 1988, 1
15 Vgl. die Differenzierung von Sozialer Arbeit als Wissenschaft, Praxis und Ausbildung in der Einleitung auf S. 10f.
16 Vgl. die Begründung des wissenschaftlichen Anspruchs von Sozialarbeit von Fehlker 1989, 44

[17] Vgl. Dewe / Ferchhoff 1987b
[18] Zetterberg 1962, 96f.
[19] Vgl. Teil 1 Abschnitt 3.2.
[20] Lowy 1983, 46
[21] Dux 1987, 140
[22] Vgl. Nell-Breuning 1975, 9 - 12
[23] Lukas 1979, 185f.; Matthes 1979
[24] Hungs 1988
[25] Hungs 1988, 189
[26] Vgl. Menschenrechte. Ihr internationaler Schutz. 1979
[27] Weber 1904, 157 zitiert nach Kanz 1979, 39
[28] Ein treffliches Beispiel hierfür ist die Auseinandersetzung von Matthes (1979) mit der Fürsorgetheorie von Scherpner (1974).
[29] Vgl. Schlette 1989
[30] Locke 1989
[31] Euchner 1989, 16
[32] Euchner 1989, 51
[33] Vgl. Abbildung 7, S. 92
[34] Vgl. Schmidt 1981, 40f.; Mühlum 1981, 266 - 308
[35] Vgl. Böhnisch / Lösch 1979, 27ff.
[36] Vgl. Oswald / Müllensiefen 1985, 107f.

3. Ein verschwommener Gegenstand

Die WissenschaftstheoretikerInnen sind sich darüber einig: ein Fach kann nur dann als Wissenschaftsdisziplin anerkannt werden, wenn für dieses Fach der Gegenstand festgelegt und von allen, die in diesem Fach arbeiten, als Basis ihrer wissenschaftlichen Arbeit benutzt wird (siehe Teil 1 Abschnitt 2.1., S. 30). Bei dem Gegenstand (Objekt) einer Wissenschaft handelt es sich um die Gesamtheit der Eigenschaften, Strukturmerkmale und Bewegungsgesetze usw. bestimmter (materieller oder ideeller) Objekte, die von der betreffenden Wissenschaft untersucht werden.[1] In jedem Fall – so wird gefordert – muß das Problem der Konstitution eines Objektbereiches einer wissenschaftlichen Theorie als eigenständiger Schritt beim Aufbau der Theorie behandelt werden.[2] Der Zusammenhang (Kohärenz) von wissenschaftlichen Aussagen hängt von dem Zusammenhang des bestimmten Objektbereichs ab.[3] Gelingt es nicht, diesen Zusammenhang herzustellen, haben der Objektbereich und die wissenschaftlichen Aussagen wenig miteinander zu tun. Wenn man wissenschaftliche Theorien miteinander vergleichen will, ist das nur möglich, wenn sie sich auf denselben Gegenstand beziehen; sonst vergleicht man Gräser und Bäume miteinander.

Die Gegenstandsbestimmung ist für die Soziale Arbeit als Wissenschaft – wie für alle anderen Wissenschaftsdisziplinen auch – eine elementare und konstitutive Aufgabe. Der Vorzug etablierter Wissenschaftsdisziplinen wie der Medizin, Physik oder Botanik besteht darin, daß sie sich ihres Gegenstandsbereichs seit langem gewiß sind und diese Gewißheit allgemein geteilt wird. Medizin ist selbstverständlich die Wissenschaft vom gesunden und kranken Menschen, von den Ursachen, Wirkungen und der Vorbeugung und Heilung der Krankheiten.[4] Selbstverständlich ist auch, daß die Praxis (in der Gestalt der praktizierenden ÄrztInnen) und die Wissenschaft (in der Gestalt der forschenden ÄrztInnen) sich zwar auf denselben Gegenstand beziehen, aber ihre eigenen Wege dabei gehen. Das Berufshandeln der praktischen Ärzte ist nur indirekt Gegenstand der medizinischen Wissenschaft, dann nämlich, wenn die Behandlungspraxis mit den Forschungsergebnissen verglichen wird. Das ist bei der Sozialen Arbeit jedoch ganz anders. Viele AutorInnen gehen wie selbstverständlich von der Annahme aus, daß die Berufspraxis der Sozialen Arbeit selbst Gegenstand der „Sozialarbeitswissenschaft" ist.[5] Die Beachtung wissenschaftstheoretischer Erkenntnisse und Regeln erfordert, sich von dieser weit verbreiteten Annahme, die zu erheblichen Irritationen im Verhältnis von PraktikerInnen und WissenschaftlerInnen führt (siehe dazu Teil 1 Abschnitt 5.1. und Teil 2 Abschnitt 6.1.), zu verabschieden. Zu fragen ist: Wie weit ist die Soziale Arbeit als Wissenschaft vorangeschritten, ihr eigenes Fundament für ihre Erkenntnis- und Arbeitstätigkeit zu legen, das heißt ihren Gegenstand zu bestimmen? Den gegenwärtigen Stand der Versuche, einen gemeinsamen Gegenstand Sozialer Arbeit zu bestimmen, beschreibe ich mit folgenden Thesen:

3.1. Thesen zur gegenwärtigen Situation bei der Gegenstandsbestimmung

(1) *Fast alle AutorInnen, die sich mit Sozialer Arbeit als Wissenschaft befassen, sind sich einig: Eine eigene Gegenstandsbestimmung ist unbedingt notwendig.*

Mit geringen Veränderungen oder etwas anderen Formulierungen stimmt die große Mehrzahl der AutorInnen darin überein, daß der Gegenstand Sozialer Arbeit festzulegen ist.[6] Der Aufbau einer professionellen Wissensgrundlage für die Sozialarbeit erfordert nach Harriett M. Bartlett (1976) die

> „Feststellung der besonderen Phänomene, mit denen es der Beruf zu tun hat, und die Definition von Begriffen zur Systematisierung der Gedanken

über diese Phänomene. Damit ein Beruf wie die Sozialarbeit in der heutigen Gesellschaft seiner Aufgabe gerecht werden kann, muß er einen zentralen Interesseschwerpunkt definieren, der

1. für den gesamten Beruf verbindlich ist,
2. den Werten und Zielen des Berufs entspricht,
3. praktikabel ist in bezug auf verfügbare und erwerbbare Kenntnisse und Techniken und
4. so klar umrissen ist, daß er sich nicht mit den Kompetenzbereichen anderer Berufe überschneidet."[7]

Diese Forderungen werden im Grundsatz von allen AutorInnen genannt und akzeptiert, die sich bei der Gegenstandsbestimmung an der Berufspraxis Sozialer Arbeit orientieren.

(2) *Die Gegenstandsbestimmung der Sozialarbeitswissenschaft ist schwierig:* Darauf wird seit langem von vielen ständig aufmerksam gemacht.[8] Dennoch gibt es zahlreiche Versuche, den Gegenstand zu erfassen. Ausgangspunkt bei fast allen Bemühungen um eine Gegenstandsbestimmung ist das Berufsfeld Sozialer Arbeit. Ist es aber überhaupt möglich, Altenarbeit, Betriebliche Sozialarbeit, Elementarerziehung, Erwachsenenbildung, Erziehungshilfen, Familienhilfen, Gesundheitshilfen, Heimerziehung, Jugendarbeit, Musiktherapie, Rehabilitation, Resozialisierung, Sonderpädagogik, Soziale Organisation, Soziales Management usw. auf „einen gemeinsamen Nenner" zu bringen? Was ist das Verbindende in diesen Tätigkeitsfeldern? Was ist das Eigentümliche, das Proprium Sozialer Arbeit? Die Praxis der Sozialarbeit ist, wie die Praxis anderer Berufe auch, durch eine bestimmte Konstellation aus Werten, Zielen, Legitimationen, Wissen und Methoden gekennzeichnet. Lassen sich spezifische Inhalte und/oder spezifische Kombinationen der Faktoren erkennen, die „das Wesen der Sozialarbeit" ausmachen?[9] Kann der Gegenstand der Praxis Sozialer Arbeit ohne Bedenken zugleich als Gegenstand der Sozialarbeitswissenschaft übernommen werden? Oder sind Differenzierungen notwendig? Und was ist mit dem Gegenstand Sozialer Arbeit in der Ausbildung zur Sozialen Arbeit?

(3) *Über die Gegenstandsbestimmung Sozialer Arbeit wird nur am Rande anderer Themen diskutiert:* Obwohl sich alle darüber einig sind, daß die Gegenstandsbestimmung wichtig ist, befaßt sich kaum jemand ausführlich mit dieser Aufgabe. Helga Marburger stellt beispielsweise wie viele andere AutorInnen in der Einleitung ihrer Untersuchung fest, daß die Frage „Was ist Sozialpädagogik?" nach wie vor beantwortet werden muß.[10] Die Unsicherheit über Begriff und Gegenstandsbereich von Sozialpädagogik bedürfe einer systematischen, hi-

storisch-kritisch verfahrenden Aufarbeitung. Doch auch sie leistet diese Arbeit nicht, sondern stellt sozialpädagogische Theorien im historischen Kontext dar und beurteilt sie „ideologiekritisch".[11] Auf eine Differenzierung von Sozialpädagogik als Wissenschaft und als Praxis verzichtet sie. Andere AutorInnen benennen zu Beginn oder im Verlauf ihrer Abhandlungen so nebenbei eine (mitunter auch mehrere und verschiedene) Gegenstandsbestimmung, verzichten aber sowohl auf eine Auseinandersetzung mit anderen Auffassungen als auch auf eine differenzierte Reflexion der eigenen Auffassung.[12] Dennoch gehen sie davon aus, daß ihre Definition gilt und von anderen übernommen wird. Eine differenzierte Auseinandersetzung ist bei Helmut Lukas[13] und bei Silvia Staub-Bernasconi[14] zu finden.

(4) *Statt Gegenstandsbestimmung werden zumeist Ziele und Aufgaben der Sozialen Arbeit benannt:* Anstelle des Gegenstands Sozialer Arbeit werden sehr häufig Ziele und Aufgaben Sozialer Arbeit benannt. Die Gegenstandsbestimmung der Sozialen Arbeit ist etwas anderes als die Benennung von Zielen und Aufgaben. Was nutzt eine Ziel- oder Aufgabenbestimmung, wenn nicht bekannt ist, auf welchem Gelände diese Ziele und Aufgaben angestrebt beziehungsweise erfüllt werden sollen. Ziele und Aufgaben der Sozialen Arbeit als Wissenschaft (und als Praxis) lassen sich im Vergleich zur Gegenstandsbestimmung anscheinend leichter benennen. Die Zielangaben sind in der Regel als Wertsetzungen zumeist recht global und wenig greifbar. Selten werden sie sorgfältig reflektiert. Die Ziel- und Aufgabenformulierungen resultieren aus persönlichen Überzeugungen und/oder institutionalisierten Glaubenslehren. Anstelle einer rational reflektierten Begründung für Soziale Arbeit werden sie als pauschale Forderungen an das berufliche Handeln aufgestellt. Einschlägige Literaturüberblicke zur Sozialen Arbeit zeigen das breite Meinungsspektrum.[15] Aus der Vielfalt gebe ich drei Beispiele an:

„Das Ziel der Sozialarbeit ist es, das Wohlbefinden der Einzelnen mit der Wohlfahrt der Gesellschaft, in der sie leben, in Einklang zu bringen." Walter A. Friedländer (1974)[16]

„Soziale Arbeit darf das Insgesamt der in der Gesellschaft vorkommenden Aktivitäten mit dem Ziel, die Lebensverhältnisse innerhalb des Gemeinwesens für die ihm angehörenden Menschen zu verbessern, genannt werden." Wolf Rainer Wendt (1990)[17]

„Sozialarbeiter/Sozialpädagogen übernehmen vor allem folgende Aufgaben:

– sie regen Menschen an, unterstützen und befähigen sie, Eigenkräfte zu entwickeln und konstruktiv einzusetzen; sich in ihren jeweiligen Lebensraum zu verwurzeln und die Ressourcen, die ihnen zur Verfügung stehen, zu nutzen;

– sie stimmen Nachfrage nach Hilfe und Angebote der Hilfe aufeinander ab und stellen Verbindungen zwischen ihnen her;
– sie begleiten Menschen während bestimmter Lebensphasen; sie geben ihnen persönliche Zuwendung; sie üben zu ihrem Schutz Kontrolle aus;
– sie vertreten die Ansprüche Hilfebedürftiger, soweit diese dazu nicht selbst in der Lage sind;
– sie machen auf Not aufmerksam und entwickeln Vorschläge, wie sie zu verhindern, zu beseitigen oder zu lindern ist;
– sie sensibilisieren und aktivieren Menschen zur Hilfe für ihre Mitmenschen;
– sie nehmen Einfluß auf Entscheidungsgremien in Politik und Verwaltung, um Dienstleistungen zu verbessern;
– sie informieren Instanzen der Gemeinde-, Sozial-, Gesellschaftspolitik über Faktoren, die sich störend auf Lebensbedingungen für bestimmte Gruppen auswirken.
Im Zusammenhang damit üben sie die beruflichen Rollen Erziehen, Informieren, Aktivieren, Beraten, Befähigen, Behandeln, Beistehen, Vermitteln, Vertreten, Organisieren aus. Der Erfolg des beruflichen Handelns hängt davon ab, inwieweit es gelingt,
– die spezifischen Bedürfnisse und Probleme der Hilfebedürftigen/Adressaten in ihrer Bedingtheit durch und ihrer Bezogenheit auf die ganzheitliche Situation hin zu erfassen;
– zu erkennen, welche Veränderungen bei ihnen oder in ihrem näheren oder weiteren Umfeld notwendig sind, um Entwicklungen zu fördern und Probleme zu lösen;
– festzustellen, wer bei der Lösung der Aufgaben beteiligt werden kann;
– die personellen und materiellen Hilfsquellen auf die Besonderheit der jeweiligen Situation hin zu nutzen, oder soweit erforderlich zu verändern, daß sie in den Dienst der Aufgaben-/Problemlösung gestellt werden können."
Teresa Bock (1986) [18]

Die Ziel- und Aufgabenformulierungen basieren auf bestimmten, implizit vorgegebenen Auffassungen über den Gegenstand Sozialer Arbeit. Diese Implikationen gilt es herauszuarbeiten und explizit zu reflektieren, sonst bleibt das Objekt Sozialer Arbeit verborgen.

3.2. Verknüpfung eigenständiger Teilbereiche oder Einheit

Zwei Richtungen erkenne ich bei den Bemühungen um eine Gegenstandsbestimmung für Soziale Arbeit als Wissenschaft und als Praxis:

(1) *Einzelne Teilbereiche des weiten Handlungsfeldes Soziale Arbeit werden als eigenständige Bereiche behandelt.* Zwei Auffassungen sind hier zu unterscheiden:

(a) *Soziale Arbeit ist ein willkürlich aus vielen Teilbereichen zusammengefügtes Handlungsfeld:* Bislang nennen viele AutorInnen bei der

Einführung in die Soziale Arbeit anstelle einer Definition des Gegenstands Sozialer Arbeit die verschiedenen Arbeitsbereiche, in denen SozialarbeiterInnen (und SozialpädagogInnen) tätig sind. Dadurch wird das Arbeitsfeld Soziale Arbeit in relativ eigenständige Teilprobleme und Teillösungen atomisiert. Die Frage bleibt offen und damit bleibt ungeklärt, warum diese Berufsfelder überhaupt zusammen aufgezählt werden. Deutlich wird hiermit, daß Soziale Arbeit *insgesamt* als ein *willkürlich aus vielen Teilbereichen zusammengefügtes Handlungsfeld* betrachtet wird. Zu den Tätigkeiten A, B, C und D, die SozialarbeiterInnen ausführen, können noch die Tätigkeiten E, F, G, H usw. hinzukommen. Es ist völlig ungeklärt, welche Tätigkeiten nun warum zur Sozialen Arbeit gezählt oder aber nicht gezählt werden. Entscheidungskriterien werden nicht genannt und existieren anscheinend auch nicht. Folglich kann man nach Belieben und ganz pragmatisch Handlungsfelder hinzufügen oder aber auch weglassen. Eine Gegenstandsbestimmung der Sozialen Arbeit durch Addition von Berufs- und Handlungsfeldern erinnert an das Weben eines Flickerlteppichs: Reste, die sonst nicht mehr unterzubringen sind, werden aneinander gewebt. Das kann ganz schön aussehen, der Gegenstand bleibt aber im Bewußtsein aller nur ein Flickerlteppich.

(b) *Die traditionelle Zweiteilung in Sozialarbeit und Sozialpädagogik besteht bei den meisten deutschen AutorInnen weiterhin.* In manchen Einführungen zur Sozialen Arbeit wird darauf hingewiesen, daß „noch immer strittig ist, ob Sozialarbeit und Sozialpädagogik zu einem einheitlichen Berufsfeld zusammengefaßt werden können, in das einzuführen einen Sinn macht."[19] Damit wird eine Zweiteilung des Handlungsfelds Soziale Arbeit angesprochen, die in Deutschland Tradition hat. Die Auseinandersetzungen um das Verhältnis von Sozialarbeit und Sozialpädagogik können meines Erachtens als Ausdruck des Ringens um den Gegenstand Sozialer Arbeit als Wissenschaft angesehen werden. Heinrich Tuggener hat das Verhältnis von Sozialpädagogik und Sozialarbeit untersucht (1971).[20] Als Ergebnis fand er, daß die beiden Felder zwar historisch verschiedenen Ursprungs sind, inzwischen aber in Praxis und theoretischen Grundlagen zusammengewachsen und weiter in einem Entwicklungsprozeß zur Vereinheitlichung begriffen sind (Konvergenz-Theorem).[21] Albert Mühlum formulierte 10 Jahre später am Ende seiner vergleichenden Darstellung von Sozialpädagogik und Sozialarbeit eine ähnliche Diagnose dieses Entwicklungsprozesses.[22] In vielen Publikationen wird bis heute weiterhin von dieser Zweiteilung des Handlungsfeldes Soziale Arbeit ausgegangen. Trotz vieler Bemühungen ist es bislang nicht gelungen, die beiden „Disziplinen" zusammenzuführen.

Setzt sich die Auffassung durch, die ein aus Teilbereichen zusammengesetztes Handlungsfeld Soziale Arbeit annimmt, dann bleibt es bei einem verschwommenen Gegenstand Sozialer Arbeit als Wissenschaft (und als Praxis). „Irgendwie ist schon klar", was Soziale Arbeit zum Gegenstand hat. In der Konsequenz ist dann für die einzelnen Teilbereiche im Sinne von speziellen Berufs- oder Handlungsfeldern der jeweilige Gegenstand zu bestimmen und wissenschaftlich anzugehen.[23] Dann gibt es eine Theorie für die Bewährungshilfe, eine für die Familienhilfe, eine für die Heimerziehung usw. Die so entstehenden Teiltheorien gelten unabhängig voneinander nur für ihren Teilbereich Sozialer Arbeit, aber nicht für andere Bereiche und keinesfalls für die Soziale Arbeit schlechthin. Die Zersplitterung des Praxisfeldes stört und behindert die Entwicklung Sozialer Arbeit als Wissenschaft und eines homogenen Berufsbildes. Eine Entscheidung für diese Richtung bedeutet, sich und der Öffentlichkeit einzugestehen, daß das Handlungsfeld Soziale Arbeit aus Arbeitsbereichen besteht, die nur aufgrund formaler, aber nicht aufgrund inhaltlicher Kriterien zusammengehören. Der Anspruch auf Soziale Arbeit als Wissenschaft müßte damit aufgegeben werden, mit klar erkennbaren Folgen für das Ansehen des Berufs und das Selbstbewußtsein der Menschen, die in diesem Beruf arbeiten. Dann kann man zur Beschreibung Sozialer Arbeit lediglich auf so allgemeine und letztlich verlegen wirkende Aussagen zurückgreifen wie: „Soziale Arbeit ist all das, was Sozialarbeiter tun."

(2) *Das ganze Handlungsfeld der Sozialen Arbeit wird als Einheit behandelt.* Im Mittelpunkt des Bemühens vieler AutorInnen steht der Wunsch, für das ganze Handlungsfeld Sozialer Arbeit – und damit auch für Soziale Arbeit als Wissenschaft – einen verbindenden und verbindlichen Gegenstand herauszuarbeiten. Im Vordergrund der Bemühungen um diesen gemeinsamen Gegenstand steht bei vielen Publikationen das anscheinend unlösbare speziell deutsche Problem: Wie lassen sich die traditionell getrennten Arbeitsfelder der Fürsorge/Sozialarbeit einerseits und Erziehung/Sozialpädagogik andererseits vereinen?[24] Kann eine Gegenstandsbestimmung gelingen, in der sowohl Sozialarbeit als auch Sozialpädagogik integriert sind? Das Suchen nach einem gemeinsamen Namen für das Handlungsfeld Soziale Arbeit kann zugleich als Bemühen um ein gemeinsames Fundament für Soziale Arbeit als Praxis und als Wissenschaft angesehen werden. Trotz vieler Bemühungen wird bislang noch kein Lösungsversuch allgemein akzeptiert. Die gegenwärtigen Versuche, die Zweiteilung aufzuheben, gehen in folgende Richtungen:

(a) *Für das gesamte Handlungfeld gilt der Doppelbegriff „Sozialarbeit/Sozialpädagogik“:* Man folgt weiterhin dem Konvergenztheorem und stellt fest, daß die Konvergenz noch nicht erfolgt ist. Die Differenzen zwischen den beiden Handlungsfeldern haben sich einerseits in dem Maße verringert, daß man es für sinnvoll hält, beide nicht länger getrennt zu sehen und zu behandeln. Die Gemeinsamkeiten von Sozialarbeit und Sozialpädagogik reichen aber wiederum auch nicht aus, um für sie einen gemeinsamen Namen zu finden.[25] Der Versuch, den Doppelbegriff „Sozialarbeit/Sozialpädagogik“ durch den neu geschaffenen Begriff „Sozialwesen“ abzulösen und damit eine Einheit herzustellen, hat sich bislang nicht durchgesetzt.

(b) *Die beiden Handlungsfelder werden unter dem Begriff „Sozialarbeit“ zusammengefaßt:* Einige AutorInnen hauen den gordischen Knoten einfach durch und entscheiden sich für einen der beiden Begriffe, der dann für beide stehen soll.[26] Die „Theorie der Sozialarbeit“ ist für Lutz Rössner – selbst Erziehungswissenschaftler – zugleich eine „Sozialpädagogische Theorie“ bzw. eine „Theorie der Jugendhilfe“. „Wir sprechen hier grundsätzlich von ‘Sozialarbeit’, da uns der Begriff ‘Sozialpädagogik’ als zu vage und zu belastet erscheint und der Begriff ‘Jugendhilfe’ (wie auch andere ähnliche) als zu eng; schließlich halten wir die mit diesen Begriffen angedeuteten (theoretischen wie praktischen) Trennungen für unergiebig, für so unergiebig wie das häufig anzutreffende Revier-Sicherungs-Verhalten einzelner Ressort-Vertreter.“[27]

(c) *Die beiden Handlungsfelder werden unter dem Begriff „Sozialpädagogik“ zusammengefaßt:* Eine andere Gruppe von AutorInnen – in der Mehrzahl sind es universitäre ErziehungswissenschaftlerInnen – benutzt wie selbstverständlich für die beiden Handlungsfelder „Sozialarbeit“ und „Sozialpädagogik“ als Oberbegriff „Sozialpädagogik“. Wenn sie den Doppelbegriff benutzen, ändern sie die übliche Reihung SA/SP in SP/SA. Zur Begründung ihrer Entscheidung verweisen diese AutorInnen einerseits darauf, daß diese Vorgehensweise zunehmend üblich sei.[28] Andererseits wird auf eine weite Gegenstandsbestimmung von Pädagogik hingewiesen, die auch soziale Probleme wie Armut, Arbeitslosigkeit, Heimatlosigkeit und Alter umfaßt.[29] Vertreter dieser Gruppe verstehen die „Theorie von SP/SA als Theorie innerhalb der Erziehungswissenschaft, allerdings eine Erziehungswissenschaft, die ihrerseits sozialwissenschaftlich orientiert und gesellschafts- sowie handlungstheoretisch konzipiert ist.“[30] Als Alternative zu dieser sozialpädagogisch ausgerichteten Auffassung sieht Hans Thiersch „einen offenen Enzyklopädismus“. Angesichts einer primär bildungstheoretisch-schulbezogenen Tradition der Erziehungswissenschaft macht Thiersch allerdings selbst auch auf Schwierigkeiten aufmerksam, die sich daraus ergeben, wenn man Sozialpädagogik/Sozialarbeit einer „Leitwissenschaft Erziehungswissenschaft" zuordnet.[32]

(d) *Soziale Arbeit wird als übergreifender Begriff benutzt:* Soziale Arbeit ist um die Jahrhundertwende bereits als alle Bereiche der Wohlfahrtspflege, Fürsorge, Armenpflege, Liebestätigkeit usw. umfassender Oberbegriff üblich gewesen. Die Praxis wurde soziale Berufsarbeit genannt und ausgebildet wurde zum sozialen Beruf.[32] „Soziale Arbeit" heißt die Zeitschrift des Deutschen Zentralinstitutes für soziale Fragen. In den letzten zehn Jahren wurde der Begriff „Soziale Arbeit" wieder entdeckt, und es scheint, daß er sich durchsetzt. So heißt eines der drei wichtigsten deutschsprachigen Wörterbücher zur Sozialen Arbeit „Wörterbuch Soziale Arbeit"[33] und ein anderes „Fachlexikon der sozialen Arbeit".[34] Dieter Kreft und Ingrid Mielenz stellen fest: „Vorläufiger Schlußpunkt der Versuche, neue Entwicklungen zu erfassen, Positionen zu markieren, auf Verbundenes hinzuweisen, ist die immer häufigere Verwendung des Begriffs 'Soziale Arbeit'."[35] Nur die Schreibweise variiert; einmal wird der Begriff wie ein Eigenname groß geschrieben, dann wieder wird das Adjektiv „soziale" klein geschrieben.

3.3. Vorschläge zur Gegenstandsbestimmung Sozialer Arbeit als Wissenschaft

Sehr viele AutorInnen flechten – teils offen, teils versteckt – irgendwo in ihre Abhandlungen ihre Definition oder ihr Verständnis des Gegenstands Sozialer Arbeit als Praxis und als Wissenschaft ein. Offen bleibt in der Regel, ob damit der Gegenstand für die Praxis, den Beruf, die Ausbildung oder die Wissenschaft Sozialer Arbeit gemeint ist. Eine wissenschaftstheoretische Reflexion fehlt ebenfalls fast immer. Und kaum jemand greift den Vorschlag anderer auf und/oder schließt sich dem „sogar" an. So stehen viele mehr oder weniger ausführliche und allgemein gehaltene Vorschläge zur Gegenstandsbestimmung Sozialer Arbeit vereinzelt da. Als Beispiele für verbreitete Auffassungen, die zugleich Richtungen kennzeichnen, seien genannt:

(a) *Spezifische Steuerung von Sozialisationsprozessen*

> „Immer ist bereits ein schon vorgeformter, mehr oder minder abgegrenzter Gegenstands- oder Objekt- oder Problembereich gegeben, und auf ihn beziehen sich Entwürfe und Konstruktionen von Theorien, also wissenschaftliche Aussagesysteme. Gegeben ist ein Bereich der Sozialarbeit (einer Sozialarbeitspraxis), gegeben sind theoretische Aussagen über diesen Bereich. Und es ist davon auszugehen, daß die praktische Sozialarbeit eine spezifische Tätigkeit ist, was nicht näher hier begründet zu werden braucht, da wir hier

auf ein allgemeines 'Vorverständnis' stoßen. Eine spezifische erzieherische Tätigkeit ist eine spezifische Einflußnahme auf Sozialisationsprozesse, so daß es also in der Sozialarbeit um eine spezifische Steuerung von Sozialisationsprozessen geht. Diese spezifischen Steuerungen beziehungsweise 'Maßnahmen' (sie werden als prophylaktische und korrigierende näher zu kennzeichnen sein) stellen ein wissenschaftliches Problem dar, das in einem Zusammenhang mit anderen erziehungs- beziehungsweise sozialisationswissenschaftlichen Problemen steht." Lutz Rössner (1975)[36]

(b) *Gesellschaftliche Reaktion auf den Wandel im 19./20. Jahrhundert*

„Moderne Sozialarbeit/Sozialpädagogik läßt sich bestimmen als gesellschaftliche Reaktion auf den durch die industrielle Revolution und die kapitalistische Produktions- und Wirtschaftsweise ausgelösten Wandel der Produktivkräfte und Produktionsverhältnisse und als die für die Industriegesellschaften kapitalistischer Produktionsweise charakteristische Form mitmenschlicher Hilfe im 19./20. Jahrhundert." Hans Pfaffenberger (1977)[37]

(c) *Verwirklichung sozialer Aufgaben und zwischenmenschlicher Hilfe*

„Unter sozialer Arbeit im weiteren Sinne verstehen wir alle spezifischen Tätigkeiten in organisierten Diensten und Einrichtungen, die der Verwirklichung sozialer Aufgaben dienen... Unter Sozialarbeit im engeren Sinn verstehen wir im Anschluß an das internationale Begriffsverständnis eine fach- und zielgerechte zwischenmenschliche Hilfe auf methodischer Grundlage. Als solche kann sie nicht von Institutionen (Verwaltungen), sondern nur von Menschen (Helfern) geleistet werden, die mit dem der Hilfe bedürftigen Menschen (Klienten) in eine unmittelbare zwischenmenschliche Beziehung treten." Franz Flamm (1980)[38]

(d) *Das Verhalten von Menschen in der Umwelt*

„Das Materialobjekt der SA/SP ist das 'Verhalten von Menschen in der Umwelt'. Somit ist der zentrale Gegenstand von SA/SP als Handlungswissenschaft folgender: Die Bedingungen zu erforschen und zu erkennen, unter denen der agogische Interventions- beziehungsweise Handlungsprozeß eingesetzt wird, um Menschen bei der Bewältigung von Aufgaben und Problemen zu helfen, die sich aus den Transaktionen von Menschen mit ihrer mittelbaren und unmittelbaren Umwelt in drei aufeinander bezogenen Lebensbereichen ergeben:
1. in Lebensstufenübergängen,
2. durch Umweltbedingungen,
3. durch zwischenmenschliche Beziehungen und Prozesse." Louis Lowy (1983)[39]

(e) *Prozesse kommunikativer Sinnstiftung*

„In formaler Hinsicht und höchst abstrakt läßt sich Sozialpädagogik ... als eine Disziplin bezeichnen, die auf Prozesse kommunikativer Sinnstiftung gegründet ist, welche ihrerseits auf die 'Wissensstände' der Gemeinschaft jener verweisen, die den Diskurs führen... Theoriebildung in der Sozialpädagogik hat also keine anderen Inhalte als der Diskurs selbst. Aber sie stellt diese in einen eigenen Zusammenhang: sie konstruiert nämlich einen ihr allein eigenen (und auch nur in ihr bestehenden) theoretischen Gegenstand als Zusammenhang der im Diskurs gegebenen Inhalte." Michael Winkler (1987)[40]

(f) *Vergesellschaftung der generativen Wiederherstellung menschlichen Arbeitsvermögens und der intergenerativen Sicherung und Erziehung der Nachkommenschaft*

„Der den Einrichtungen und Maßnahmen von SozArb und SozPäd gemeinsame Nenner scheint darin zu bestehen, die in der Vergangenheit dem Individuum und seiner Ursprungsfamilie geschuldeten Aufgaben der generativen Wiederherstellung menschlichen Arbeitsvermögens und der intergenerativen Sicherung und Erziehung der Nachkommenschaft zu vergesellschaften bzw. zu verstaatlichen." C. Wolfgang Müller (1988)[41]

(g) *Der Mensch, der der Solidarität bedarf*

Gegenstand der Sozialarbeitswissenschaft ist „der sein Leben selbsttätig sichern- und sich selbst orientieren-müssende Mensch, der dazu unabhängig von zwischenmenschlicher Beziehung gesellschaftlich organisierter und beruflich geleisteter Solidarität bedarf." Dionys Zink (1990)[42]

(h) *Spezifische Mißstände und Beeinträchtigungen*

„Die Sozialarbeit hat spezifische Mißstände und Beeinträchtigungen zum Gegenstand, von denen einzelne Angehörige oder Gruppen der Gesellschaft betroffen sind." Wolf Rainer Wendt (1990)[43]

(i) *Soziale Probleme im engeren und im weiten Sinne sowie reflexive wie tätige Antworten darauf*

„Soziale Arbeit ist der einzige Beruf – im Unterschied zu Gewerkschaften, Parteien, sozialen Bewegungen -, der seine Verpflichtung zur Solidarität mit den Leidenden in und an der Gesellschaft als auch in und an der Kultur nicht aufgeben kann, ohne seinen Berufsinhalt aufzugeben. Sein Gegenstand sind soziale Probleme im engeren und im weiten Sinne.

Soziale Arbeit ist also, will man sie nicht bereits definitorisch disziplinieren, zunächst weder identisch mit einer bestimmten Altersguppe, Randgruppenklientel, Praxis oder Funktion. Sie ist auch kein klar von vorneherein abgrenzbares organisationelles Arbeitsfeld, sondern sozial gebündelte, reflexive wie tätige Antwort auf bestimmte Realitäten, die als sozial und kulturell problematisch bewertet werden."[44] Silvia Staub-Bernasconi (1991)

Die Schweizerin Silvia Staub-Bernasconi suchte und fand meiner Auffassung nach eine Alternative zu dem deutschen „SA/SP-Dilemma". Sie bestimmt Soziale Arbeit als Ganzes und als Wissenschaft *als Antwort auf die sozialen Probleme, die durch die Industrialisierung entstanden sind und einer Lösung bedürfen.* Soziale Arbeit als Wissenschaft gibt *reflexive* Antworten und Soziale Arbeit als Praxis gibt *tätige Antworten* auf die sozialen Probleme. Dadurch gewinnt Staub-Bernasconi einen neuen, problemorientierten Zugang für die Gegenstandsbestimmung. Durch diesen problemorientierten Ansatz weicht sie dem alten Streit aus und schlägt eine das gesamte Handlungsfeld Sozialer Arbeit erfassende Lösung vor. Auf einen so definierten Gegenstand Sozialer Arbeit kann sich Soziale Arbeit als Wissenschaft (und als Praxis und Ausbildung) beziehen, und die einzelnen Bereiche können sich darüber miteinander verständigen (siehe Abbildung 1, S. 11).
Für WissenschaftlerInnen (und PraktikerInnen) der Sozialen Arbeit ist die Orientierung an dieser Gegenstandsbestimmung und damit die Einigung auf einen Gegenstand Sozialer Arbeit als Wissenschaft (und als Praxis) in vielfacher Hinsicht gewinnbringend:

(a) Die komplexe Wirklichkeit des traditionellen Handlungsfeldes Sozialer Arbeit wird als komplexer Gegenstand Sozialer Arbeit für die Soziale Arbeit als Wissenschaft erfaßt und benannt.
(b) Eine Verständigung auf diese Basis ist ein wichtiger Schritt zur Homogenität der Sozialen Arbeit als Wissenschaft – mit der Möglichkeit, eine Gesamttheorie für Soziale Arbeit zu bilden.
(c) Soziale Arbeit als Wissenschaft kann eigene Methoden zur Erforschung dieses Gegenstands entwickeln, anwenden und die Forschungsergebnisse miteinander vergleichen.
(d) Soziale Arbeit als Wissenschaft vermag sich von benachbarten Fachdisziplinen wie Pädagogik, Psychologie und Soziologie abzugrenzen.
(e) Positive Effekte gehen auf die Soziale Arbeit als Berufspraxis und Ausbildung über (zum Beispiel existiert mit dieser Gegenstandsbestimmung ein tragfähiges Fundament für die berufliche Identitätsbildung von SozialarbeiterInnen und für die Ausbildung wird das zentrale Fach konstituiert, in dem ausgebildet wird und auf das alle anderen Unterrichtsfächer auszurichten sind).

Offen bleiben die wissenschaftlichen Methoden, an diesen Gegenstand heranzugehen, ihn zu betrachten und zu erforschen, und es bleibt möglich, die so gewonnenen Erkenntnisse in unterschiedliche Theorien zusammenzufügen.

Anmerkungen zu Kapitel 3

[1] Mittelstraß 1984, 1051
[2] Mittelstraß a.a.O.
[3] Lay 1971, 13
[4] Pschyrembel 1969, 750
[5] Vgl. zum Beispiel bei Fehlker 1989
[6] Zum Beispiel Pfaffenberger 1974; Rössner 1975; Lukas 1979; Marburger 1981; Lowy 1983; Staub-Bernasconi 1983a,b,c; Thiersch/Rauschenbach 1987; Zink 1990 u. a.
[7] Bartlett 1976, 88
[8] Vgl. Winkler 1988, 22 – 37
[9] Lowy 1983, 23
[10] Marburger 1981, 10
[11] Marburger 1981, 15
[12] Wendt 1990a,1; Zink 1990, 45ff.
[13] Lukas 1979
[14] Staub-Bernasconi 1983a,b, c
[15] Böttcher 1975, 17 – 30; Lukas 1979; Marburger 1981
[16] Friedländer zitiert nach Pfaffenberger 1974, 9
[17] Wendt 1990a, 1
[18] Bock 1986, 748
[19] C.W. Müller 1987, 13
[20] Tuggener 1971
[21] Tuggener 1971, 21ff; Pfaffenberger 1974, XXI – XLII
[22] Vgl. Mühlum 1981
[23] Vgl. zum Beispiel die Theorie zur Jugendhilfe von Hornstein 1967
[24] Lukas 1979, 19ff.
[25] Vgl. Lowy 1983, 18f.
[26] Vgl. die Thesen von Mühlum 1981, 330 – 336
[27] Rössner 1975, 6f.
[28] Stellvertretend Thiersch 1988, 573; Winkler 1988, 11 – 22
[29] Thiersch 1980, 464
[30] Thiersch 1987, 1009
[31] Thiersch 1987, 1009
[32] Vgl. die Publikationen von Salomon 1927, 1928
[33] Kreft/Mielenz 1988
[34] Deutscher Verein für öffentliche und private Fürsorge 1986
[35] Kreft/Mielenz 1988, 487
[36] Rössner 1975, 30
[37] Pfaffenberger 1977, 112
[38] Flamm 1980, 208, 211
[39] Lowy 1983, 85f.
[40] Winkler 1987, 36 und 59
[41] Zink 1990, 47
[42] Wendt 1990b, 7
[43] Staub-Bernasconi 1991, 3
[44] Staub-Bernasconi 1983b

4. Ein breites Methodenspektrum

Soziale Arbeit als Beruf ist wie jeder andere Beruf auch auf *Handlungsmethoden* angewiesen, die in der beruflichen Praxis benutzt werden; sie sind das täglich benötigte Handwerkszeug. Kennzeichnend für Soziale Arbeit ist eine unendlich große und bunte Methodenvielfalt.[1] Aus diesem Methodenüberfluß müssen sich die PraktikerInnen ihren Werkzeugkoffer, sei es nun eine Jutetasche oder ein Lederkoffer mit Zahlenschloß, für den Alltag zusammenstellen. Viele Methoden sind aus anderen Disziplinen (zum Beispiel aus Psychoanalyse, Sozialpsychologie, Lerntheorie, Klinische Psychologie, Soziologie, Psychiatrie usw.) in die Soziale Arbeit importiert und von SozialarbeiterInnen dankbar ohne Bedenken übernommen worden. Für viele der in der Praxis allein gelassenen SozialarbeiterInnen bedeuteten diese Methodenangebote Hilfe und Unterstützung. Nicht bedacht wurde, daß diese *Lehnmethoden* aus einem fremden beruflichen und wissenschaftlichen Kontext stammen. Die Fragestellungen, aus denen heraus diese Methoden entwickelt worden sind, unterscheiden sich beträchtlich von den Fragestellungen und Aufgaben der Sozialen Arbeit. Psychologische Handlungsmethoden orientieren sich am Gegenstand der Psychologie, nicht am Gegenstand der Sozialen Arbeit. Eine Metallsäge wird für das Sägen von Metall hergestellt. Mit einer Metallsäge kann man zwar auch Holz sägen, aber nur sehr schlecht. Eine Holzsäge eignet sich dafür sehr viel besser.

Manchmal drängt sich der Eindruck auf: Die Methoden der Sozialen Arbeit stehen für die Soziale Arbeit überhaupt.[2] Unterstützt wird dieses Erscheinungsbild nicht zuletzt durch die Studienordnungen der Fachhochschulstudiengänge Sozialarbeit/Sozialpädagogik/Sozialwesen, in denen die Vermittlung der „Methoden der Sozialarbeit/Sozialpädagogik" nicht nur stark im Vordergrund steht, sondern für das Fach Soziale Arbeit überhaupt steht. An den Ausbildungsstätten wurden unter dem Einfluß der dort lehrenden PsychologInnen, PädagogInnen, JuristInnen und SoziologInnen aus den übernommenen und der sozialarbeiterischen Praxis angepaßten Methoden allmählich „wissenschaftliche Methoden". Das Berufs- und Erfahrungswissen der PraktikerInnen war den HochschullehrerInnen zu wenig für eine Hochschulausbildung und sollte durch wissenschaftlich fundierte Methoden ersetzt werden. Aus Einzelfallhilfe wurde „wissenschaftliche Gesprächsführung", aus Gruppenarbeit wurde „Sozialpsychologie der Gruppe", aus Gemeinwesenarbeit wurde „Sozialplanung". Diese Art der Verwissenschaftlichung konnte aber die immer stärker werdende Kritik an der Methodenfixierung in der Sozialen Arbeit nicht entkräften. Das Gegenteil war der Fall. Die unreflektierte Vermischung von Methoden, Werten, Zielen, Sachzwängen, persönlichen Vorlieben und Abhängigkeiten trat durch diese Art der „Verwissenschaftlichung“ nur noch deutlicher hervor.

Der Weg, Soziale Arbeit über die Methoden zu „verwissenschaftlichen“, führte bald zu Kritik aus den Reihen der SozialarbeiterInnen selbst. Der pauschale Vorwurf, die Ausbildung in Sozialer Arbeit sei „zu theoretisch“, richtet sich nicht zuletzt gegen die Überschwemmung der Ausbildung mit „fremddefinierten, methoden-theoretischen Experimenten“.[3] Der Methodenüberfluß und die relativ willkürliche Auswahl und Übernahme einzelner Methoden („Methodeneklektizismus“) wurden immer stärker als Ausdruck einer „kopflosen“ Sozialen Arbeit verstanden. Einer Sozialen Arbeit, die ohne Rücksicht auf eigene Fragen, Ziele und Werte sich pragmatisch dem jeweiligen gesellschaftlichen Kontext anpaßt und so fremdbestimmt funktioniert. Diese Einsicht führte zur verstärkten Suche nach einer eigenen Wissensbasis für Soziale Arbeit und damit nach eigenen Theorien, um sich von der Fremdbestimmung durch andere Fachdisziplinen zu befreien.

Damit bekam und bekommt das Fragen und Suchen nach *wissenschaftlichen Methoden des Erkennens und Forschens* für die Soziale Arbeit eine existentielle Bedeutung. Wissenschaftliche Erkenntnismethoden sind von berufspraktischen Handlungsmethoden zu unterscheiden. Mit wissenschaftlichen Methoden werden wissenschaftliche Erkenntnisse über Gegenstände erworben, aufgebaut, geordnet, verknüpft und überprüft.

4.1. Die wissenschaftstheoretischen Methoden in der Entwicklung der Sozialen Arbeit als Wissenschaft

In der abendländischen Wissenschaftsgeschichte kann man im Grunde von Anfang an bis heute zwei wissenschaftstheoretische Strömungen unterscheiden: Die hermeneutische und die positivistische Methode. Die hermeneutische Methode steht als Methode für die Geisteswissenschaften und die positivistische Methode als Methode für die Naturwissenschaften. Von diesen beiden Hauptströmungen sind viele andere Methoden abgeleitet worden.

Armut und Not sind nachweislich bereits im Mittelalter Gegenstand wissenschaftlicher Abhandlungen gewesen.[4] Die führenden Wissenschaftler des Mittelalters haben sich im Rahmen von Philosophie und Theologie auch mit den sozialen Problemen (zum Beispiel Armut und

Krankheit) ihrer Zeit befaßt. Sie haben die Notlagen analysiert, Armut aus ihrem theologisch-philosophischen Denkhorizont heraus interpretiert und zum Beispiel an ihre Mitchristen appelliert, Arme mit Almosen zu versorgen. Die in Theologie und Philosophie vorherrschenden Erkenntnismethoden waren phänomenologisch und hermeneutisch orientiert. Soziale Probleme blieben lange Zeit bis in die Gegenwart hinein ein Teilgegenstand der Philosophie (zum Beispiel in der Sozialethik) und der Theologie (zum Beispiel in der Pastoraltheologie und in der christlichen Soziallehre). Die pädagogischen Theorien, die soziale Probleme reflektierten, basierten ebenfalls auf hermeneutischen und phänomenologischen Methoden. Man kann sagen, daß bis in die jüngste Gegenwart hinein die hermeneutischen und phänomenologischen Methoden die Theoriebildung in der Sozialen Arbeit prägten.

In den letzten Jahrzehnten gewann die positivistische Strömung als Sozialempirie in den Sozialwissenschaften kräftig an Bedeutung. Zugleich wurde das Methodenspektrum für die Sozialwissenschaften beachtlich differenziert und erweitert, so sehr, daß eine Zuordnung einzelner Methoden zu dem einen oder dem anderen Hauptstrom kaum mehr möglich ist. Die AutorInnen, die den Gegenstand Sozialer Arbeit wissenschaftlich bearbeiten und somit eine Theorie Sozialer Arbeit entwickeln wollten, konnten auf ein breites Spektrum wissenschaftlicher Methodologie zurückgreifen. Da diese AutorInnen in der Regel aus der Soziologie, Politologie, Psychologie oder Pädagogik kommen, behielten sie die wissenschaftstheoretischen Methoden bei, die sie in ihrem Ursprungsfach kennengelernt haben. Der Gegenstand, auf den die Methoden sich beziehen sollten, war nicht eindeutig vorgegeben und bestimmt. Das bedeutete, daß die Erkenntnismethoden dem Gegenstand Sozialer Arbeit nicht angepaßt werden konnten/mußten. Die wissenschaftstheoretischen Methoden bildeten als eigenständige Größen die Basis für die Entwicklung von Theorien Sozialer Arbeit. Mit der Differenzierung der Methoden und der Politisierung der Sozialwissenschaften begann aber zugleich ein heftiger Streit darüber, welches nun die richtige Methode ist. Dieser Streit führte dazu, daß zwei Jahrzehnte lang die Methodendiskussion die Theoriediskussion in der Sozialen Arbeit beherrschte. Es wiederholte sich in der Sozialarbeitswissenschaft mit den wissenschaftlichen Methoden dasselbe, was zuvor bereits mit den Handlungsmethoden passiert war: Reduktion der Sozialen Arbeit auf Methoden.

Das verstärkte Bemühen um die Bestimmung des eigenen Gegenstands der Sozialen Arbeit in den letzten zehn Jahren führte zu der

Erkenntnis, daß die herkömmlichen wissenschaftlichen Methoden einzeln wenig geeignet sind, einen als vielschichtig erkannten Gegenstand der Sozialen Arbeit zu erfassen. Eine komplexe Realität erfordert einen komplexen Zugang. Ein Gegenstand mit vielen Dimensionen kann nur durch mehrere Erkenntnismethoden erforscht werden. Ein komplexer Gegenstand kann nur mit komplexen Methoden erkannt werden. Die Definition von Sozialarbeitswissenschaft als Handlungswissenschaft eröffnete neue Möglichkeiten, da die Handlungstheorie eine „Mehrkomponenten- oder Mehrkonstituententheorie" ist. Die Verknüpfung („Methodenkomposition") mehrerer Methoden unter dem Oberbegriff Handlungstheorie bot sich an, um die komplexe Wirklichkeit und die Widersprüchlichkeit sozialer Probleme und Sozialer Arbeit zu erfassen. Einzelne Methoden sind danach Bausteine für eine Metatheorie der Sozialen Arbeit. Daher werden neuerdings mehrere Methoden auf mehreren Ebenen in Metatheorien so miteinander verknüpft, daß sie einander ergänzen.

Es wurden Ansätze entwickelt, die Hermeneutik, Empirie und Kritische Theorie als gegenseitige Ergänzungen begreifen.[5] Unter dem weiten Begriff Handlungstheorie verbergen sich zahlreiche weitere Versuche, verschiedene Wege zum Gegenstand Sozialer Arbeit miteinander zu verbinden. Vom heutigen Standpunkt aus gesehen ist es schwieriger geworden, die jeweils benutzten wissenschaftstheoretischen Methoden als Kriterium für eine systematische Betrachtung der Theorien auszuwählen. Die Zeit des polarisierenden Methodenstreits scheint vorbei zu sein. Die unerledigten, traditionsreichen Streitfragen westlicher Herkunft werden nicht mehr ausschließlich über die Methodenfrage, sondern verstärkt auf der Ebene sozialwissenschaftlicher Diskurse fortgesetzt.[6]

Neue wissenschaftstheoretische Methoden tauchen auf. Die ehemals festen Konturen der wissenschaftstheoretischen Schulen scheinen sich aufzulösen. Es werden die Methoden als Basis für Wissenschaft sogar grundsätzlich infrage gestellt.[7] Allgemein wird von einer *pragmatischen Wende* in den Erziehungs- und Sozialwissenschaften gesprochen. Die ForscherInnen orientieren sich stärker an ihrem Untersuchungsgegenstand (den sozialen Problemen und Konflikten, der Praxis, dem Handeln) und wählen für ihre Forschung und Theoriebildung verschiedene wissenschaftstheoretische Methoden als Zugänge zu dem komplexen Handlungsfeld aus. Man unterscheidet danach Erkenntniswissenschaften, die auf reines Erkennen ausgerichtet sind von praktischen Wissenschaften oder Handlungswissenschaften, die auf die Praxis und das Handeln ausgerichtet sind.[8] Sozialarbeitswissen-

schaft wird als praktische Wissenschaft verstanden, die sich auf die Praxis Sozialer Arbeit bezieht.
Glücklicherweise legen einige AutorInnen großen Wert darauf, ihre wissenschaftstheoretischen Überlegungen und Kompositionen – ihre Metatheorie – sorgfältig darzulegen und zu reflektieren; andere wiederum begnügen sich damit, ihre Theorie einfach als Handlungstheorie zu bezeichnen, ohne näher zu bestimmen, was sie darunter verstehen und was das für ihre Theoriebildung bedeutet. Die wissenschaftstheoretische Reflexion bleibt aus. So wird die Fixierung auf die Methodendiskussion in den 60er und 70er Jahren bisweilen durch ein Ignorieren der wissenschaftstheoretischen Reflexion abgelöst. Mit einem solchen Rückzug auf die „Praxis" wird natürlich die Frage nach der wissenschaftlichen Qualifikation Sozialer Arbeit als Wissenschaft provoziert.
Die Methodendiskussion der Sozialen Arbeit partizipiert jeweils an den allgemeinen Methodendiskussionen der Wissenschaftstheorie und der Sozialwissenschaften, findet aber auch intern statt. Stets geht es um die Antwort auf philosophische Grundfragen (siehe Teil 1 Abschnitt 3). Mit der Entscheidung für eine bestimmte Antwort werden zugleich die Methoden wissenschaftlichen Fragens und Forschens festgelegt. Die Methodenentscheidung als wissenschaftstheoretische Grundlage des Forschungsprozesses bestimmt die „Richtung" , die die WissenschaftlerInnen dann mit ihrer Theorie Sozialer Arbeit vertreten.

4.2. Wissenschaftstheoretische Methoden als Kriterium für das Ordnen von Theorien zur Sozialen Arbeit

Seit der intensiven wissenschaftstheoretischen Diskussion nach 1950 wurden mehrere verschiedene Erkenntnismethoden zur Theorienbildung in der Sozialen Arbeit als Wissenschaft benutzt (siehe Teil 1 Abschnitt 3.3., S. 54 – 63). Die Erkenntnisgewinnung (Theorien) in der Sozialen Arbeit ist bereits mehrfach danach systematisiert worden, welche wissenschaftstheoretischen Standorte jeweils dabei eingenommen worden sind. Im folgenden stelle ich wichtige Systematisierungsversuche vor. Dadurch wird deutlich, welche wissenschaftstheoretischen Methoden bislang überhaupt für die Erkenntnisgewinnung in der Sozialen Arbeit als Wissenschaft herangezogen und welche Methoden dabei bevorzugt worden sind.

(1) Eine erste entsprechende Einteilung von Erkenntnisgewinnung (Theorien) der Sozialpädagogik nach Schulen nahm meines Wissens Wolfgang Bäuerle in seinem Artikel „Zur Entwicklung einer sozialen

Technologie“ (1973) vor.[9] Er unterscheidet darin zwischen dem Funktionalismus

(a) der *diagnostischen* (psychoanalytischen) Schule,
(b) der *sozialpädagogischen* Schule und
(c) der *marxistischen* Schule.

Eine Schwäche dieser Einteilung besteht darin, daß unterschiedliche Einteilungskriterien benutzt werden. Bäuerle greift sowohl auf Handlungsmethoden (zum Beispiel Diagnostik) als auch auf wissenschaftstheoretische Auffassungen zurück.

(2) Die Darstellung bildungspolitischer und theoretischer Ansätze steht bei Friedhelm Vahsen im Mittelpunkt seiner „Einführung in die Sozialpädagogik“ (1975). Für ihn hat eine begriffliche Präzisierung des Gegenstandes der Sozialpädagogik nach 1945 „zu einer Ausdifferenzierung einzelner ‘Schulen’ der Sozialpädagogik geführt, mit deren wissenschaftstheoretischen Prämissen und Zielen der bildungspolitische Standpunkt variiert“.[10] Mit der Einschränkung, daß die Übergänge zwischen den Schulen fließend sind, unterscheidet Vahsen im Anschluß an Wolf-Dieter Narr folgende (generelle) Theorietypen:

(a) Die *ontologisch-normative* Theorie, die man auch eine essentialistische Theorie nennen könnte. Als Beispiele nennt er die Sozialpädagogik bei Hermann Nohl und Hermann Röhrs, die Sozialerziehung bei Friedrich Schlieper.
(b) Die *empirisch generalisierende induktive* Theorie, die aus einer Verbindung des klassischen Positivismus und des Behaviorismus hervorgegangen ist. Als Beispiel nennt er die Theorie der Sozialarbeit von Lutz Rössner.
(c) Die *dialektisch-historische* Theorie, die ein hegelianisch-marxistisches Erbe einerseits und ein historisches andererseits verbindet. Als Beispiel nennt er die Theorie der Sozialarbeit im Kapitalismus von Walter Hollstein.

(3) Unter dem Titel „Sozialpädagogik/Sozialarbeitswissenschaft“ (1979) befaßt sich Helmut Lukas mit dem Entwicklungsstand und der Perspektive einer eigenständigen Wissenschaftsdisziplin für das Handlungsfeld Sozialarbeit/Sozialpädagogik. Als Ziel seines Versuches nennt Lukas, „die Vielfalt von metatheoretischen und theoretischen Ansätzen zum hier interessierenden Untersuchungsgegenstand konzeptionell zu ordnen“.[11] Lukas unterscheidet fünf Handlungsfeldtheorien, die er im Anschluß an Norbert Elias auch Zentraltheorien nennt, und beschreibt sie in ihrer historischen Abfolge und einer daraus resultierenden Konkurrenz:

(a) Der *hermeneutisch* orientierte Ansatz, verstanden als wissenschaftlich unbegründetes Auftragshandeln allgemeinmenschlicher Wertpostulate. Als Beispiel nennt er die Theorie der Fürsorge von Hans Scherpner.

(b) Der *empirisch-analytisch* orientierte Ansatz, verstanden als monopolistischer Anspruch, das Handlungsfeld Sozialer Arbeit empirisch-theoretisch zu durchdringen. Als Beispiel nennt er die Theorie der Sozialarbeit von Lutz Rössner.

(c) Der *dialektisch-kritisch* orientierte Ansatz, verstanden als emanzipatorischer Anspruch auf Reflexion und Analyse sozialarbeiterischer Praxis. Als Beispiel nennt er die Überlegungen zu einer Metatheorie der Sozialarbeit von Fritz Haag u.a.

(d) Der funktionalistisch orientierte Ansatz, verstanden als Anspruch auf eine das gesamte Handlungsfeld umfassende funktionalistische Analyse mit system-theoretischen Kategorien. Als Beispiel nennt er die Theorie der Sozialarbeit als System von K. Harney.

(e) Der *dialektisch-materialistisch* orientierte Ansatz, verstanden als Anspruch, die Gesellschaft der Bundesrepublik Deutschland mit Hilfe der von Karl Marx entwickelten Kategorien zu analysieren und aufzudecken. Als Beispiel nennt er die Marxistische Theorie der Sozialarbeit von Hartwig Zander und Walter Hollstein.

(4) Helga Marburger möchte in ihrem Buch „Entwicklung und Konzepte der Sozialpädagogik" (1979) die Entwicklung der Sozialpädagogik von ihren Anfängen bis in unsere Zeit historisch analysieren und in die Unsicherheit um Begrifflichkeit, Inhalt und Abgrenzung der Sozialpädagogik „ein Stück Klarheit" bringen.[12] Die Sozialpädagogik der Gegenwart wird ihrer Meinung nach von drei Positionen bestimmt:

(a) Die *kritisch-rationalistische* Position, die aufgrund empirisch festgestellter Regelmäßigkeiten künftiges Geschehen voraussagt und weder Werturteile noch normative Handlungsanweisungen in ihr Aussagensystem aufnimmt. Als Beispiel nennt sie die Theorie der Sozialarbeit von Lutz Rössner.

(b) Die *kritisch-emanzipatorische* Position, die ein auf Gestaltung oder Veränderung der Praxis gerichtetes Interesse hat. Wertungskriterien sind Selbstbestimmung, Mündigkeit, Emanzipation. Sie schreibt, daß es erst eine Vielzahl von Ansätzen gibt, die nur zusammengenommen ein theorieadäquates System von Aussagen liefern.[13]

(c) Die *historisch-materialistische* Position, die die Frage nach den ökonomischen Bedingungen als den objektiven Mechanismen von

Dissozialität und Verelendung zum Ausgangspunkt ihrer Reflexion stellt. Als Beispiel nennt sie die marxistischen Theorien der Sozialarbeit von Karam Khella, Walter Hollstein und Hartwig Zander.

Marburger orientiert sich bei ihrer Klärung sowohl am historischen Prozeß der Theoriebildung als auch an den verschiedenen wissenschaftstheoretischen Positionen. So kommt es wohl, daß ihre wissenschaftstheoretisch orientierte Systematisierung auf nur drei Positionen begrenzt ist. Theorien, die auf anderen wissenschaftstheoretischen Auffassungen beruhen, werden entweder bereits unter historischen Aspekten behandelt oder gar nicht berücksichtigt (zum Beispiel die Theorien von Hermann Nohl und Hans Scherpner).

(5) Einen weiteren Versuch, den Bestand vorliegender Entwürfe und Konzepte sozialpädagogischer Theorien unter wissenschaftstheoretischen Aspekten zu systematisieren, unternahm Hans-Ludwig Schmidt (1981). Angelehnt an die Systematisierung wissenschaftstheoretischer Schulen von Herbert Tschamler (1977) findet Schmidt für seine Klassifikation der Theorieentwürfe von Sozialpädagogik/Sozialarbeit folgende Kategorien:[14]

(a) Der *transzendentalphilosophische* Ansatz mit den Intentionen in der Theorie: Sozialpädagogik als Sozialethik; Erhebung der sozialen Bedingungen der Bildung und der Bildungsbedingungen des sozialen Lebens – und in der Praxis: Sozialerziehung; Erziehung zur Sittlichkeit und Gemeinschaft; Erziehung der Volksgemeinschaft. Als Beispiel nennt er die Theorie der Willenserziehung auf der Grundlage der Gemeinschaft von Paul Natorp.
(b) Der *geisteswissenschaftlich-hermeneutische* Ansatz mit den Intentionen in der Theorie: Verknüpfung von subjektivem Erleben und objektiven Inhalten (Hermeneutik), Geschichtlichkeit des Subjekts – und in der Praxis: Integration des Verwahrlosten und Gefährdeten; Erziehung zur Sittlichkeit; Individuelle Erziehung aber auch Volkserziehung. Als Beispiel nennt er die Theorie der Sozialpädagogik als Theorie der Erziehungsfürsorge von Hermann Nohl.
(c) Der *kritisch-rationale* Ansatz mit den Intentionen in der Theorie: Deskription von Gefährdung, Dissozialität, Sozialer Kontrolle, Sozialer Diagnose und Sozialtechnologie – und in der Praxis: technologische Anleitung für Diagnose, Vorbeugung und Korrektur von Dissozialität. Als Beispiel nennt er die Theorie der Sozialarbeit von Lutz Rössner.
(d) Der *dialektisch-kritische* Ansatz mit den Intentionen in der Theorie: Sozialpädagogik unter emanzipatorischem Erkenntnisinteresse;

Gesellschaftsanalyse und -kritik, dialektische Vermittlung von Subjekt und Objekt – und in der Praxis: Emanzipation durch Wissen und Einsicht, durch Sinnorientierung, gesellschafts- und sozialpolitische Aufgaben; Solidarität und Humanisierung. Als Beispiel sieht er nur Konturen einer Theorie entdeckbar bei Klaus Mollenhauer, Hermann Giesecke und Hans Thiersch.

(e) Der *marxistische* Ansatz mit den Intentionen in der Theorie: Gesellschaftsanalyse und Kapitalismuskritik, Entwicklung praxisanleitender Handlungsmaxime für revolutionären Kampf – und in der Praxis: Organisierung vom Massenkampf, Solidarisierung mit fortschrittlicher Arbeiterklasse; Gesellschaftsumsturz durch Klassenkampf. Als Beispiel nennt er Marxistische Theorien zu finden bei Karam Khella, Dankwart Danckwerts, Walter Hollstein, Marianne Meinhold und Hartwig Zander.

(6) Hartmut Dießenbacher und Albrecht Müller (1987) gehen von der These aus, daß sich in der Geschichte der Pädagogik drei wissenschaftstheoretische Strömungen unterscheiden lassen, nach denen die Pädagogik als *normative*, als *hermeneutische* und als *empirische* Wissenschaft konzipiert wurde.[15] Auf dem Hintergrund dieser drei Strömungen beschreiben sie die Entwicklung der Sozialpädagogik seit 1960 anhand von „Wendungen“ in der Theoriebildung der Sozialpädagogik. Diese Wendungen werden mit wissenschaftstheoretisch besetzten Begriffen benannt.

(a) Die *realistische* Wendung: Die traditionelle geisteswissenschaftliche pädagogische Forschung wird durch eine empirisch arbeitende Forschung, die sich ebenfalls hermeneutischer Erkenntnisverfahren bedient, abgelöst. Statt Normen zu setzen, soll die real vorfindliche Lebenswelt empirisch erforscht werden.

(b) Die *emanzipatorische* Wendung: In der Auseinandersetzung zwischen positivistischem und kritischem Lager wurde Emanzipation zum gesellschaftskritischen Schlüsselbegriff. Eine Vermittlung von hermeneutischen, empirischen und kritischen Methoden wurde angestrebt. Über den Methodenstreit ist der Kontakt zum sozialpädagogischen Handlungsfeld, dem Alltag in der Praxis, verloren gegangen.

(c) Die Wendung zum *Alltag*: Der Alltag wird neu entdeckt. Methodischer Ausdruck dieser neuen Orientierung ist das Konzept der Aktionsforschung, die sich in ihrer Zielsetzung als emanzipatorisch, in ihrer Methode als empirisch und hermeneutisch, in ihrem Objektbereich als auf Probleme des Alltags gerichtet versteht.[16]

4.3. Zwei Vorlieben

Bei der Auswahl der wissenschaftlichen Methoden für eine Theorie der Sozialen Arbeit erkenne ich *zwei Vorlieben* der AutorInnen:

(1) Wertfragen werden – direkt oder indirekt – an erster Stelle behandelt: SozialarbeiterInnen als WissenschaftlerInnen – und darin ähneln sie SozialarbeiterInnen in der Praxis – neigen sehr leicht dazu, Wertfragen an die erste Stelle zu setzen, wenn sie von den Besonderheiten Sozialer Arbeit sprechen. Werte allein machen aber noch keinen Beruf, keine wissenschaftliche Methode oder Theorie der Sozialen Arbeit aus. Andere Berufe und Menschen bemühen sich ebenfalls in Theorie und Praxis, soziale Werte zu verwirklichen. „Besondes problematisch wird es, wenn Werte Wissen und Können ersetzen sollen. Werte sollen vielmehr die Funktion haben, unserem Wissen und Können – unserer Theoriebildung – eine bestimmte Richtung zu geben.“[17]

(2) Die Lust am Kritisieren ist groß: Die Wörter „Kritik“, „kritisch“ und „kritisieren“ sind in den Publikationen der Sozialen Arbeit so zahlreich wie Sandkörner am Meer. Kritische Methoden und kritische Theorien sind gefragt. Manche behaupten, daß die Kritik wesensmäßig Aufgabe der Sozialen Arbeit insgesamt und als Wissenschaft ist. Die Lust am „leicht-fertigen“ Kritisieren scheint allenthalben attraktiver zu sein als die Last anstrengenden Denkens und fundierten Auseinandersetzens. Kritisiert werden die Ziele, Werte, Methoden und Theorien der anderen, oft geradezu vernichtend. Kritik aus dem Selbstbewußtsein, an einer gemeinsamen Aufgabe zu arbeiten, die von niemandem allein erfüllt werden kann, sollte fördern und unterstützen. Selten ist konkrete Selbstkritik zu finden. Diese wiederum kennzeichnet nach meiner Auffassung wissenschaftliches Arbeiten. Kritische Selbstreflexion der Voraussetzungen und damit zugleich der Geltungsgrenzen für wissenschaftliches Wissen gehört – nicht nur für mich – zum Wesen der Wissenschaft. René Descartes (1596 -1650), der Vater der neuzeitlichen Philosophie, hat den absoluten Zweifel zum methodischen Ausgangspunkt wissenschaftlichen Arbeitens gemacht: „Um sicherzugehen, werde ich zu Anfang gar nichts als sicher annehmen. Ich werde alles anzweifeln, um zu sehen, was einem solchen radikalen Zweifel standhält.“[18]

Anmerkungen zu Kapitel 4

[1] Vgl. zum Beispiel Krauß 1988, 383 - 388; Geißler / Hege 1985

[2] Vgl. die Übersicht „Methodenpluralismus in der Sozialen Arbeit“ von Staub-Bernasconi 1986, 28 - 31

[3] Staub-Bernasconi 1986, 26
[4] Vgl. hierzu Teil 3.1. und 3.2.
[5] Zum Beispiel von Thiersch, vgl. Teil 4.5.
[6] Staub-Bernasconi 1983, 115
[7] Zum Beispiel Paul Feyerabend mit dem Kernsatz seiner anarchistischen Wissenschaftstheorie: „Mach, was du willst." 1977
[8] Lenk 1988
[9] Bäuerle 1973
[10] Vahsen 1975, 73
[11] Lukas 1979, 11
[12] Marburger 1981, 7
[13] Marburger 1981, 133
[14] Vgl. die Übersicht in Schmidt 1981, 214 - 216
[15] Dießenbacher / Müller 1987, 1252
[16] Dießenbacher / Müller 1987, 1253f.
[17] Staub-Bernasconi 1983c, 32
[18] Descartes zitiert nach Störig 1989, 315

5. Viele Theoriefragmente – wenig ausgeformte Theorien

Theorien als wissenschaftliche Lehrgebäude, ohne Rücksicht auf die jeweiligen Methoden, mit denen sie gewonnen wurden, gehören konstitutiv zu jeder Wissenschaftsdisziplin (siehe Teil 1 Abschnitt 2.1., S. 32 – 34). Wissenschaftliche Aussagen werden in Theorien zu einem Verbund zusammengefaßt. Ein solcher Verbund ist auf innere Vervollständigung angelegt. Die Kriterien darüber, ob die für wissenschaftliche Theorien notwendige Abgeschlossenheit erreicht ist, müssen aus dem Verbund selbst genommen werden.[1] Die Gemeinschaft der WissenschaftlerInnen entscheidet über Annahme oder Ablehnung eines Aussagensystems als wissenschaftliche Theorie.
Trotz der vielen Stolpersteine und Sperrzäune verfügt die Soziale Arbeit als Wissenschaft über eine beachtenswerte Anzahl von Theoriefragmenten und Theorien. Relevante wissenschaftliche Aussagen zur Sozialen Arbeit sind in Aussagensysteme, also in Theorien von unterschiedlichem Umfang und auf verschiedenen Niveaus der Abgeschlossenheit zusammengeschlossen worden. Es handelt sich sowohl um Meta- als auch Objekttheorien. Mehrfach sind in den letzten 20 Jahren die vorhandenen Entwürfe und Ansätze von Theorien der Sozialen Arbeit – nach unterschiedlichen Kriterien ausgewählt und geordnet – zusammengestellt und veröffentlicht worden.[2] Mitunter ist es fraglich, ob die eine oder andere der einbezogenen Theorien zur So-

ziale Arbeit als Wissenschaft gehört oder nicht. Diese Schwierigkeit ergibt sich meistens aus der noch ausstehenden verbindlichen Antwort auf die Frage nach dem Gegenstand der Sozialen Arbeit als Praxis und als Wissenschaft. Eng damit hängt die ebenfalls noch nicht abschließend beantwortete Frage zusammen, welchen Platz Soziale Arbeit als Wissenschaft im System der Wissenschaften einnehmen soll. Daher wurden auch sozialpädagogische Theorien aufgenommen, die sich nur mit Fragen der Bildung und Erziehung befassen, also im engen Sinne ausschließlich pädagogische Theorien sind. Oder es wurden soziologische Theorien aufgenommen, die sich pointiert mit soziologischen Themen befassen.

Alle systematischen Zusammenstellungen zeigen, daß die Soziale Arbeit als Wissenschaft reicher an Material ist, als häufig vermutet oder beklagt wird. Es lassen sich die Konturen einer Sozialen Arbeit als Wissenschaft deutlich wahrnehmen. Und es läßt sich auch bereits von einer Geschichte der Sozialen Arbeit als Wissenschaft sprechen, insbesondere dann, wenn man die wissenschaftlichen Auseinandersetzungen früherer Epochen mit sozialen Problemen einbezieht, die internationale Entwicklung berücksichtigt und sich von dem Gedanken trennt, daß es einmal die allseits anerkannte Theorie der Sozialen Arbeit als Ausdruck einer erwachsen gewordenen Sozialen Arbeit als Wissenschaft geben muß.[3] Die Geschichte der Sozialen Arbeit als Wissenschaft ist wie bei allen anderen Wissenschaften auch eine Geschichte des Erkenntnisfortschritts, der sich in der Entfaltung des Gegenstands, der Methoden und fruchtbarer Theorien zeigt.

Die Geschichte der Sozialen Arbeit als Wissenschaft und ihrer Theorien ist eng verbunden mit der Berufsgeschichte der SozialarbeiterInnen.[4] Diese Nähe begünstigt manche Mißverständnisse. Als Beispiele für solche Mißverständnisse nenne ich: Berufs- oder Praxiswissen der Sozialen Arbeit wird als wissenschaftliches Wissen angesehen. Wissenschaftliches Wissen wird mit Ausbildungsinhalten gleichgesetzt. Theorien der Sozialen Arbeit können „nur Praxistheorien" sein. Die für andere Wissenschaftsdisziplinen selbstverständlich gewordene Unterscheidung von Berufs- und Praxiswissen, Ausbildungsinhalten und Formen ihrer Vermittlung, wissenschaftlichem Wissen und Forschung muß erst noch selbstverständlich werden.[5]

5.1. Vor- und außerwissenschaftliche Theorien der Sozialen Arbeit

In früheren Epochen gab es wie heute auch soziale Probleme. An der Lösung dieser Probleme haben verschiedene gesellschaftliche Gruppen gearbeitet. Die sozialen Fragen sind bedacht und behandelt worden, ohne daß eine explizit sozialarbeiterische Fragestellung vorgelegen hat. Not, Armut und Elend wurden schon früh an den Universitäten in mehreren Fachdisziplinen reflektiert. Im 12. Jahrhundert gehörte die Kölner Universität zu den führenden Universitäten Europas. Ihre Theologen und Philosophen (zum Beispiel Albertus Magnus und Thomas von Aquin) befaßten sich selbstverständlich im Rahmen der Philosophie und Theologie mit Armut, Kranksein und Leiden. Und sie haben ihre Theorien dazu gebildet.[6] Freilich folgten Albertus Magnus und Thomas von Aquin den Wissenschaftsauffassungen ihrer Zeit.[7]

Mit dem Zerfall der mittelalterlichen Ordnung wuchs das Interesse daran, die neuen Formen der Armut und der Not „theoretisch" zu begreifen und für den Alltag Alternativen zu entwickeln, um sie zu beseitigen.[8] Die mit der Industrialisierung einhergehende Verelendung der Bevölkerung provozierte immer neue Theorien zur Erklärung und Lösung des Problems.[9] Nach und nach beteiligten sich nicht nur Philosophen und Theologen, sondern auch Pädagogen, Juristen, Wirtschaftler, Mediziner, Psychologen und Politiker an „Theoriebildungen", freilich aus ihrem jeweils eigenen fachlichen Fragehorizont heraus.[10] Die Sozialgeschichte bietet uns dafür Beispiele in Hülle und Fülle.[11] Den meisten dieser „Theorien" ist es gemeinsam, daß ihnen soziale Probleme und soziale Arbeit kein ausdrückliches wissenschaftliches Anliegen sind. Die lebensweltliche Situation der Armen und Bedrängten hat handlungsorientierte Überlegungen provoziert. Diese Überlegungen erfüllen die heutigen wissenschaftstheoretischen Anforderungen nicht und können unter diesem Gesichtspunkt nur als vor- oder außerwissenschaftliche „Theorien Sozialer Arbeit" bezeichnet werden. Als Vorgängerinnen unserer gegenwärtigen Theorien haben sie ihren Wert.

Auf dem Weg zu wissenschaftlich fundierten Theorien der Sozialen Arbeit ist als wichtiger Abschnitt die Entstehung der *Berufstheorien* zu sehen. Damit sind die Theorien gemeint, die sich Armenvögte, FürsorgerInnen, Kindergärtnerinnen, Diakone, SozialarbeiterInnen usw. aufgrund ihrer praktischen Erfahrungen im Berufsalltag bildeten. Berufstheorien werden von den PraktikerInnen über alle Bereiche ihres Berufsfeldes gebildet, also über Ziele, Aufgaben, Werte, Methoden, KlientInnen, AuftraggeberInnen usw. Berufswissen besteht sowohl aus Alltagswissen als auch aus wissenschaftlichem Wissen.[12] Vom Anfang unseres Jahrhunderts an wurde dieses Wissen als *Berufskunde* in den Ausbildungsstätten für berufliche Sozialarbeit vermittelt.[13] In den

20er Jahren gibt es bereits eine größere Zahl respektabler Publikationen für die Ausbildung in der Sozialen Arbeit.[14] Zur Sozialen Diagnose wurden beispielsweise viele „subjektiv-privaten Aussagen" veröffentlicht.[15] Gemeinsames Kennzeichen dieser Publikationen ist es, daß dieses Wissen dem Anspruch des wissenschaftstheoretischen Grundgesetzes nicht genügt. Die vielen einzelnen Berufserfahrungen und -kenntnisse wurden auch nicht in einen geschlossenen Zusammenhang gebracht, also zu einer wissenschaftlichen Theorie geformt. Die Einrichtung von Lehrstühlen für soziale Fürsorge, Wohlfahrtspflege usw. an den deutschen Universitäten ab 1910 sorgten für eine verstärkte wissenschaftliche Fundierung des Fürsorgewesens.[16] Einige Theorien zur Armut und Wohlfahrtspflege (zum Beispiel von Christian Jasper Klumker) wurden verfaßt.[17] Damit wurde die Hochschule sehr begrenzt zum Ort für die Entwicklung von Theorien der Sozialen Arbeit. Da die Ausbildung zum sozialen Beruf, das Fürsorgewesen und damit die Soziale Arbeit keine weitere Unterstützung an den deutschen Universitäten erhielten, blieben wissenschaftliche Arbeiten zu typisch sozialarbeiterischen Fragen aus. Die Erziehungswissenschaften übernahmen an den deutschen Universitäten (zum Beispiel durch Paul Natorp und Hermann Nohl) die Aufgabe, *Theorien* für soziale Fragen und sozialpädagogische Probleme zu entwickeln. Als erste eigenständige Theorie zur Sozialpädagogik/Sozialarbeit nach dem ersten Weltkrieg werden die Arbeiten von Hermann Nohl (1879 – 1960) angesehen.[18]

5.2. Handlungsmethoden als Ansatzpunkte für Theorien der Sozialen Arbeit [19]

Die amerikanische Theorie und Praxis der Methodenlehre in der Sozialen Arbeit wurde nach dem Zweiten Weltkrieg in der ganzen westlichen Welt als Modell und Pionier in der Fürsorge und Jugendwohlfahrt anerkannt. Das von Walter A. Friedländer herausgegebene Standardwerk „Concepts and Methods of Social Work" wurde 1966 in Deutschland von Hans Pfaffenberger unter dem Titel „Grundbegriffe und Methoden der Sozialarbeit" herausgegeben.[20] Im Zentrum des Buches stehen die klassischen Handlungsmethoden der Sozialen Arbeit: Soziale Einzelhilfe, Soziale Gruppenarbeit und Soziale Gemeinwesenarbeit. Darüber hinaus werden aber auch das Theorie- und Methodenproblem in der sozialen und sozialpädagogischen Arbeit sowie allgemeine Prinzipien der Sozialen Arbeit und Fragen der Forschung behandelt. Dadurch ist das Buch mehr als ein reines „Methodenbuch

für die Praxis". Aufgrund dieser Themenverknüpfung kann dieses auch in Deutschland weit verbreitete Standardwerk als ein Übergang von Sozialer Arbeit als Berufskunde zu Sozialer Arbeit als Wissenschaft angesehen werden.
Eine ähnliche Rolle möchte ich Hans Böttcher mit seinem Werk „Sozialpädagogik im Überblick" (1975) zuweisen. Sein Versuch einer systematischen Agogik stand unter dem Einfluß der Theorieentwicklung niederländischer AutorInnen. Auch Böttcher geht wichtige Schritte über eine reine Darstellung der Handlungsmethoden der Sozialen Arbeit hinaus zu einem wissenschaftlichen Konzept von Sozialpädagogik als Agogik; zum Beispiel durch die Skizzierung eines Forschungsprogramms.[21] Die Methoden beruflichen Handelns, insbesondere die Soziale Einzelfallhilfe und die soziale Gruppenarbeit, waren um 1970 herum Ansatzpunkte für heftige Kritik an der traditionellen Sozialen Arbeit überhaupt. Vorgeworfen wurden ihr, sie sei pragmatisch, gesellschaftskritisch naiv und idealistisch. Diese Kritik war der Impuls dafür, die Handlungsmethoden und Arbeitsformen in einen umfassenderen Rahmen zu stellen. Ich möchte einen Entwurf vorstellen, der bei der Sozialen Einzelfallhilfe ansetzt, und einen Entwurf, der die Handlungsmethoden in einem Konzept[22] zu integrieren versucht.
(1) Aus den Publikationen zur Sozialen Einzelfallhilfe ragt für mich das *Konzept des „Engagierten Dialogs"* von Marianne Hege heraus.[23] Die Notlagen des einzelnen benennt Hege als Gegenstand Sozialer Arbeit als Praxis, hier der sozialen Einzelhilfe. Das eigene wissenschaftliche Vorgehen (Metatheorie) wird dabei kaum erörtert. Als Ziel Sozialer Arbeit wird der Anspruch auf Emanzipation gesetzt. Die Handlungsmethode für die soziale Einzelhilfe ist der Dialog als Mittel der Reflexion und Ermöglichung von Emanzipation. Kurt Lewins Feldtheorie mit dem Lebensraummodell ermöglicht die Zusammenschau von Individuum und Umwelt. Im Nachwort zur zweiten Auflage (1979) weist Hege darauf hin, daß „der Engagierte Dialog der Versuch der Verteidigung des Subjektes gegenüber der Allmacht der objektiven gesamtgesellschaftlichen Bedingungen" war.[24] Und sie stellt fest, daß das Subjekt keiner Verteidigung mehr bedarf, „muß man doch geradezu von einer erneuten Individualisierung der Sozialarbeit/Sozialpädagogik sprechen".[25] Diese Veränderung mag neben anderen Gründen vielleicht dazu beigetragen haben, daß Heges entwicklungsfähiger Beitrag zur sozialen Einzelhilfe bedauerlicherweise nicht zu einer Theorie Sozialer Arbeit weiter ausgearbeitet worden ist.
(2) Carel B. Germain und Alex Gitterman setzen mit ihrem Praxismodell „The *Life Model of Social Work Practice*" (1980) ebenfalls bei

den beruflichen Handlungsmethoden an. In Deutschland ist dieser Versuch unter dem Titel: „Praktische Sozialarbeit: das 'life model' der sozialen Arbeit“ (1983) erschienen und weit verbreitet. Das Wachstums- und Anpassungspotential der KlientInnen ist dem Modell zufolge zu entwickeln, andererseits ist die Umwelt zu verändern, um jenen Grad gegenseitiger Abstimmung zu erreichen, der unter ökologischen Gesichtspunkten die Lebensqualität bestimmt. Diese Hauptthese bildet die Leitlinie für die Arbeit mit einzelnen, Familien und Gruppen. Heinrich Schiller qualifiziert dieses Modell als interdisziplinäres Konzept, das wissenschaftlich unterbaut und praxisbezogen dargestellt wird in Richtung auf einen Versuch einer Praxistheorie in der Sozialarbeit/Sozialpädagogik.[26] Louis Lowy stellt in seiner Expertise „Sozialarbeit/Sozialpädagogik als Wissenschaft im angloamerikanischen und deutschsprachigen Raum“ (1983) Sozialarbeit/Sozialpädagogik als Handlungswissenschaft am Beispiel des „Life Model“ dar. Die beiden AutorInnen selbst sehen ihr Modell „als den Anfang des Versuches, die Dimensionen einer *integrierten Methode des sozialpraktischen Arbeitens* mit Einzelpersonen, Familien, Gruppen und Organisationen sowie mit ausgewählten Aspekten von Nachbarschafts- und Gemeindestrukturen im Zusammenhang darzustellen“.[27] Sie bezeichnen ihr Modell durchgängig als „integrierte Praxismethode“ und benutzen „Ökologie als Metapher für die Praxis“ , die die Wechselwirkungen zwischen Organismen und ihren Umweltbedingungen besser verstehen läßt.[28] Eine notwendige wissenschaftstheoretische Reflexion der „ökologischen Perspektive“ wird zwar angesprochen, bleibt aber aus.[29]

Von den AutorInnen selbst wird nicht beansprucht, ein handlungswissenschaftliches Modell oder sogar eine Theorie der Sozialen Arbeit entworfen zu haben. Einzelne Autoren apostrophierten das „Life Model“ als „ökologisches Denkmodell“ und vermuteten, daß es „die Theoriebildung der 80er Jahre prägen“ wird.[30]

(3) Mit der zunehmenden Professionalisierung der Sozialarbeit nach dem zweiten Weltkrieg wurden „praxisorientierte Theorien“ gewünscht. Für diese „praxisorientierten Theorien“ wurde der Begriff „Praxistheorien“ eingeführt und beibehalten. Nach Arnold Schwendtke etabliert sich

> „Praxistheorie der SA/SP ... im System wissenschaftlicher Erkenntnis als eigenes Modell von angewandter Sozialwissenschaft vor dem Hintergrund bestimmter Problem- oder Objektbereiche. Systematik, Methodologie sowie Untersuchungsziele mit methodischen Zielsetzungen einer Praxistheorie ergeben damit einen eigenen Typus von Theorie.“[32]

Für Louis Lowy sind Praxistheorien

> „kognitive Gebilde von Konzepten, theoretischen Positionen und Prinzipien, die manchmal ad hoc, manchmal systematisch entwickelt wurden und die Aussagen darüber machen, wie der Handlungsprozeß der SA/SP mit den beteiligten Systemen auf verschiedenen Ebenen gestaltet und ausgeführt wird.“[33]

Beide Bestimmungsversuche klären darüber auf, um welch ungenießbares Gebräu aus „Annahmen, Faustregeln, Prinzipien, Reflexionen und Typologien“ es sich bei diesem eignen „Typus von Theorie“ handelt.[34] Wenn Soziale Arbeit als Wissenschaft ernstgenommen werden möchte, sollte sie auf Wortungetüme wie „Praxistheorien“ verzichten. Es stehen allseits anerkannte Begriffe zur Verfügung, die den Theoriebegriff ausreichend differenzieren. Es bedarf also keiner Eigenkreationen, die die WissenschaftlerInnen nur erschaudern lassen, das Ansehen der Sozialen Arbeit schädigen und per definitionem Soziale Arbeit als Berufskunde festlegen.[35]

5.3. Theoriefragmente

Theoriefragmente benutze ich als *Sammelbegriff für Ansätze, Entwürfe und Modelle* von Theorien Sozialer Arbeit.[36] Im Unterschied zu den zuvor genannten Arbeiten taucht bei den jetzt zu behandelnden Arbeiten im Titel der Begriff „Theorie“ und damit auch der Anspruch auf, im weiten Sinne eine Theorie Sozialer Arbeit zu sein. Die Zusätze „Ansatz, Entwurf, Versuch oder Modell“ schränken den Anspruch allerdings ein. Fragmente sind unvollständige Werke, Bruchstücke eines Ganzen. Theoriefragmente sind keine vollständigen wissenschaftlichen Theorien. Sie sind Stückwerk und es fehlen noch beträchtliche Stücke, um als „geschlossener Verbund von Aussagen“ angesehen werden zu können. Es werden nur Teilaspekte oder kleine Ausschnitte des gesamten Feldes Sozialer Arbeit berücksichtigt; zum Beispiel nur die Heimerziehung, die offene Jugendarbeit, die Familienhilfen oder der Sozialdienst im Krankenhaus, nur die gesellschaftliche Funktion Sozialer Arbeit, nur das Verhältnis des Staates zu den freien Trägern sozialer Dienste, nur die Professionalisierungsproblematik usw.
Die vielen Fragmente resultieren zum Teil aus der in der Sozialen Arbeit – wie in anderen Wissenschaftsdisziplinen auch – verbreiteten Mode, möglichst eigene Theorien zu entwerfen und als neue Theorien zu propagieren. Die Ansprüche „eigen und neu“ verraten in der Regel nur mangelhafte Literaturkenntnisse und eine geringe Bereitschaft der AutorInnen, sich mit den Gedanken anderer Menschen zu befassen.

Nicht nur PraktikerInnen bedienen sich mitunter eines wissenschaftlichen Bauchladens und nehmen pragmatisch heraus, was sie gerade benötigen, „ohne Zusammenhänge zu berücksichtigen" (Klaus Holzkamp). TheoretikerInnen greifen ihrerseits in die Werkzeugkoffer der PraktikerInnen und holen sich gezielt Themen heraus, die auf dem Wissenschaftsmarkt Erfolg versprechen. Mitunter wird sogar nur ein einzelner Gedanke aufgegriffen und daraus gleich eine Theorie Sozialer Arbeit gemacht. Das sieht dann so aus:

> „Es fehlt bisher an einer Theorie, welche die institutionellen Voraussetzungen nicht leugnet, ohne deshalb gleich von ihnen erdrückt zu werden. Udo Maas versucht, diese Lücke in einem ersten Zugriff zu füllen. Tägliche Konflikte und institutionelle Bedingungen verknüpft er in einem handlungstheoretischen Ansatz. Dabei heraus kommen Ideen für die Praxis: notwendige Theorie."

Überschrieben wurde diese auf wenigen Seiten abgehandelte „Theorie" mit „Konflikte und Strategien".[37] Mir ist nicht bekannt, ob „dem ersten Zugriff" jemals ein zweiter gefolgt ist.

Hans-Ludwig Schmidt umreißt nach seiner Bestandsaufnahme vorliegender Entwürfe von Theorien der Sozialpädagogik einen eigenen Ansatz: „Konturen einer Sozialpädagogik als Handlungswissenschaft, also gleichsam 'Eckpfeiler' einer Sozialpädagogik von der Praxis für die Praxis, stecken das Feld sozialpädagogischer Theorie und Praxis ab."[38] Schmidt will das Interesse wieder auf den „Kern allen pädagogischen Tuns, das Handeln zwischen Menschen," lenken. Dieser Ansatz ist meines Wissens ebenfalls von niemandem wieder aufgenommen und weitergeführt worden. Das gleiche Desinteresse ist den Überlegungen zu einer kritisch-emanzipativen Theorie der Sozialpädagogik von Helga Marburger entgegengebracht worden.[39]

So wie diese unvollendeten handlungstheoretischen Ansätze liegen vermutlich viele Theoriefragmente in den Bücherregalen und verstauben. Niemand greift nach ihnen, führt die Gedanken weiter und zu einem vorläufigen Abschluß. Der Reiz und die Belohnung dafür, neue Modelle zu produzieren, scheint größer zu sein, als vorhandene Ansätze weiterzuentwickeln. Mitunter drängt sich mir der Vergleich auf, daß „Theorie-Modelle" nach denselben Marktgesetzen produziert werden wie Automodelle: Auf dem Markt bleiben ist für die HerstellerInnen alles. Neue Modelle werden produziert, um die alten abzulösen. Die alten Modelle werden abgelöst, um den neuen Platz zu machen. Konkurrenz bestimmt das Geschäft und den Markt. Andere Kollegen sehen die Situation anscheinend ähnlich, wenn sie davon sprechen, daß zum Beispiel „die Rede von Subjektivität ... seit einiger Zeit *Konjunktur*“ hat.[40] Nicht selten werden aktuelle und marktkonforme Modewörter als Aufhänger benutzt. Begriffe wie „Selbsthilfe“, „Emanzipation“, „Ökologie“, „Interaktion“, „Subjektivität“ und „Managing“ haben derzeit Konjunktur. Zwei „Selbstläufer“ möchte ich kurz ansprechen:

„Hilfe zur Selbsthilfe“ ist ein allgegenwärtiger Slogan. Überall taucht er auf: im Bundestag, am Stammtisch, in Leitartikeln, im Hörsaal und natürlich auch in vielen Publikationen zur Sozialen Arbeit. Hans Scherpner hat schon auf die sprachlogischen Schwierigkeiten des Begriffs „Selbsthilfe“ aufmerksam gemacht. Für ihn sind am Akt des Helfens mindestens zwei Menschen beteiligt, der Hilfebedürftige und der Helfer. „Selbsthilfe“ bedeutet demzufolge die Aufspaltung einer Person in zwei Teile, von denen der eine Teil dem anderen Hilfe leistet – „so wie Münchhausen, der sich selbst am Schopf aus dem Sumpf zieht“.[41] Der Slogan „Hilfe zur Selbsthilfe“ ist inhaltsleer und klingt doch wohlmeinend; so eignet er sich hervorragend zum Verpacken wahrer Absichten und Ziele, zum Beispiel gegenüber gerechten Forderungen von Benachteiligten nach finanziellem Ausgleich. Bedauerlich ist es, wenn dieser hohle „Grundsatz“ einfach und bedenkenlos in sozialarbeitswissenschaftliche Publikationen übernommen wird.[42] Der Gebrauch genau definierter Begriffe gehört zu den Wesensmerkmalen wissenschaftlichen Arbeitens. Die Emanzipationsfrage ist fraglos ein zentraler Punkt der Sozialen Arbeit. Der Begriff *„Emanzipation“* ist aber leider verbraucht, nur noch eine leere Worthülse, die von jedermann und jederfrau nach Lust und Laune eigenmächtig besetzt wird. Alles ist heute „irgendwie emanzipativ“. Was heißt das, wenn als theoretischer Neuansatz eine „emanzipative Sozialpädagogik“ gefordert und „Emanzipation als erstes Leitziel“ genannt wird?[43] Heinrich Rombach erinnert daran, daß

> „Emanzipation und Mündigkeit seit langem die praktischen Anliegen der geisteswissenschaftlichen Disziplin Pädagogik und darüber hinaus ein altes Ideal von Wissenschaft überhaupt („Wissenschaft macht frei!“) war, so wie Kritik eine in den ‘trivialen’ Geisteswissenschaften entwickelte Wissenschaftsmethode gewesen ist.“[44]

Ein Verzicht auf diese und ähnliche wegen ihrer mangelhaften Aussagekraft leeren Begriffe und Kategorien würde dem Wachstum und dem Ansehen der Sozialen Arbeit als Wissenschaft vermutlich gut tun. Falls auf diese Begriffe nicht verzichtet werden kann, müßten jedenfalls die Begriffsinhalte genau festgelegt werden.

5.4. Theorien der Sozialen Arbeit

Mitunter wird beklagt, daß die Soziale Arbeit als Wissenschaft „keine geschlossenen, allseits anerkannten Theorien“ für den Gegenstand Sozialer Arbeit hervorgebracht hat, statt dessen viele Einzelentwürfe.[45] Es scheint mir eine Illusion zu sein, geschlossene und allseits anerkannte Theorien Sozialer Arbeit zu erwarten. Sowohl das komplexe Feld Sozialer Arbeit mit seiner Vermengung vieler handfester Interessen als auch das Konkurrenzdenken und -verhalten der WissenschaftlerInnen werden eine solche Übereinstimmung kaum zulassen. Warum sollten ausgerechnet WissenschaftlerInnen der Sozialen Arbeit erreichen, was bislang in keiner Wissenschaftsdisziplin erreicht worden ist?

Es ist eine *beachtliche Zahl* respektabler Theorien für den Gegenstand der Sozialen Arbeit vorhanden.[46] Diese Theorien sind auch in sich geschlossen. Allerdings fehlt ihnen meistens die Anerkennung anderer AutorInnen. Dieser Mangel muß nicht unbedingt etwas mit der Qualität der Theorie zu tun haben; es kann auch an der Bereitschaft und Fähigkeit der WissenschaftlerInnen und PraktikerInnen innerhalb der Sozialen Arbeit liegen, andere Theorien als die eigene neben sich gelten zu lassen. Diese hier gemeinten Arbeiten unterscheiden sich wohltuend von flüchtig hingeworfenen Fragmenten und sind in ihrer Gesamtheit ein gutes Gerüst für die Soziale Arbeit als Wissenschaft. Diese Theorien Sozialer Arbeit verdienen den Namen „Theorie“, obgleich sie häufig nur als Versuch, Entwurf oder Konzept einer Theorie vorgestellt werden.[47] Die bescheidene Bewertung der eigenen Arbeit als Versuch usw. kann als Schutz vor einer Konfrontation mit übertriebenen Erwartungen angesehen werden. Diese Theorien stimmen für mich darin überein, daß sie wesentliche *formale Anforderungen an eine Theorie erfüllen:*

(a) Der Gegenstand, auf den sich die Theorie bezieht, ist definiert und repräsentiert Soziale Arbeit im weiten Sinne, also nicht nur einen Teilbereich der Sozialen Arbeit.
(b) Die ausgewählten wissenschaftlichen Methoden sind benannt und die Metatheorie ist zumindest angesprochen.
(c) Es werden mehrere überprüfbare Aussagen zum Gegenstand gemacht.
(d) Die Aussagen sind untereinander verbunden.
(e) Ein gewisser Grad der Abgeschlossenheit des Aussagenverbundes ist erreicht.

Dies wird nicht von allen so gesehen. Andere AutorInnen gehen von anderen Voraussetzungen aus und bewerten demzufolge den Stand der Theorieentwicklung anders. Hans Thiersch und Thomas Rauschenbach setzen beispielsweise fest:

„Theorie von SP/SA ist eine sozialwissenschaftliche Gesellschafts- und Handlungstheorie, deren Aufgaben, Inhalte und Perspektiven sich im Kontext der Entwicklung der sozialpädagogischen Praxis, im Zusammenhang sozialstaatlicher Versorgung und als Antwort auf historisch-gesellschaftliche Strukturen und Entwicklungen ausbilden."[48]

„Grundlage für eine Theorie der SP/SA ist eine Gesellschaftstheorie, die die Erzeugung und Definition von sozialen Problemen und Lernproblemen ebenso thematisiert wie die spezifischen Interventionsformen als gesellschaftliche Reaktion auf sie, eine Gesellschaftstheorie also, die das Komplementaritätsverhältnis von gesellschaftsbedingten Lebensverhältnissen und gesellschaftlichen Antworten thematisiert."[49]

So enge inhaltliche Anforderungen an eine „Theorie der SP/SA" – wie Thiersch und Rauschenbach sie stellen – führen von vornherein zu einer Ausgrenzung von Theorien, die einem anderen Wissenschaftsverständnis folgen. Damit wird die Theoriediskussion auf schulinterne Diskussionen reduziert, und es gibt eigentlich keinen Grund, sich darüber zu beschweren, daß „der Stand der Theoriediskussion in sich unbefriedigend, in vielfältige, miteinander wenig korrespondierende Fragerichtungen zersplittert, unüberschaubar und okkupiert durch nicht immer ergiebige Prioritäten ist"[50].
Nach 1945 wurden frühere Ansätze sozialpädagogischer Theoriebildung wieder aufgenommen und weiterentwickelt. Die Arbeiten von Paul Natorp (1854 – 1924) und von Hermann Nohl (1879 – 1960) bildeten den Boden für Theorieentwicklungen von Heinrich Röhrs, Klaus Mollenhauer, Friedrich Schlieper, Walter Hornstein und anderen.[51]
Das Jahr 1968 kann als Symbol für einen Aufbruch in den Sozialwissenschaften angesehen werden. Dieser Aufbruch hat auch die Theoriebildung für den Gegenstand der Sozialen Arbeit als Wissenschaft und als Praxis spürbar erfaßt. Alte Wege der Theoriebildung wurden verlassen, neue und kontroverse Theorien wurden produziert. Es wurden nun zunehmend Theorien gebildet, die über sozialpädagogische Fragestellungen im engen Sinn hinausgingen. Friedhelm Vahsen (1975), Helmut Lukas (1979), Hans-Ludwig Schmidt (1981), Helga Marburger (1981), Albert Mühlum (1981) und andere haben viele dieser Theorien zusammengestellt und erläutert.[52]
Zusammenfassend läßt sich sagen, daß den traditionellen Fürsorge- und Sozialerziehungstheorien aus drei kontroversen Wissen-

schaftsauffassungen heraus je eigene Theorien entgegengesetzt wurden:

(1) Die traditionellen Fürsorgetheorien (zum Beispiel vertreten durch Hans Scherpner[53]) wurden von recht verschiedenen wissenschaftstheoretischen Standpunkten aus angegriffen. Gemeinsam waren allen Angriffen die Vorwürfe: Die gewählten Begriffe seien unklar und nicht trennscharf, die Kategorien Hilfe, Gemeinschaft und Gesellschaft seien zu allgemein, der Inhalt ziele auf Propaganda und Apologetik, insgesamt sei die Theorie unwissenschaftlich. Gemeinsam war allen Angriffen ebenfalls der Anspruch, jeweils selbst das richtige Wissenschaftsverständnis zu haben.[54] Lutz Rössner kritisierte von der Basis des Kritischen Rationalismus aus insbesondere, daß die systematische und *empirische Erforschung* des Handlungsfeldes fehle, Werte in die Theorie einbezogen worden seien und die verwendeten Begriffe in hohem Maße inkonsistent seien. Er stellte den traditionellen Fürsorgetheorien seinen Entwurf einer „Theorie der Sozialarbeit" (1973)[55] gegenüber.

(2) Individualisierende Problemsicht, das Fehlen eines expliziten gesellschaftlichen Bezugs des Handlungsfeldes und Sozialintegration wurden von VertreterInnen des *dialektisch-kritischen* Ansatzes als Kritikpunkte gegen die Fürsorgetheorien, aber auch gegen die Theorie von Rössner vorgebracht. Mit dem Ziel einer emanzipatorischen Sozialarbeit, die die Praxis Sozialer Arbeit theoretisch zu reflektieren und zu analysieren habe, wurde zugleich die Abgrenzung zu Rössners Theorie markiert. Als Theorien dieser gesellschaftskritischen Position gelten die „Überlegungen zu einer Metatheorie der Sozialarbeit" von Fritz Haag u.a. (1973)[56] und sozialpädagogische Ansätze, die unter dem Titel „Offensive Sozialpädagogik" von Hermann Giesecke (1973) herausgegeben worden sind. Es ist festzustellen, daß von dieser Position bis heute im Grunde keine umfassende und abgeschlossene Theorie vorgelegt worden ist.

(3) Allen genannten Positionen wird von der *marxistisch-dialektischen* Position vorgeworfen, daß sie die ökonomischen Verhältnisse unberücksichtigt ließen und eine konkrete Gesellschaftstheorie fehle. Der dialektisch-marxistische Ansatz geht ausdrücklich von einer an Karl Marx und Wladimir I. Lenin orientierten Gesellschaftstheorie aus. Der Angriff gilt der „Sozialarbeit unter kapitalistischen Produktionsbedingungen" insgesamt. Sozialarbeit diene in Theorie und Praxis lediglich der Erhaltung des Systems und damit der Herrschaft des Kapitals. Soziale Arbeit sei unter diesen Verhältnissen durch politi-

sche Arbeit zu ersetzen, um die ArbeiterInnen im Klassenkampf zu unterstützen und für die Revolution zu kämpfen. In der anzustrebenden Gesellschaftsordnung sei aufgrund der strukturellen Gegebenheiten Soziale Arbeit unnötig. Theorien aus marxistischer Sicht liegen unter anderen von Karam Khella[57], Marianne Meinhold und Walter Hollstein vor. Die meisten dieser AutorInnen beschränkten sich darauf, die „bürgerliche Gesellschaft" zu analysieren und für die Abschaffung der Sozialen Arbeit zugunsten politischer Agitation zu plädieren.

In der Mitte der 70er Jahre tauchten neue Paradigmen und Perspektiven auf. Die intensive Theoriediskussion der 60er und 70er Jahre wurde kritisch gesehen. Gefragt wurde jetzt, ob die TheoretikerInnen nicht an der Lebenswelt vorbei gedacht und sie mit ihren eigenen Problemen besetzt, wissenschaftlich entfremdet, also kolonialisiert hatten.[58] Die Frage nach dem gegebenen Alltag, seinen Aufgaben, Schwierigkeiten und Möglichkeiten trat in den Vordergrund, und zugleich gewannen handlungswissenschaftliche Ansätze an Bedeutung. So wird von einer „Wendung zum Alltag" gesprochen. Diese Wendung zeigte sich unter anderem in Konzepten der *Aktionsforschung*, die sich in ihrer Zielsetzung emanzipatorisch, in ihrer Methode als empirisch und hermeneutisch, in ihrem Objektbereich als auf Probleme des Alltags gerichtet verstehen.[59] Bei der kritisch-hermeneutischen Neubesinnung in der Sozialpädagogik spielen die Arbeiten von Hans Thiersch, ausgehend vom Alltag als Paradigma, eine wichtige Rolle.[60] Weltweit entstand in den 70er Jahren eine ökologische Bewegung, und mit ihr zog ökologisches Denken in viele Lebensbereiche ein. Die ökologische Perspektive wurde auch bei der Theoriebildung in der Sozialen Arbeit als Wissenschaft von einigen AutorInnen berücksichtigt, indem *Ökologie als Paradigma* deklariert wurde.[61] Auf das ökologische Praxismodell für Soziale Arbeit von Germain und Gitterman (1983) habe ich bereits hingewiesen. Wolf Rainer Wendt veröffentlichte mit „Ökologie und Soziale Arbeit" (1982) einen ersten Theorieentwurf, der sich ganz dem ökologischen Denken verpflichtet weiß. Fast zehn Jahre später erschien von ihm unter dem Titel „Ökosozial denken und handeln. Grundlagen und Anwendungen in der Sozialarbeit" (1990) die Weiterentwicklung seiner ersten ökologischen Theorie.[62] NaturwissenschaftlerInnen haben in den letzten Jahrzehnten damit begonnen, das bislang anerkannte und bewährte atomistisch-substantialistische Paradigma zugunsten des *prozessual-systemischen Paradigmas* abzulösen.[63] Prozessuales und systemisches Denken breitete sich in der Folge auch in den Sozialwissenschaften aus. Soziale Probleme wurden neu definiert, Soziale Arbeit wurde systemisch betrachtet. Silvia Staub-Bernasconi benutzte das prozessual-systemische Paradigma, um in ihrem Werk „Soziale Probleme – Dimensionen ihrer Artikulation“ (1983) und „Soziale Arbeit als eine besondere Art des Umgangs mit Menschen, Dingen und Ideen. Zur Entwicklung einer handlungstheoretischen Wissensbasis Sozialer Arbeit.“ (1986) eine prozessual-systemische Theorie Sozialer Arbeit zu entwickeln.[64] Mit den Arbeiten von Staub-Bernasconi liegt – ich wage es zu sagen – erstmals eine handlungswissenschaftlich orientierte Theorie Sozialer Arbeit im deutschsprachigen Raum vor, die hinsichtlich ihres wissenschaftlichen Niveaus und ihrer Abgeschlossenheit einen qualitativen Sprung für die Reflexion der Sozialen Arbeit bedeutet und viele Ansatzpunkte für weitere Entwicklungen bietet.

Michael Winkler hat eine methodische Selbstbestimmung für die Sozialpädagogik durchgeführt, die Möglichkeit einer Theorie der Sozialpädagogik diskutiert und darauf aufbauend eine eigene Theorie vorgelegt: „Über Erziehung als Rekonstruktion der Subjektivität“.[65] Winkler bindet die Sozialpädagogik eng an die allgemeine Pädagogik an und meint, man könnte auch sagen, „daß die Sozialpädagogik eine Probe auf die Pädagogik schlechthin darstellt.“[66] „Der Sozialpädagoge ist mithin Pädagoge – aber er ist Pädagoge unter spezifischen Bedingungen; der Sozialpädagoge erzieht – aber er leistet spezifische Erziehung.“[67] Eine ähnlich pointierte Ausrichtung auf die allgemeine Pädagogik haben die „Elemente zu einer Theorie der Sozialpädagogik“ von Heinz Sünker: „Bildung, Alltag und Subjektivität“.[68] Erziehung in einem weiten Sinne ist für beide Autoren Gegenstand der Sozialpädagogik. Eine allein auf Erziehung ausgerichtete Gegenstandsbestimmung ist meines Erachtens zu eng für das traditionelle und jetzige Handlungsfeld Sozialer Arbeit. Auch wenn Winkler anfangs die Alternative erwägt, ob Sozialpädagogik – so wie er sie versteht – zur Erziehungswissenschaft oder zu einer „erst noch zu konstituierenden Sozialarbeitswissenschaft“ zuzuordnen sei, so ergibt sich doch sehr bald die eindeutige Ausrichtung Winklers auf die Erziehungswissenschaft.[69]

Zusammenfassend läßt sich feststellen, daß heute mindestens vier „Schulen“ von Theoriebildung (und Theorien) in der Sozialen Arbeit nebeneinander stehen:

(a) Eine *technologisch-normalisierend ausgerichtete Schule*, die sich um Lutz Rössner (Braunschweig)[70] und seine Theorie gebildet hat;

(b) eine *hermeneutisch-alltagsorientiert ausgerichtete Schule*, die sich um Hans Thiersch (Tübingen)[71] und seine Theorie gebildet hat;

(c) eine *ökosozial-managend ausgerichtete Schule*, die sich um Wolf Rainer Wendt (Stuttgart)[72] und seine Theorie gebildet hat;

(d) eine *prozessual-systemisch ausgerichtete Schule*, die sich um Silvia Staub-Bernasconi (Zürich)[73] und ihre Theorie gebildet hat.

Schaut man sich die Publikationen der Protagonisten an, so fällt auf, daß sie einander nicht oder wenig beachten. Lutz Rössner beklagt zwar ein „häufig anzutreffendes Reviersicherungsverhalten einzelner Ressortvertreter"[74] , sichert sein eigenes Revier aber bis heute ebenfalls ab und erwähnt die anderen AutorInnen in seinen Publikationen nicht.[75] Hans Thiersch verhält sich genauso wie Rössner; für die Theorien von Rössner, Wendt oder Staub-Bernasconi hat er keinen Platz übrig.[76] Die Überarbeitung seines Beitrags „Theorie der Sozialarbeit/Sozialpädagoik" in dem Wörterbuch Soziale Arbeit von Dieter Kreft/Ingrid Mielenz (Hrsg.) von der 1. Auflage (1980) zur 3. überarbeiteten Auflage (1988) besteht allein darin, seine eigene Publikation von 1986 ins Literaturverzeichnis nachzutragen und die neue Auflage eines anderen Werkes einzufügen. Wolf Rainer Wendt berücksichtigt in „ökosozial denken und handeln" (1990) weder die Arbeiten von Rössner noch von Thiersch nach 1979; von Staub-Bernasconi nennt er zwei Artikel. In dem einen der zwei Artikel[77] befaßt sich Staub-Bernasconi mit den Thesen Wendts und vergleicht sie mit dem ökosozialen Ansatz von Jane Addams.[78] Lediglich Silvia Staub-Bernasconi referiert in ihren Arbeiten die Auffassungen von Rössner, Thiersch und Wendt und setzt sich mehrfach damit auseinander.[79]

Trotz aller Ab- und Ausgrenzungen gibt es „schulübergreifende" Gemeinsamkeiten, wenn es um die Frage geht, wo Soziale Arbeit als Wissenschaft innerhalb der Wissenschaften plaziert werden soll. Lutz Rössner spricht zwar von einer „Sozialarbeitswissenschaft" und für Hans Thiersch handelt es sich letztlich um „Sozialpädagogik". Beide ordnen die Soziale Arbeit als Wissenschaft (als „Sozialarbeitswissenschaft" beziehungsweise als „Sozialpädagogik") als Subdisziplin der Erziehungswissenschaft unter. Rössner und Thiersch haben einen ähnlichen beruflichen Werdegang: Beide sind über die Ausbildung zum Lehramt an Volks- und Realschulen und weiteren pädagogischen Studien als Dozenten an die Pädagogische Hochschule und später an die erziehungswissenschaftliche Fakultät einer Universität gekommen. Der berufliche Werdegang von Wolf Rainer Wendt und auch der von Silvia Staub-Bernasconi verlief anders. Wendt ist Diplom-Psychologe, hat im Jugendamt einer Großstadt gearbeitet und leitet nun eine Berufsakademie für Sozialwesen; Staub-Bernasconi ist Diplom-Sozial-

arbeiterin, war in klassischen Feldern der Sozialen Arbeit tätig und ist nach soziologischen Studien Dozentin an einer Schule für Soziale Arbeit. Beide sehen den Platz der Sozialen Arbeit als Wissenschaft keinesfalls innerhalb der Erziehungswissenschaft, sondern sprechen sich für eine Eigenständigkeit innerhalb der Sozialwissenschaften aus.[80]
In gleicher Weise haben sich Hans Thiersch, Wolf Rainer Wendt und Silvia Staub-Bernasconi für die Handlungstheorie als methodologische Basis einer Theorie Sozialer Arbeit entschieden. Lediglich Lutz Rössner arbeitet auf der Basis des Kritischen Rationalismus und technologisch orientiert.
Es gehört zu den alljährlich wiederkehrenden, festen Ritualen, daß irgendjemand eine Krise der sozialpädagogischen oder sozialarbeiterischen Theoriebildung diagnostiziert. So erkennt Micha Brumlik für 1989, daß die sozialpädagogische Theoriebildung in einer Krise ist und „auf das Niveau individualpsychologischer Rezepte beziehungsweise anspruchsvoller kulturtheoretischer, das heißt letzten Endes geisteswissenschaftlicher Reflexionen zurückgefallen" ist.[81] Das Ergebnis solcher Diagnosen ist dann häufig „eine neue Runde sozialpädagogischer Theoriediskussion".[82] Diese Diagnose löste in der Zeitschrift „neue praxis" mehrere Beiträge zur Theorie der Sozialpädagogik aus, die sich auf einzelne Punkte einer weiterzuentwickelnden Theorie beziehen.[83] Auffallend an dieser Theoriediskussion ist: Es werden zumeist einzelne wichtige Aspekte zur Theoriebildung in der Sozialen Arbeit benannt, die die anderen BeiträgerInnen nicht genannt haben. Und der eigene Aspekt wird als Alternative oder Gegensatz zu den Überlegungen der anderen AutorInnen und nicht als Ergänzung dazu gesehen und dargestellt.[84] Meistens ist die Selbstdarstellung mit einer Abwertung oder Mißachtung der Vorarbeiten und Theorien anderer AutorInnen verbunden.[85] So frage ich: Was spricht beispielsweise dafür, daß Lawrence Kohlbergs Theorie der Entwicklung moralischer Urteilskompetenz („just community") zur Grundlage einer Theorie der Sozialpädagogik („Sozialarbeitstheorie ") werden muß – wie im Beitrag von Micha Brumlik gefordert wird?[86] Was spricht dagegen, diesen wichtigen Aspekt als Bereicherung einer der bestehenden Theorien zuzuordnen? Soziale Arbeit als „gerechte Praxis" ist bereits das Anliegen von Alice Salomon; auch Silvia Staub-Bernasconi geht es in der Sozialen Arbeit um die Verwirklichung von Gerechtigkeit. Warum also wieder ein neuer Anfang? Was zwingt WissenschaftlerInnen dazu, stets neue Grundlagen und/oder neue Paradigmata für Soziale Arbeit als Wissenschaft (und als Praxis) vorzuschlagen?[87] Wie soll für die Soziale Arbeit als Wissenschaft ein bewohnbares Gebäude ent-

stehen, wenn ständig neue Bauplätze anvisiert werden, einige Leute jeweils dort auch mit dem Bauen anfangen, aber nach kurzer Zeit abbrechen und das Begonnene von niemandem weitergeführt wird?

5.5. „Externe" Theorien zur Sozialen Arbeit

Aufmerksam machen möchte ich auf Bereiche, in denen immer wieder bedeutsame Entwürfe, Konzepte und auch Theorien zur Sozialen Arbeit entwickelt und publiziert werden, die aber von der Mehrzahl der FachwissenschaftlerInnen aus der Sozialen Arbeit kaum zur Kenntnis genommen werden. Ich spreche die Beiträge aus *Theologie und Sozialpolitik* an.

(1) Überlegungen und Modelle von SozialpolitikerInnen und GewerkschaftlerInnen haben dabei weitaus größere Chancen, in der Sozialen Arbeit als Wissenschaft bei den Diskussionen beachtet zu werden als Überlegungen von TheologInnen. Und je nach politischer Färbung der FachwissenschaftlerInnen wird auch bei der Theoriebildung zum Gegenstand Sozialer Arbeit als Wissenschaft auf das eine oder andere Werk von SozialpolitikerInnen zurückgegriffen. Beachtet worden sind beispielsweise neben anderen Herbert Ehrenberg und Anke Fuchs mit „Sozialstaat und Freiheit" (1980) oder zuletzt Ulf Fink „Die neue Kultur des Helfens. Nicht Abbau, sondern Umbau des Sozialstaates." (1990)

(2) Ein praxisorientiertes und ein wissenschaftstheoretisches Argument sprechen dafür, die christliche oder kirchliche Soziallehre nicht nur in der Praxis Sozialer Arbeit, sondern auch in der Sozialen Arbeit als Wissenschaft zu berücksichtigen:

(a) Das *praxisorientierte Argument:* Der Deutsche Caritasverband e.V und das Diakonische Werk der Evangelischen Kirche in Deutschland e.V. beschäftigen als kirchliche Träger sozialer Dienste zusammen mehr als 500.000 hauptamtliche MitarbeiterInnen.[88] Beide Kirchen verbinden mit „Caritas" oder „Diakonie" ähnliche Ziele und Aufgaben, die sie in ihren Satzungen näher benennen. In der Satzung des Diakonischen Werkes heißt es:

> „Die Kirche hat den Auftrag, Gottes Liebe zur Welt in Jesus Christus allen Menschen zu bezeugen. Diakonie ist eine Gestalt dieses Zeugnisses und nimmt sich besonders der Menschen in leiblicher Not, in seelischer Bedrängnis und in sozial ungerechten Verhältnissen an. Sie sucht auch die Ursachen dieser Not zu beheben."[89]

Der Caritasverband und das Diakonische Werk haben die Aufgabe, die Soziallehren ihrer Kirchen in der Praxis konkret zu verwirklichen.

Welche AutorInnen von Theorien zur Sozialen Arbeit haben sonst noch so mächtige Verbände hinter sich, um ihre Theorien in der Praxis zu verwirklichen? In welchen Einrichtungen arbeiten so viele SozialarbeiterInnen wie bei der Caritas und der Diakonie? Welchen Sinn macht es, die Theorien dieser einflußreichen Verbände und ihrer SozialarbeiterInnen einfach zu ignorieren oder nur als „Ideologie" abzustempeln und rechts liegen zu lassen?
(b) Das *wissenschaftstheoretische Argument:* Für viele AutorInnen ist es selbstverständlich, christliche Sozialarbeit von vornherein als „Caritaswissenschaft, Diakoniewissenschaft oder christliche Sozialethik" und damit als Glaubenslehre, deren Ziele nur Apologetik, Mission und Propaganda sind, pauschal abzuwerten und abzutun. Im Rahmen der Pastoraltheologie und der christlichen Soziallehre wird engagiert, kontrovers[90] und auf einem hohen wissenschaftlichen Niveau zu Armut, Elend, Not, Gerechtigkeit, Solidarität und Freiheit geforscht.[91] Und es liegen auch zahlreiche Arbeiten zum Gegenstand Sozialer Arbeit als Wissenschaft vor.[92] Die Theologie verfügt über eine lange und anerkannte Tradition als Wissenschaft, sodaß man sie nicht ohne Begründung übergehen kann. Eine selbstkritische Soziale Arbeit als Wissenschaft hat sich diesen Fragen zu stellen. Die Antworten stehen noch dahin.
Die Versuche und die Erwartung, alles auf einen Punkt oder in ein bestimmtes und vorgegebenes System bringen zu wollen, versperrren die Sicht auf das Vorhandene und Mögliche und lassen Gefühle des Unzulänglichen und Minderwertigen zurück.

Anmerkungen zu Kapitel 5

1 Rombach 1974, 20f.; vgl. auch Seiffert 1989, 368
2 Zum Beispiel von Vahsen 1975; Lukas 1979; Marburger 1981; Schmidt 1981 und Mühlum 1981
3 Thiersch/Rauschenbach geben eine kurze Zusammenfassung „Historische Aspekte sozialpädagogischer Theoriebildung" 1987, 988 – 1000
4 Wendt 1990a
5 Vgl. dazu Possehl 1990
6 Vgl. Hirschberger 1961, 426 – 584
7 Vgl. Teil 3 Abschnitt 1
8 Vgl. Teil 3 Abschnitt 2
9 Vgl. Teil 3 Abschnitt 3
10 Vgl. Teil 3 Abschnitte 4 und 5
11 Scherpner 1974 gibt eine beeindruckende Auswahl.
12 Thiersch/Rauschenbach 1987, 995
13 Vgl. Teil 1 Abschnitt 1
14 Wendt 1990a, 173f.

[15] Vgl. zum Beispiel die Publikationen von Salomon und anderen LehrerInnen der Schulen für Soziale Berufe.
[16] Vgl. Staub-Bernasconi 1986, 11 – 13
[17] Salomon 1927, 172 – 192
[18] Weitere Angaben zu Publikationen von Klumker siehe bei Scherpner 1974, 9f.
[19] Vgl. Teil 1 Abschnitt 3.3 und Teil 2 Abschnitt 4
[20] Pfaffenberger 1974
[21] Böttcher 1975, 64f.
[22] Siehe Teil 1 Abschnitt 2.1.
[23] Hege 1979
[24] Hege 1979, 161
[25] Hege 1979, 161
[26] Schiller in Germain/Gitterman 1983, X
[27] Germain/Gitterman 1983, XII. Hervorhebung durch mich, E.E.
[28] Germain/Gitterman 1983, 5
[29] Germain/Gitterman 1983, 56
[30] Mühlum 1986, 852
[31] Mühlum 1982, 309 – 333; Bock 1986, 746 -749
[32] Schwendtke 1977, 210
[33] Lowy 1983, 103
[34] Lowy 1983, 15
[35] Vgl. auch Staub-Bernasconi 1983a, 3
[36] Siehe Teil 1 Abschnitt 2.1. S. 32 - 34
[37] Maas 1980, 33
[38] Schmidt 1981, 267
[39] Marburger 1981, 175 – 178
[40] Scherr 1989, 36. Hervorhebung durch mich, E.E.
[41] Scherpner 1974, 123
[42] Zum Beispiel von Mühlum 1981, 310, 314; Thiersch 1986a, 42 und anderen
[43] Marburger 1981, 175f.
[44] Rombach 1979, 151
[45] Mühlum 1986, 851
[46] Vgl. Teil 4
[47] Siehe Teil 1 Abschnitt 2.1. S. 33f.
[48] Thiersch/Rauschenbach 1987, 987
[49] Thiersch/Rauschenbach 1987, 1000f.
[50] Thiersch/Rauschenbach 1987, 985
[51] Vgl. Marburger 1981, 77 – 110
[52] Vgl. Teil 2 Abschnitt 4.2.
[53] Vgl. Teil 4 Abschnitt 1
[54] Vgl. Lukas 1979, 184 -187
[55] Siehe Teil 4 Abschnitt 2
[56] Siehe Teil 4 Abschnitt 3
[57] Siehe Teil 4 Abschnitt 4
[58] Habermas 1981
[59] Dießenbacher/H. Müller 1987
[60] Siehe Teil 4 Abschnitt 5
[61] Vgl. Ehrhardt-Kramer 1989

[62] Siehe Teil 4 Abschnitt 6
[63] Capra 1988
[64] Siehe Teil 4 Abschnitt 7
[65] Winkler 1988a
[66] Winkler 1988a, 102
[67] Winkler 1988a, 100
[68] Sünker 1989
[69] Winkler 1988a, 19
[70] Vgl. Teil 4 Abschnitt 2
[71] Vgl. Teil 4 Abschnitt 5
[72] Vgl. Teil 4 Abschnitt 6
[73] Vgl. Teil 4 Abschnitt 7
[74] Rössner 1975, 7
[75] Vgl. Alisch/Rössner 1990
[75] Vgl. Thiersch/Rauschenbach 1987; Thiersch 1986a
[76] Staub-Bernasconi 1989
[77] Vgl. Wendt 1990, 10 und 230
[78] Vgl. Staub-Bernasconi 1983b, 1986, 1989
[79] Vgl. hierzu meine Ausführungen zum Einfluß des beruflichen Werdegangs auf die Wissenschaftsauffassung in Teil 1 Abschnitt 4.2. S. 67
[80] Brumlik 1989, 374
[81] Zitiert aus „Zu den Beiträgen". In: neue praxis 5 (19) 1989, 368
[82] Vgl. die Zusammenfassung von Haupert/Kraimer 1991, 107
[83] Vgl. Dewe/Scherr 1990, 125
[84] Es fällt auf, daß ein sich als Praktiker bekennender Autor (Klatetzki 1990) die Ausführungen Brumliks unterstützt.
[85] Brumlik 1989
[86] Siehe Teil 1 Abschnitte 4.1 und 4.2.
[87] Vgl. Bundesarbeitsgemeinschaft der Freien Wohlfahrtspflege (Hrsg.) 1985
[88] Bundesarbeitsgemeinschaft der Freien Wohlfahrtspflege (Hrsg.) 1985, 47
[89] Hengsbach 1982, 132 – 135 unterscheidet idealtypisch System-Soziallehre, Kritische Soziallehre und Handlungs-Soziallehre.
[90] Hilpert 1990, Ludwig 1990
[91] Ich verweise beispielsweise auf die Arbeiten von Oswald von Nell-Breuning.

6. Fast nur Ausbildung – kaum Forschung

Forschung ist für jede Wissenschaft lebensnotwendig (siehe Teil 1 Abschnitt 2.1., S. 34ff.). Eine Wissenschaftsdisziplin, in der nicht oder nicht mehr geforscht wird, führt ihr eigenes Ende herbei. Das gilt auch für die Soziale Arbeit als Wissenschaft. An anderer Stelle ist bereits die Einengung der Sozialen Arbeit als Wissenschaft auf die Ausbildung und die strukturell bedingte Behinderung von Forschung in der Sozialen Arbeit beschrieben worden (siehe Teil 2 Abschnitt 1, S. 78ff.

und Abschnitt 2.1., S. 90ff.). Dennoch ist zu fragen: Wie sieht es mit der Forschung in der Sozialen Arbeit als Wissenschaft aus? Wie ist das Verhältnis von ForscherInnen und PraktikerInnen der Sozialen Arbeit?

6.1. Soziale Arbeit als Wissenschaft und ihre Forschung

Natürlich lebt die Soziale Arbeit als Wissenschaft wie alle anderen Wissenschaften auch von und in ihrer Forschung. Darin sind sich alle einig, die eine Soziale Arbeit als Wissenschaft unterstützen. Ein großer Chor, vor allem aus Hochschullehrern, beklagt seit vielen Jahren beharrlich, daß es der Sozialen Arbeit (und der Sozialpädagogik) an Forschung fehle[1] oder es werden primär Defizite in der Sozialarbeitsforschung erkannt.[2] Andere AutorInnen sprechen von achtbaren Versuchen, wenn sie beispielsweise die Geschichte von Praxisforschung in der Sozialen Arbeit betrachten [3] oder verweisen darauf, daß der gesamte Bereich der Grundlagenforschung mit seinen Ergebnissen heute bereits eine erhebliche Bedeutung für die sozialarbeiterische Praxis habe.[4]

Für jeden ist es schwierig, den *gegenwärtigen Forschungsstand* in der Sozialen Arbeit als Wissenschaft differenziert zu bewerten. Die Gefahr, pauschal sein Vorurteil gut begründet auszubreiten, ist groß. Verläßliche Unterlagen zur Einschätzung fehlen. Die Publikationspraxis ist nicht immer transparent und repräsentativ.[5] Regelmäßig werden in unterschiedlichen Zeitabständen Projektendberichte[6] und Bibliographien zur Sozialen Arbeit veröffentlicht.[7] Eine Zusammenstellung aller Projektberichte ist mir nicht bekannt. In den Bibliographien werden jährlich mehrere Hundert deutschsprachige Titel aufgeführt. Die Publikationen stammen aus mehreren Fachdisziplinen und beziehen sich auf das gesamte weite Handlungsfeld der Sozialen Arbeit. Aus den Nachbarwissenschaften „Psychologie“ und „Soziologie“ kommt ein sehr großer Anteil der Publikationen. Doch reichen diese Zusammenstellungen nicht aus, um ein qualifiziertes qualifizierendes Urteil über den Forschungsstand insgesamt abgeben zu können. Es ist offen, nach welchen Kriterien diese Bibliographien zusammengestellt, welche Publikationen aufgenommen und welche weggelassen werden. Die Bibliographien bezeugen meines Erachtens, daß viel geforscht und auch publiziert wird. Qualifizierte Aussagen über Details dieser Forschungen sind erst möglich, wenn – wie von K. Hanhart angeregt[8] – alle Forschungsprojekte und Publikationen in einem überregionalen Forschungsinstitut für Soziale Arbeit zusammengetragen und ausgewertet werden.

Ohne Fragen gibt es keine Forschung. Wonach nicht gefragt wird, das wird auch nicht erforscht. *Treffende Fragen* ermöglichen *ergiebige Forschungsprozesse*. Welche Fragen werden in der Sozialarbeitsforschung gestellt? Wer stellt die Fragen?
Auf verschiedenen Ebenen kann geforscht werden (siehe Teil 1 Abschnitt 2.1., S. 35f.):

(a) Erforschen der sinnlichen Welt,
(b) entwickeln intellektueller Entwürfe,
(c) überprüfen, wie bestimmte Theorien in der Praxis wirken.

Und drei Arten der Forschung lassen sich unterscheiden:

(a) Grundlagenforschung
(b) Bedarfsforschung oder angewandte Forschung
(c) Praxisforschung.

Betrachtet man diese verschiedenen Forschungsebenen und Forschungsarten, dann zeigt es sich, daß es offensichtlich Vorlieben in der Sozialarbeitsforschung gibt. Das *Entwickeln intellektueller Entwürfe* (Theorien) und die *Praxisforschung*[9] stehen nach meiner Einschätzung im Mittelpunkt des Interesses, die anderen Forschungsebenen und -arten werden vernachlässigt. Das ergibt sich meines Erachtens aus der weit verbreiteten Auffassung, daß die (Berufs)Praxis Sozialer Arbeit der Gegenstand der Sozialen Arbeit als Wissenschaft und damit auch der Forschung sei.[10] Konsequenterweise wird dann fast ausschließlich berufliches Handeln in der Sozialen Arbeit unter verschiedenen Gesichtspunkten untersucht. Veränderungswünsche an die Praxis seitens der PraxisforscherInnen stehen dabei im Vordergrund der Forschung. Die Lust der SozialarbeiterInnen in Wissenschaft und Praxis (andere) zu werten und zu kritisieren ist für mich ein nicht zu unterschätzendes Motiv, die Praxisforschung und das immer neue Entwerfen von normativen Theorien zu favorisieren.[11] Zu kurz kommt dabei meines Erachtens die Erforschung der sozialen Probleme unter der Fragestellung: Was ist los? Ein Beispiel: Bevor man über die Veränderung der Adoptionsvermittlung nachdenkt, sollte zunächst erforscht werden, was mit den „abgebenden Müttern" ist. Die Kenntnis der psychischen und sozioökonomischen Bedingungen bei der Adoptionsfreigabe ist doch erst die Voraussetzung dafür, um über den Vermittlungsprozeß und die psychosozialen Verarbeitungsstrategien nachzudenken.[12] Diese Forschung – man könnte sie auch Grundlagenforschung nennen – muß und kann von der Sozialen Arbeit nicht selbst geleistet werden; hier bieten sich vorzügliche Möglichkeiten an, mit anderen Disziplinen zusammenzuarbeiten. Die Forschungsfrage allerdings ist von der Sozialen Arbeit her zu stellen und nicht von der Psychologie oder Soziologie. Alle Forschungsebenen und -arten sind für die Entwicklung der Sozialen Arbeit als Wissenschaft (und auch als Praxis) relevant und deswegen zu pflegen.[13]

Für die Forschung in der Sozialen Arbeit gibt es eine große Schwierigkeit: Diese Schwierigkeit resultiert – meiner Einschätzung nach – vor allem daraus, daß der zu erforschende Gegenstand der Sozialen Arbeit als Wissenschaft und auch der der Praxis Sozialer Arbeit (noch) verschwommen ist (siehe Teil 2 Abschnitt 3). Solange hierüber die Meinungen weit auseinander gehen, kann es auch keine gemeinsame Ausgangsbasis für die Forschungsfragen geben und in der Folge keine gemeinsame, aufeinander aufbauende Forschung. Es muß bei einzelnen, unverbundenen Forschungsprojekten bleiben.

In Deutschland scheint das *öffentliche Interesse* an der Erforschung sozialer Probleme und alternativer Lösungen kleiner zu sein als an der Erforschung anderer Lebensbereiche. Für die Erforschung des Weltalls oder die Entwicklung neuer Waffensysteme werden viele Milliarden DM ausgegeben. Wieviel Pfennig werden für die Erforschung der Lebenssituation von Nichtseßhaften, Obdachlosen, Drogenabhängigen oder – im Bereich „Adoption“ – „abgebenden Müttern“ ausgegeben? Soziale Arbeit als Wissenschaft und Forschung konkurriert mit den mächtigen und zähen Alltagstheorien der Bevölkerung. Kaum eine andere Disziplin spürt diese Konkurrenz so stark wie die Soziale Arbeit. Man weiß eben: „Penner sind faul“, „Obdachlose haben selbst schuld“, „Drogenabhängige sind kaputt“ und „‘abgebende Mütter’ wollen ihre Kinder sowieso nicht“. Das braucht nicht erst erforscht zu werden. Wie es im tiefen Weltall aussieht, das weiß man nicht. Das muß erforscht werden. Und zur Verteidigung des Wohlstands sind die neuesten Waffensysteme notwendig. Da ist es keine Frage, daß viele Milliarden DM investiert werden müssen. Das Interesse der Öffentlichkeit für soziale Probleme ist außerdem recht wechselhaft. Heute sind die Aidskranken im Mittelpunkt öffentlicher Aufmerksamkeit. Und es werden Forschungsprojekte für ihre Betreuung publikumswirksam initiiert und finanziert. Gestern waren es die Frauenhäuser. Morgen sind es vielleicht strahlengeschädigte Kinder. So hängt Sozialarbeitsforschung auch von der *Konjunktur sozialer Themen* ab. Da von dem öffentlichen Interesse zumeist der Grad der finanziellen Förderung abhängt, ist eine kontiunierliche Forschung kaum möglich. Geforscht wird an wissenschaftlichen Hochschulen. Fachhochschulen sind vom Hochschulgesetz ausdrücklich von der Forschung ausgenommen und haben nur Aufgaben in der Lehre wahrzunehmen.[14] Für Sozialpädagogik als Studiengang an der Universität bestehen Ort und Auftrag für die Forschung, auch wenn die materielle und personelle Ausstattung als äußerst unzureichend angesehen wird.[15] Für Soziale Arbeit als Studiengang an der Fachhochschule gibt es weder Ort noch Auftrag für Forschung. Die Versuche, an Fachhochschulen in den Fachbereichen für Sozialwesen zu forschen oder Forschungsinstitute einzurichten und dort anzuschließen, waren bislang meines Wissens wenig erfolgreich.[16] Die Zahl anderer Forschungsinstitute für Soziale Arbeit ist klein.[17] Ein Vergleich der Ausstattung mit Dokumentationszentren und Forschungseinrichtungen anderer Fachdisziplinen läßt auf eine geringe öffentliche Wertschätzung Sozialer Arbeit schließen. Sozialarbeit hat im Hochschulbereich ausschließlich einen Ort der Lehre und der Ausbildung erhalten, keinen zum Forschen. Strukturelle, personelle und materielle Voraussetzungen fehlen im Hochschulbereich, um in der Sozialen Arbeit als Wissenschaft forschen zu können.

Die Spaltung der Hochschulen in wissenschaftliche Hochschulen und Fachhochschulen trifft die Soziale Arbeit als Wissenschaft wie kein anderes Fach sonst. Alle anderen Studiengänge der Fachhochschulen existieren zugleich als Studiengang an wissenschaftlichen Hochschulen. Damit sind zwar HochschullehrerInnen dieser Fächer an Fachhochschulen von der Forschung ausgesperrt und nur zur Lehre verpflichtet, aber für die Fächer selbst als wissenschaftliche Disziplinen bleibt der Zugang zur Hochschulforschung insgesamt erhalten. Das gilt aber nicht für Soziale Arbeit. Das Fach „Sozialpädagogik" kann hier nicht für Soziale Arbeit herangezogen werden, da es einen anderen, engeren Gegenstandsbereich als Soziale Arbeit hat.[18] Die strukturelle Benachteiligung der Sozialen Arbeit als Fach führt zu einem Unikum: Es soll etwas anwendungsbezogen gelehrt werden, ohne daß irgendwo die Vorausetzungen dafür geschaffen worden sind, das zu Lehrende zu erforschen. Da bleibt für die Lehrenden nur der Rückgriff auf Berufswissen und Forschungsergebnisse anderer Disziplinen übrig. Allein die Etablierung der Sozialen Arbeit als Wissenschaft an wissenschaftlichen Hochschulen ist eine Voraussetzung zur Lösung dieses Problems.

In den vergangenen Jahren sind zahlreiche Modellprojekte in der Sozialen Arbeit eingerichtet worden. Die Träger oder Geldgeber haben in der Regel auf einer *wissenschaftlichen Begleitung der Modellprojekte* bestanden. Die WissenschaftlerInnen sollen Wissen und Methoden bei den Projekten einbringen, um die praktischen Probleme besser lösen zu können. Durch die wissenschaftliche Fundierung und

Auswertung der Arbeit sollen die Ergebnisse über das Einzelprojekt hinaus nutzbar werden. Die enge Zusammenarbeit von PraktikerInnen und WissenschaftlerInnen ist/war für alle Beteiligten nicht einfach, aber recht lehrreich.[19] Die Ergebnisse der wissenschaftlichen Begleitung und der Schlußfolgerungen daraus für die Soziale Arbeit sind schwer zugänglich. Es bleibt dem Zufall überlassen, ob man über Projektendberichte erfährt, da sie nicht systematisch verwaltet und veröffentlicht werden. Hier liegen viele Forschungsergebnisse noch im Verborgenen.

6.2. Die Zusammenarbeit von ForscherInnen und PraktikerInnen

Die *Zusammenarbeit von Forschung und Praxis* beziehungsweise ForscherInnen und PraktikerInnen wird von allen Beteiligten als schwierig bezeichnet.[20] Als Gründe für das schwierige Verhältnis werden angegeben: Die Eigenart sozialarbeiterischer Praxis (Erfolgsdruck, unmittelbare Handlungsverpflichtung, alltäglicher Arbeitsdruck, wenig Zeit und Kraft zur Reflexion), ideologisch bedingte Barrieren, Angst vor Veränderung, ärgerliches Auftreten der ForscherInnen als KritikerInnen und BesserwisserInnen, mangelnde Feldkenntnis, Orientierung außerhalb des Praxisfeldes usw. Dieter Kreft nennt als spezielle Einzelprobleme im Verhältnis von Wissenschaft/Forschung zur Praxis:

> „(1) Wann wird wo, wie geforscht (kann gefördert werden)?
> (2) Wer bestimmt den Forschungsbedarf, entscheidet, daß geforscht wird?
> (3) Wie steht es um die Bereitschaft der Praktiker / Politiker, sich des Forschungsbereiches (seiner Ergebnisse) zu bedienen?
> (4) Wie um das Praxisverständnis, Praxiswissen, Praxiseinfühlungsvermögen der Forscher?
> (5) Wie steht es um die Handlungsorientierung der Forschung?
> (6) Wie werden Forschungsergebnisse vermittelt?
> (7) Muß schließlich die Forschung nicht auch 'aufpassen', daß sie mit ihren Ansätzen einer durch eigenes Handeln informierten Praxis nicht 'hinterherläuft'?“[21]

Wenn HochschulforscherInnen und PraktikerInnen der Sozialen Arbeit zu einem Forschungsprojekt zusammenkommen, stoßen verschiedene Welten aufeinander; eine harmonische Zusammenarbeit wird so sehr schwierig. Mit einer recht groben Faustskizze möchte ich dieses Zusammentreffen an einem Beispiel lebendig werden lassen.
Der Wissenschaftler ist Ordinarius für Sozialpädagogik an einer Universität und möchte ein Forschungsprojekt über emanzipative Sozialpädagogik mit psychisch Kranken in Langzeitwohnheimen durch-

führen. Das Wohnheim für psychisch Kranke, das er sich aussucht, wird von einer Sozialarbeiterin geleitet. Er möchte mit seinem Projekt erreichen, daß die HeimbewohnerInnen mit dem Leitziel der Emanzipation betreut werden. Sie dagegen erhofft Unterstützung und Entlastung für sich und ihre MitarbeiterInnen bei der alltäglichen Arbeit. Sie kennt selbstverständlich die Probleme ihrer Heimbewohner und ihrer MitarbeiterInnen, teilweise kennt sie auch die Ursachen.

Er kommt stundenweise in ihr Büro und plädiert wortgewandt für sein Forschungsziel: Emanzipative Veränderung der Praxis im Wohnheim. Sie erinnnert sich an ihre eigenen Emanzipationsideen, mit denen sie die Stelle angefangen hat. Zugleich spürt sie den Druck, den ihr die real existierenden HeimbewohnerInnen mit ihren Verrücktheiten, Aggressionsausbrüchen, Suicidgedanken usw. machen. Er doziert ihr über herrschaftsfreie Kommunikation als Basis verantworteter Sozialpädagogik. Sie ist eingeklemmt von rechtlichen, administrativen und finanziellen Sachzwängen. Die für das Projekt von allen HeimbewohnerInnen und MitarbeiterInnen auszufüllenden Fragebogen erlebt sie als eine zusätzliche Last.

Da sitzen sie nun einander gegenüber. Er hat ein Jahresgehalt von ca. 130.000 DM (Besoldungsgruppe C 4); sie hat ein Jahresgehalt von ca. 50.000 DM (Besoldungsgruppe BAT IV a). Er hat ein Lehrdeputat von 8 Stunden pro Woche während 30 Wochen im Jahr; sie hat 37,5 Wochenstunden bei 30 Urlaubstagen im Jahr. Er ist Beamter auf Lebenszeit, faktisch unkündbar; sie ist Angestellte bei einem freien Träger sozialer Dienste, kündbar, wenn sie einen geschiedenen Mann heiratet. Er hat das Recht der freien Lehre und niemand kontrolliert ihn; ihr Anstellungsträger fordert Loyalität, Rechenschaft über alles, was passiert oder nicht passiert, und kontrolliert ihre gesamte Arbeit. Er lebt mit gebildeten und angepaßten Menschen zusammen; sie ist den ganzen Tag über den Verrücktheiten kranker Menschen ausgesetzt. Er pflegt eine Sprache auf hohem Niveau; sie muß sich mit keifenden und mundfaulen Menschen verständigen.

Die Arbeitsteilung zwischen Forschung und Praxis mit allen Konsequenzen hat in der Sozialen Arbeit vielfach zur Entfremdung von ForscherInnen und PraktikerInnen geführt. Die Entfremdung vieler ForscherInnen von der Praxis begünstigt bei ihnen eine hochnäsige, wenig wissenschaftliche Haltung. Diese zeigt sich für mich darin, wenn sie für ihr Tun einen Wissenschafts- und Forschungsbegriff zugrunde legen, der

> „im Sinne 'kritischer Theorie' entschieden die Kritik und Analyse bestehender Praxis, gemessen an pädagogisch-politischen Zielsetzungen im Sin-

ne und Interesse individueller und kollektiver Emanzipation, zum Gegenstand hat. Dazu gehört vor allem auch die kritische Reflexion der antreffbaren Ziele und der jeweils bereits erfolgten, in der Regel aus institutionellen Interessen abgeleiteten Problemdefinitionen, die die Praxis bestimmen. Forschung und wissenschaftlich angeleitete Reflexion haben insofern eine wesentliche Funktion darin, diese in allen Formen der Praxis bereits enthaltenen interessegeleiteten Problemdefinitionen kritisch zu befragen und sie unter dem Kriterium des Interesses der Betroffenen zu problematisieren."[22]

Vor der Kritik sollte doch wohl zuerst – jedenfalls dann, wenn man wissenschaftlich arbeiten will – die Analyse dessen stehen, was vorzufinden ist.[23] Danach kann man sich über die angestrebten und eventuell besser anzustrebenden Ziele unterhalten und von da aus die Praxis kritisieren. Die zunächst zu beantwortenden Fragen nach der Situationsanalyse sind: Welches sind die Interessen der Betroffenen? Wie können die Interessen aller Betroffenen erkannt werden? Wer bestimmt, was für wen gut ist oder sein soll? Wie können Lösungen gefunden werden, die von allen Beteiligten angenommen werden? Wie können unvermeidbare Konflikte ausgetragen und gelöst werden? Die Reihenfolge erst Kritik und dann Analyse ist für mich Missionierung, genügt keinesfalls den Ansprüchen an eine sich kritisch gebende Wissenschaft/Forschung!

Andere AutorInnen verbinden mit Praxisforschung zunächst die Untersuchung der Praxis beruflichen Handelns in der Sozialen Arbeit und nennen dann als zweite Aufgabe die Veränderung der Praxis sozialer Arbeit.[24] Wer als ForscherIn mit dem – offenen oder verborgenen – vorrangigen Anspruch auftritt, die Praxis sei grundsätzlich zu verändern, darf sich nicht wundern, wenn die PraktikerInnen und häufig auch die KlientInnen die Zusammenarbeit mit ihnen verweigern. Eine grundsätzlich auf Veränderung ausgerichtete Praxisforschung respektiert nicht, daß in vielen Fällen die Praxis Sozialer Arbeit sowohl von den KlientInnen als auch von den SozialarbeiterInnen als zufriedenstellend erlebt wird. Berichte über erfolgreiche Zusammenarbeit von Forschung und Praxis bestätigen die große Bedeutung der gegenseitigen Achtung.[25] Eine Rückbesinnung auf Wissenschaft als gemeinsame Suchbewegung mag zu einem behutsameren und partnerschaftlichen Umgang von ForscherInnen und PraktikerInnen führen.

Anmerkungen zu Kapitel 6

[1] Hornstein 1987, Rauschenbach 1991

[2] Dewe / Wohlfahrt 1989

[3] C.W. Müller 1988c, 17 - 33
[4] Kreft 1987, 60
[5] Heiner 1988a, 10
[6] Kreft 1987, 58ff.
[7] Als Beispiele nenne ich die Zeitschriftenbibliographie in der Zeitschrift „Soziale Arbeit", die Bibliographie der Sozialwissenschaftlichen Literatur Rundschau und die Literaturübersicht in den Jahrbüchern des Deutschen Caritasverbandes e.V.
[8] Zitiert nach Hornstein 1987, 373
[9] Bei dem Verständnis von Praxisforschung orientiere ich mich an der Definition von Maja Heiner 1988a, 7. C. Wolfgang Müller faßt Praxisforschung („empirische Untersuchungen der Voraussetzungen, der Praxis und der Folgen beruflichen Handelns in der sozialen Arbeit") dagegen so weit auf, daß alle Forschungsebenen und - arten damit umfaßt sind. 1988a, 17.
[10] Vgl. Fehlker 1989, 42
[11] Vgl. hierzu Teil 1 Abschnitt 4.2. und Teil 2 Abschnitt 4.3.
[12] Swientek 1986
[13] Vgl. hierzu auch die Konstruktionselemente einer komplexen Handlungstheorie zur Sozialen Arbeit von Silvia Staub-Bernasconi in Teil 4 Abschnitt 7 S. 294f.
[14] Vgl. Maier 1992, 23f.
[15] Rauschenbach 1991
[16] Vgl. Maier 1992 und den Bericht der Konferenz der Fachbereichsleiter der Fachbereiche Sozialwesen 1986
[17] Auf das Institut für Sozialarbeit und Sozialpädagogik in Frankfurt / M., das Sozialpädagogische Institut in Berlin und das Deutsche Jugendinstitut in München weise ich stellvertretend für andere Institute hin.
[18] Vgl. Teil 2 Abschnitt 3
[19] Vgl. Berg / Wortmann 1987; Kreft 1987
[20] Zum Beispiel Späth 1985; Hornstein 1987; Kreft 1987; v. Uslar 1988; Happe 1988; Horn / Klinkmann 1989
[21] Kreft 1987, 61
[22] Hornstein 1987, 375f.
[23] Vgl. hierzu Kreutz / Landwehr / Wuggenig 1987; Layer 1987
[24] Heiner 1988a, 7
[25] Kreft 1987, 62f.

Teil 3
Perspektiven

Ein kurzer Blick in die Tageszeitungen reicht bereits aus, um zu erkennen, daß zu den bekannten regionalen und überregionalen sozialen Problemen täglich neue Probleme hinzukommen. Es liegen Aufgaben vor, deren Lösung nicht nur von einzelnen, sondern auch von einer noch nicht ausdücklich formulierten Erwartung vieler eingefordert werden. Diese Forderungen sind es wert, geprüft und geklärt zu werden. Doch wer soll das tun? Wer in unserer Gesellschaft befaßt sich gezielt und systematisch damit, soziale Probleme zu analysieren, Lösungsvorschläge zu entwickeln und diese zu verwirklichen?

> „Soziale Arbeit ist der einzige Beruf - im Unterschied zu Gewerkschaften, Parteien, sozialen Bewegungen - , der seine Verpflichtung zur *Solidarität mit den Leidenden in und an der Gesellschaft als auch in und an ihrer Kultur* nicht aufgeben kann, ohne seinen Berufsinhalt aufzugeben. Sein Gegenstand sind soziale Probleme im engen und weiten Sinn. Soziale Arbeit ist also ... sozial gebündelte, reflexive wie tätige Antwort auf bestimmte Realitäten, die als sozial und kulturell problematisch bewertet werden."[1]

In der Geschichte Sozialer Arbeit ist nicht nur spontan handelnd auf die sozialen Notlagen reagiert worden, sondern zu allen Zeiten sind soziale Probleme und mögliche Antworten auf diese Probleme auch bedacht worden. Soziale Arbeit ist reich an *vielfältigen praktischen mehr oder weniger theoretisch unterlegten Antworten auf soziale Probleme.* Ich nenne als Beispiele: Ausgrenzen, Beraten, Bilden, Einsperren, Ermutigen, Fürsorgen, Heilen, Kontrollieren, Lehren, Pflegen, Töten und Unterstützen. So diffizil, unübersichtlich, komplex und widersprüchlich wie unsere Lebenswelt ist, so diffizil, unübersichtlich, komplex und widersprüchlich sind auch die Antworten der Sozialen Arbeit.[2] Wie sollte es auch anders sein. Ein großer Reichtum an Alltagswissen, Berufswissen und wissenschaftlichem Wissen zu sozialen Fragen hat sich bis heute angesammelt. Eine Reduktion der Geschichte Sozialer Arbeit auf Armenpflege oder Jugendhilfe verkennt die Vielfalt der epochalen und kulturabhängigen Formen des Umgangs mit sozialen Problemen. Den Reichtum der Geschichte Sozialer Arbeit gilt es zu entdecken und so aufzubereiten, daß er für die Lösung der anstehenden sozialen Probleme genutzt werden kann. Das Alte ist für das Neue fruchtbar zu machen. Das bedeutet: das vorhandene, weit zerstreute wissenschaftliche Wissen, Berufs- und Alltagswissen muß zusammengetragen, gesichtet, geordnet, ausgewertet und weiter entwickelt werden. Dies ist die Aufgabe der Sozialen Arbeit als Wissenschaft. Dabei steht sie vor derselben Aufgabe wie alle anderen Wissenschaften auch, da die zentrifugale Tendenz allen wissenschaftlichen Wissens immer wiederholte zentripetale Anstrengung einer systematischen Zusammenfassung fordert.[3]

Viele Berufe beanspruchen für sich und ihr Wissen als Einzelwissenschaft anerkannt zu werden, zum Beispiel neuerdings die Krankenpflegeberufe als Pflegewissenschaft. Soziale Arbeit kann nachweisen (dieses Buch ist ein solcher Nachweisversuch), daß ihr *Anspruch, als Einzelwissenschaft anerkannt zu werden,* zu Recht besteht. Der beste Nachweis besteht meines Erachtens darin, wenn sie sich faktisch wie eine Einzelwissenschaft verhält und nicht jammernd oder polemisierend um ihre Anerkennung als Wissenschaft bei jedermann buhlt. Auf Dauer wird niemand an einer selbstbewußt und eigenständig denkenden und handelnden Sozialen Arbeit als Wissenschaft vorbeikommen, ohne ihr den nötigen Respekt zu erweisen. Dieses Selbstbewußtsein ist freilich nicht zu erreichen, wenn ausschließlich und ständig beklagt wird, daß noch fast alles fehlt, damit Soziale Arbeit als Wissenschaft anerkannt werden kann.[4] Seit mehr als 70 Jahre wird in Deutschland diese Eigenständigkeit für die Soziale Arbeit beziehungsweise Wohlfahrtspflege gefordert.[5] Bislang ist sie ihr nicht offiziell mit den daraus resultierenden strukturellen Verbesserungen zugesprochen worden. Eigenständig wird jemand am wenigsten dann, wenn er darauf wartet, daß ihm ein anderer sagt, nun sei er eigenständig. Gerade bei der Sozialen Arbeit gibt es viele Interessierte – das zeigt ihre Geschichte überaus deutlich –, die immer einen Grund finden, der Sozialen Arbeit die Eigenständigkeit abzusprechen. Soziale Arbeit als Wissenschaft hat eine hoffnungsvolle Zukunft, wenn sie sich in der Gegenwart darauf besinnt, was sie aus der Vergangenheit an Ressourcen mitbringt und über welche Ressourcen sie jetzt verfügt. Es scheint so zu sein, daß heute in der Praxis tätige SozialarbeiterInnen von der Sozialen Arbeit als Wissenschaft kaum Hilfe erwarten; von theoretischen Reflexionen halten sie wenig. Publizierende SozialarbeiterInnen und SozialarbeitswissenschaftlerInnen erwarten dagegen sehr viel von einer wissenschaftlichen Reflexion Sozialer Arbeit und einer noch zu entwickelnden Zentraltheorie für die Soziale Arbeit. Fast krankhaft sind viele im Bereich der Sozialen Arbeit darauf fixiert, daß Soziale Arbeit erst dann eine eigenständige Wissenschaft sein kann, wenn endlich - lang ersehnt wie der erlösende Kuß des

Prinzen bei Dornröschen – die Zentraltheorie Sozialer Arbeit gefunden ist, die alles in sich vereint und von allen als die Theorie Sozialer Arbeit anerkannt wird. Eine solche Erwartung ist für mich in dreifacher Hinsicht als verfehlt anzusehen:

(a) Es wird die Realität verkannt, daß alle wissenschaftlichen Disziplinen sowohl über mehrere Metatheorien als auch über mehrere Objekttheorien verfügen, die nebeneinander benutzt werden.[7]
(b) Der Reichtum, über den die Soziale Arbeit nachgewiesenermaßen verfügt, wird nicht wahrgenommen, oder aber das Wahrgenommene wird mißachtet. Ich verweise zum Beispiel auf den Reichtum, der in den Wörter- und Handbüchern zur Sozialen Arbeit (etwa auf die vom Deutschen Verein für öffentliche und private Fürsorge, von Dieter Kreft / Ingrid Mielenz und von Hanns Eyferth / Hans-Uwe Otto / Hans Thiersch herausgegebenen Werke) zusammengetragen ist sowie auf die zahlreichen Fachzeitschriften (siehe die Zusammenstellung in Kreft / Mielenz 1988, 636 - 640).
(c) Der Prozeß der wissenschaftlichen Ausdifferenzierung der Organisationselemente einer Wissenschaft – der Gegenstandsbereich, die Erkenntnismethoden, die Theoriebildung, die Forschung sowie die vorwissenschaftlichen Wertsetzungen – ist nicht erst angestoßen worden, sondern beachtlich weit fortgeschritten.[8]

Im Unterschied zur Volkswohlfahrt, Kulturpolitik, Wirtschafts- und Sozialpolitik bezieht sich Wohlfahrtspflege für Alice Salomon nicht auf ein fest abgrenzbares Sachgebiet, sondern wird vielmehr durch den Kreis der in irgendeiner Beziehung auf soziale Hilfe angewiesenen Menschen bestimmt und erhält durch ihn ihr eigentliches Merkmal. Gemäß der ergänzenden Natur der Wohlfahrtspflege verändert sich der Umfang ihrer sachlichen Aufgaben mit den gesellschaftlichen Verhältnissen und Anschauungen.[9] In der Tradition dieses Gedankenganges ist es konsequent, mit Silvia Staub-Bernasconi als Gegenstand für die Soziale Arbeit als Wissenschaft und als Praxis *„Soziale Probleme und ihre Lösungen“* im weiten Sinne zu definieren. Mit dieser Gegenstandsbestimmung besteht eine solide und praxisgerechte Ausgangsbasis für weitere Entwicklungen der Sozialen Arbeit insgesamt. Eine solche Definition des Gegenstands Sozialer Arbeit berücksichtigt die globale Einbindung und Abhängigkeit aller sozialen Probleme und macht deutlich, daß Soziale Arbeit mehr ist als nur das Austeilen von warmer Suppe in Armenküchen oder das Ausfüllen von Sozialhilfeanträgen. Soziale Probleme gibt es innerhalb von Regionen (Villenbesitzer und Obdachlose innerhalb einer Stadt), aber auch zwischen Regionen (die Verhungernden der Sahelzone in Afrika und die Übersättigten in Deutschland). Mit dieser Definition wird bekannt, daß Soziale Arbeit keinen eigenen Gegenstandsbereich neben Psychologie, Pädagogik, Soziologie usw. hat, sondern daß der Gegenstand sich erst aus der Verknüpfung der Gegenstände anderer Disziplinen ergibt und insofern doch wiederum ein eigener Gegenstand ist. Eine solche Gegenstandsbestimmung ist heute nicht außergewöhnlich, da sie der Multidisziplinarität und systemhaften Verflechtung der Probleme und der damit verbundenen projektorientierten Verschränkung der Disziplinen und der Kooperation der betroffenen wissenschaftlichen und praktischen SpezialistInnen und GeneralistInnen entspricht. Ein so definierter Gegenstandsbereich Sozialer Arbeit ist ein tragfähiges Fundament, um nach *integrativen Meta- und Objekttheorien* zu fragen.[12] Die theoretische Kolonialisierung der Sozialen Arbeit durch PädagogInnen, SoziologInnen, PsychologInnen, JuristInnen usw. kann von da aus überwunden und damit das Verhältnis zwischen Basiswissenschaften und einer handlungswissenschaftlich orientierten Sozialen Arbeit neu gestaltet werden. Die SozialarbeiterInnen stellen ihre Fragen, auf die dann PädagogInnen, SoziologInnen, PsychologInnen, JuristInnen usw. antworten. Damit wird das bisherige Verhältnis umgekehrt, nach dem SozialarbeiterInnen fraglos aufzunehmen haben, was PädagogInnen, SoziologInnen, PsychologInnen, JuristInnen usw. aus ihrer jeweils fachspezifischen Fragestellung ihnen anzubieten haben.[13] Dem innerdisziplinären Gespräch kann/soll das *interdisziplinäre Gespräch* zur Verbindung der unterschiedlichen Fragen, Erkenntniswege und Erkenntnisse folgen.[14] Zu verzichten ist auf eine unwissenschaftliche, das heißt fraglose Aneignung von Methoden aus anderen Fächern. Der Gegenstand Sozialer Arbeit bildet den Ausgangspunkt für die Befragung der anderen Disziplinen und der von ihnen entwickelten Theorien und Teiltheorien. Soziale Arbeit muß auf das Wissen vieler Disziplinen zurückgreifen, um die einzelnen Phänome, die an der Entstehung sozialer Probleme beteiligt sind, zu erklären.[15]

Soziale Arbeit als Wissenschaft (und als Praxis) läßt sich nicht methodologisch (= über spezifische Erkenntnismethoden) begründen. Eine methodologische Begründung der Sozialarbeitswissenschaft ist aussichtslos, weil alle Methoden überall verbreitet sind: die gleichen oder ähnlichen Methoden tauchen unter gleichen oder verschiedenen Namen in allen Wissenschaften auf, und der Methodengebrauch richtet sich nur nach dem Reife- und Konsolidierungsgegenstand, den jeweiligen Forschungsstrategien und natürlich nach dem Gegenstandsgebiet der betreffenden Wissenschaft.[16]

Soziale Arbeit - ihre Wissenschaft und ihre Praxis - sind ethisch zu begründen: Soziale Arbeit als Wissenschaft ist als praktische Wissenschaft auf Handeln ausgerichtet. Gehandelt wird in der Sozialen Arbeit nach bestimmten vorgegebenen *Werten und Normen*. Eine solche Wert- und Kriterienvorgabe ist überhaupt notwendig, um darüber zu entscheiden, ob ein soziales Problem vorliegt oder nicht. Diese Wert- und Kriterienvorgaben sind das *eigentliche Konfliktfeld* Sozialer Arbeit. Je konkreter der anzustrebende Wert festgelegt wird, desto größer wird das Konfliktpotential. Die Soziale Arbeit als Wissenschaft kommt um eine sorgfältige Behandlung dieses Konfliktpotentials nicht herum. Je differenzierter die Reflexion, desto geringer ist die Gefahr, das anders Wertende als „Ungläubige oder Ideologen" diffamiert und ausgegrenzt werden. Eine Einigung auf die von den Vereinten Nationen deklarierten Menschenrechte als gemeinsame Basis und als einzufordernde Ziele müßte auch über unterschiedliche weltanschauliche Orientierungen hinweg möglich sein.[17]

Natürlich verbirgt sich gerade hinter der Wert- und Kriterienfrage die Machtfrage: Wer entscheidet letztlich, ob eine Situation ein soziales Problem ist? Und wer setzt eine bestimmte Lösungsrichtung durch, wenn entschieden worden ist, daß ein soziales Problem vorliegt? In der Sozialen Arbeit als Wissenschaft werden – wie in kaum einer anderen Wissenschaft – die regionalen, nationalen und internationalen Machtkonstellationen zentral berührt. Die Beiträge zur Lösung sozialer Probleme von gesellschaftlichen Machtgruppen, selbsternannten Helfern wie etablierten sozialen Organisationen zielen häufig darauf, Soziale Arbeit vor ihre Karren zu spannen. Das ist nicht neu. Daraus ergibt sich für Soziale Arbeit, immer im Spannungsfeld von menschlicher Liebe - als Nähe, Einfühlung und Berührung, Ansehen und Anerkennung, Sorge und Güte, Pflege und Gabe – und struktureller Macht – als Distanz, Kontrolle und Verteilung von gesellschaftlichen Ressourcen, aber auch als Kontrolle von Menschen in funktionalen sozialen Arrangements - zu leben und diese Spannung aushalten zu müssen.[18] Soziale Arbeit als Wissenschaft wird – will sie nicht einen zentralen Aspekt unserer Lebenswirklichkeit ausblenden – immer die Machtfrage reflektieren müssen, und zwar im großen sowie im kleinen. Letztlich läuft die Frage stets darauf hinaus, nach der gesellschaftlichen Funktion Sozialer Arbeit zu fragen.

Soziale Arbeit als Praxis zielt auf Handeln, Soziale Arbeit als Wissenschaft ist eine praktische Wissenschaft, die auf Handeln ausgerichtet ist. Handlungen sind komplex, und in den Theorien gilt es folglich, Komplexität zu verarbeiten statt auf Simplizität zu reduzieren.[19]

Mit der *Handlungstheorie* verfügt die Soziale Arbeit als Wissenschaft über eine wissenschaftlich ausgewiesene und anerkannte Methode, die die unterschiedlichen Interessen von WissenschaftlerInnen, PraktikerInnen und KlientInnen miteinander verbinden kann.[20] Die bereits vorhandenen *Meta- und Objekttheorien* sind eine gute Ausgangsposition, um über partikuläre, zum Teil isolierte ad-hoc-Perspektiven und Ansätze hinauszukommen (siehe Abbildung 13).[21] Da Theorien sich in zirkulär oder spiralförmig verlaufenden Prozessen bilden, sollten WissenschaftlerInnen weiter an dem Vorhandenen arbeiten und nicht ständig auf neue Ansätze ausweichen.

In einer handlungstheoretisch orientierten Sozialen Arbeit als Wissenschaft lassen sich mannigfaltige Aspekte aus unterschiedlichen Disziplinen zusammenfassen.

Zusammenfassen und Verknüpfen darf nicht mit Vereinheitlichen gleichgesetzt werden. Vereinheitlichungsbestrebungen mißachten die qualitative Vielfalt und Differenziertheit des Wirklichen, der Menschen wie der Gesellschaft und ihrer Problematiken.[22] Es gibt nicht einen richtigen Ansatz und sonst lauter falsche, sondern nur das richtige Gespräch aller Ansätze untereinander. Es ist ein menschliches Problem, wenn man sich (s)einen Ansatz zur ganzen Weisheit macht. Theoretisch richtig und praxistauglich kann ein neuer Ansatz sein, ohne daß alle anderen, früheren Ansätze dadurch falsch und untauglich sein oder werden müssen.[23] Die Idee der *Koexistenz, Interaktion und Komplementarität* von Theorien wird von SozialwissenschaftlerInnen immer wieder gefordert, aber äußerst selten gelebt. Die Lust am „Entweder - oder", „Richtig oder falsch" und „Mein oder dein" ist ausgeprägt und verhindert eine mögliche und notwendige Konzentration auf das Erforderliche und Gemeinsame.

Soziale Arbeit als Einzelwissenschaft benötigt in unserer Gesellschaft wie alle anderen wissenschaftlichen Disziplinen auch einen *Auftrag* und einen eigenen *Raum für die Forschung*.[24] Allgemeiner Auftrag an alle wissenschaftlichen Fachdisziplinen ist, sich für die Entfaltung der Humanität in unserer Gesellschaft einzusetzen.[25] Es gibt an deutschen Universitäten zwar Lehrstühle für Missionsgeschichte, Verwaltungsrecht, Musikwissenschaft, Verkehrspolitik, Wirtschaftsprüfungs- und Beratungswesen, aber nicht für Soziale Arbeit (also für Soziale Probleme und ihre Lösungen). Das kann auch als Zeichen dafür interpretiert werden, wie gering die Menschen in Deutschland angesehen werden, die unter sozialen Problemen leiden und wie wenig die Soziale Arbeit der großen Bevölkerungsmehrheit in Deutschland wert ist. Die Soziale Arbeit ist der einzige Studiengang von allen an deut-

Abbildung 13: Soziale Arbeit als vielfältige Wissenschaft

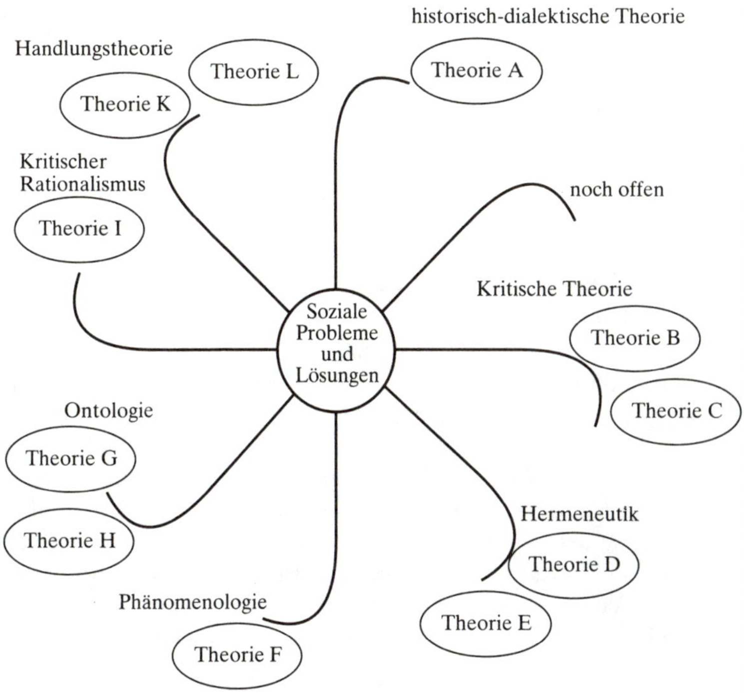

schen Fachhochschulen angebotenen Studiengängen, der nicht an einer wissenschaftlichen Hochschule vertreten ist. Daraus ergeben sich zwei existentielle Probleme für die Soziale Arbeit insgesamt. Diese Probleme betreffen im deutschen Hochschulbereich allein das Studienfach Soziale Arbeit.

(a) Wo soll das wissenschaftliche Wissen in Sozialer Arbeit gefunden und entwickelt werden, das an Fachhochschulen zu vermitteln ist? Wissenschaftliche Hochschulen haben den Auftrag und den Raum zur Forschung, Fachhochschulen dagegen nicht.
(b) Wo sollen SozialarbeiterInnen sich für die Lehrtätigkeit in ihrem Fach als ProfessorIn an einer Fachhochschule qualifizieren? Noch muß ein anderes Fach als Soziale Arbeit an einer wissenschaftlichen Hochschule studiert, erfolgreich mit Promotion abgeschlossen werden,

um die Einstellungsvoraussetzungen für die Lehre des Faches Soziale Arbeit an einer Fachhochschule zu erfüllen.

Aus Gründen der Gleichbehandlung und um die für die Praxis und Ausbildung notwendige Forschung zu ermöglichen, sollte Soziale Arbeit als eigenständige *Disziplin im Rahmen der Sozialwissenschaften an wissenschaftlichen Hochschulen* einen Platz erhalten.[26] Da Qualifizierungsarbeiten (Diplomarbeiten, Dissertationen und Habilitationen) einen großen Anteil an der Forschung ausmachen, würden beide Anliegen miteinander verbunden. Das bedeutet keinesfalls, daß auch die Ausbildung von SozialarbeiterInnen von Fachhochschulen an die wissenschaftlichen Hochschulen verlegt werden muß.
Von Sozialer Arbeit als einer Wissenschaft zu sprechen ist eine Sache, über Ausbildungs- und Berufsfragen von SozialarbeiterInnen zu sprechen ist eine andere Sache. Beide Sachen haben miteinander zu tun, sind keinesfalls identisch. Bei der durch Wissenschaft gestützten Ausbildung von SozialarbeiterInnen geht es um die Vermittlung einer *„wissenschaftlichen Haltung“* – im Sinne einer Haltung, die Welt fragend zu erforschen, Befunde der Wissenschaft in das eigene berufliche Deuten und Handeln zu integrieren und sich bewußt zu sein, daß es immer auch andere Antworten geben kann als die, die ich für mich gefunden habe. Maßstab für diese Haltung ist aber, daß sich die Soziale Arbeit als Wissenschaft gegenüber dem Leben bewährt und der Bezug zum leidenden Menschen nicht verloren geht. Damit ist auch die Gefahr der „Verwissenschaftlichung“ der Sozialen Arbeit gebannt.[27] Eine so verstandene wissenschaftliche Haltung ermöglicht eine fruchtbare Zusammenarbeit von WissenschaftlerInnen und PraktikerInnen. Wissenschaftliches Wissen der Sozialen Arbeit wird dann zu einer wichtigen Grundlage für viele Menschen, ihren Alltag zu bewältigen und sich ihres Lebens zu freuen. Etwas mag das Denken dabei wohl schon helfen (Norbert Elias).

Anmerkungen zu Teil 3

1 Staub-Bernasconi 1991, 3. Hervorhebung durch mich, E.E.
2 Vgl. Thiersch 1986, 204
3 Rombach 1979, 89
4 Vgl. Lukas 1979, 221
5 Vgl. Salomon 1927, 55, 127; Orthbandt 1980, 267 - 275
6 Lukas 1979, 221
7 Vgl. zum Beispiel für die Psychologie Hermann 1991
8 Vgl. Lukas 1979, 224f., 228
9 Salomon 1928, 1 - 16

[10] Staub-Bernasconi 1986, 48 - 59
[11] Vgl. Rombach 1979, 166
[12] Staub-Bernasconi 1986, 48
[13] Staub-Bernasconi 1986, 55
[14] Rombach 1979, 24
[15] Staub-Bernasconi 1986, 54f.
[16] Vgl. Rombach 1979, 148
[17] Menschenrechte 1979
[18] Staub-Bernasconi 1991, 4
[19] Staub-Bernasconi 1983b, 182f.
[20] Lukas 1979, 228
[21] Staub-Bernasconi 1983b, 35
[22] Staub-Bernasconi 1983b, 306
[23] Staub-Bernasconi 1986, 27
[24] Vgl. bereits Salomon 1927, 125 - 127
[25] Vgl. Rombach 1979, 18
[26] Vgl. hierzu die Untersuchung von Rohde 1990
[27] Rombach 1979, 156.

Literatur

Adler, A. 1972: Über den nervösen Charakter. Frankfurt/M.

Adler, A. 1973: Der Sinn des Lebens. Frankfurt/M.

Adler, A. 1980: Praxis und Theorie der Individualpsychologie. Frankfurt/M.

Adler, A. 1981a: Lebenskenntnis. Frankfurt/M.

Adler, A. 1981b: Menschenkenntnis. Frankfurt/M.

Albert, H. 1989: Kritischer Rationalismus. In: Seiffert, H./Radnitzky, G. (Hrsg.): Handlexikon zur Wissenschaftstheorie. München. 177 – 182

Alisch, L.-M. 1983: Sozialpädagogische und sozialarbeitswissenschaftliche Theoriebildung bei Lutz Rössner. In: Wollenweber, H. (Hrsg.): Modelle sozialpädagogischer Theoriebildung. Paderborn. 121 – 146

Alisch, L.-M./Rössner, L. 1990: Grundlagen der Sozialarbeitswissenschaft und sozialarbeitswissenschaftlichen Forschung. Braunschweig. 2. erweiterte Auflage

Ansbacher, H.-L./Ansbacher, R. R. 1982: Alfred Adlers Individualpsychologie. Eine systematische Darstellung seiner Lehre in Auszügen aus seinen Schriften. München, Basel

Atteslander, P. 1974: Methoden der empirischen Sozialforschung. Berlin, New York

Barth, Ch. M. (Hrsg.) 1977: Thomas Robert Malthus. Das Bevölkerungsgesetz. München

Bartlett, H. M. 1979: Grundlagen beruflicher Sozialarbeit. Integrative Elemente einer Handlungstheorie für Sozialarbeiter/Sozialpädagogen. Freiburg i.Br.

Bauer, R. 1986: Vom Roten Kreuz zum Totenkreuz. Zur Wohlfahrtsverbände-Politik im Nationalsozialismus. In: neue praxis 4 (16) 311 – 321

Bauer, R. 1989: Eine „andere“ Alice Salomon. Die „Begründerin des sozialen Berufs“ und die „Reaktionäre – männlich wie weiblich“. In: Sozialwissenschaftliche Literatur Rundschau 19 (12) 37 – 41

Bäuerle, W. 1973: Zur Entwicklung einer sozialen Technologie. In: Theorie und Praxis der sozialen Arbeit 5 (24) 162 – 175

Bayer, J./Derks, I./Klinski, G./Rathschlag, A. 1984: Ausbildungsprobleme in der Sozialarbeit? In: neue praxis 1 (14) 67 – 79

Benner, D. 1978: Hauptströmungen der Erziehungswissenschaft. Eine Systematik traditioneller und moderner Theorien. München. 2. neubearbeitete und erweiterte Auflage

Berg, R./Wortmann, R. 1987: Was ist und zu welchem Ende betreiben wir wissenschaftliche Begleitung? In: Sozialpädagogik 6 (29) 264 – 268

Bernhart, J. (Hrsg.) 1985: Thomas von Aquino. Summe der Theologie. 3 Bde. Stuttgart

Bismarck, O. v. 1929: Die gesammelten Werke. Bd. 12. Berlin

Bock, T. 1986: Sozialarbeit/Sozialpädagogik. In: Deutscher Verein für öffentliche und private Fürsorge (Hrsg.): Fachlexikon der sozialen Arbeit. Frankfurt/M. 2. Auflage. 746 – 749

Böll, H. 1984: Thomas von Aquin. Summa Theologica. In: Raddatz, F. (Hrsg.): Die ZEIT-Bibliothek der 100 Sachbücher. Frankfurt/M. 40 – 45

Böhnisch, L./Lösch, H. 1979: Das Handlungsverständnis des Sozialarbeiters und seine institutionelle Determination. In: Otto, H.-U./Schneider, S. (Hrsg.): Gesellschaftliche Perspektiven der Sozialarbeit. Bd 2. Neuwied, Darmstadt. 21 – 40

Böttcher, H. 1975: Sozialpädagogik im Überblick. Versuch einer systematischen Agogik. Freiburg. i. Br.

Breuer, F. 1989: Wissenschaftstheorie für Psychologen. Münster. 4. völlig neubearbeitete und stark erweiterte Auflage

Brumlik, M. 1989: Kohlbergs 'Just Community ' – Ansatz als Grundlage einer Theorie der Sozialpädagogik. In: neue praxis 5 (19) 374 – 383

Brunkhorst, H. 1988: Pädagogisierung der Normalisierungsarbeit. In: neue praxis 4 (18) 290 – 300

Brunkhorst, H./Otto, H.-U. 1989: Soziale Arbeit als gerechte Praxis. In: neue praxis 5 (19) 372 – 374

Brunkhorst, H./Sünker, H. 1985: Strategische Alternativen kommunaler Sozialarbeitspolitik. In: neue praxis 2/3 (15) 120 – 132

Buhr, M./Kosing, A. 1979: Kleines Wörterbuch der marxistisch-leninistischen Philosphie. Berlin

Bullock, A. 1964: Hitler. Eine Studie über Tyrannei. 2 Bde. Frankfurt/M.

Bundesarbeitsgemeinschaft der Freien Wohlfahrtspflege (Hrsg.) 1985: Die Spitzenverbände der Freien Wohlfahrtspflege – Aufgaben und Finanzierung. Freiburg i.Br.

Bundesverband der Katholischen Arbeitnehmer-Bewegung Deutschlands (Hrsg.) 1975: Texte zur katholischen Soziallehre mit einer Einführung von O. v. Nell-Breuning. Kevelaer

Capra, F. 1988: Wendezeit. Bausteine für ein neues Weltbild. München

Corsini, R. J. (Hrsg.) 1983: Handbuch der Psychotherapie. 2 Bde. Weinheim, Basel

Deuringer, K. 1966: Vives, Juan Luis. In: Lexikon für Theologie und Kirche. Bd. X. Freiburg i.Br. 829f.

Deutscher Verein für öffentliche und private Fürsorge 1983: Stellungnahme des Deutschen Vereins zu den „Anforderungen an eine berufsqualifizierende Ausbildung der Sozialarbeiter/Sozialpädagogen". Sonderdruck aus dem „Nachrichtendienst des Deutschen Vereins für öffentliche und private Fürsorge 5/1983

Deutscher Verein für öffentliche und private Fürsorge (Hrsg.) 1986: Fachlexikon der sozialen Arbeit. Frankfurt/M. 2. Auflage

Dewe, B./Ferchhoff, W./Sünker, H. 1987a: Alltagstheorien. In: Eyferth, H./ Otto, H.-U. / Thiersch, H. (Hrsg.): Handbuch zur Sozialarbeit/Sozialpädagogik. Neuwied, Darmstadt. 56 – 72

Dewe, B./Ferchhoff, W. 1987b: Abschied von den Professionen oder die Entzauberung der Experten – Zur Situation der helfenden Berufe in den 80er Jahren. In: Archiv für Wissenschaft und Praxis der sozialen Arbeit 3 (18) 147 – 182

Dewe, B./Otto, H.-U. 1987c: Verwissenschaftlichung ohne Selbstreflexivität – Produktion und Applikation wissenschaftlicher Problemdeutungen in der Sozialarbeit/Sozialpädagogik. In: Olk, T./Otto, H.-U. (Hrsg.): Soziale Dienste im Wandel 1. Helfen im Sozialstaat. Neuwied, Darmstadt. 287 – 326

Dewe, B./Frank, G./Huge, W. 1988: Theorien der Erwachsenenbildung: ein Handbuch. München

Dewe, B./Wohlfahrt, N. 1989: Zu einigen methodischen Problemen empirischer Sozialarbeitsforschung. In: neue praxis 1 (19) 73 – 88

Dewe, B./Scherr, A. 1990: Gesellschafts- und kulturtheoretische Bezugspunkte einer Theorie sozialer Arbeit. In: neue praxis 2 (20) 124 – 143

Dießenbacher, H./Müller, A. 1987: Wissenschaftstheorie und Sozialpädagogik. In: Eyferth, H./Otto, H.-U./Thiersch, H. (Hrsg.) 1987: Handbuch zur Sozialarbeit/Sozialpädagogik. Neuwied, Darmstadt. 1251 - 1262

Duden 1963: Etymologie. Herkunftswörterbuch der deutschen Sprache. Mannheim

Dupâquier, J. u.a. (Hrsg.) 1983: Malthus Past and Present. London, New York

Dux, G. 1987: Das Ende aller Werte. In: Olk, T./Otto, H.-U. (Hrsg.): Soziale Dienste im Wandel 1: Helfen im Sozialstaat. Neuwied, Darmstadt. 139 – 169

Eberhard, G./Eberhard, K. 1987: Die erkenntnistheoretischen Grundlagen der Sozialarbeit/Sozialpädagogik. In: Theorie und Praxis der Sozialen Arbeit 11 (38) 376 – 387

Eberhard, K. 1987: Einführung in die Erkenntnis- und Wissenschaftstheorie. Geschichte und Praxis der konkurrierenden Erkenntniswege. Stuttgart

Ehrenberg, H./Fuchs, A. 1980: Sozialstaat und Freiheit. Von der Zukunft des Sozialstaates. Frankfurt/M.

Ehrhardt-Kramer, A. 1989: Ökologische Konzepte der Sozialarbeit. In: Archiv für Wissenschaft und Praxis der sozialen Arbeit 4 (20) 219 – 233

Elias, N. 1976: Über den Prozeß der Zivilisation. Soziogenetische und psychogenetische Untersuchungen. 2 Bde. Frankfurt/M.

Eschenburg, T. 1984: Otto Fürst von Bismarck. Gedanken und Erinnerungen. In: Raddatz, F. (Hrsg.): Die ZEIT-Bibliothek der 100 Sachbücher. Frankfurt/M. 210 – 212

Euchner, W. 1989: Einleitung zu den Zwei Abhandlungen über die Regierung. In: Locke, J. : Zwei Abhandlungen über die Regierung. Herausgegeben und eingeleitet von W. Euchner. Frankfurt/M. 9 – 59

Eyferth, H. 1983: Sozialarbeit und Politik in Deutschland 1919 – 1945. In: neue praxis 2 (13) 99 – 105

Eyferth, H./Otto, H.-U./Thiersch, H. (Hrsg.) 1987: Handbuch zur Sozialarbeit/Sozialpädagogik. Studienausgabe. Neuwied, Darmstadt

Fatke, R./Hornstein, W. 1987: Sozialpädagogik – Entwicklung, Tendenzen und Probleme. In: Zeitschrift für Pädagogik 5 (33) 589 – 593

Fehlker, M. 1989: Der wissenschaftliche Anspruch der Sozialarbeit. In: Die berufliche Sozialarbeit 2/3 (o.J.) 41 – 44

Feyerabend, P. 1977: Wider den Methodenzwang. Skizze einer anarchistischen Erkenntnistheorie. Frankfurt/M.

Fink, U. 1990: Die neue Kultur des Helfens. Nicht Abbau, sondern Umbau des Sozialstaates. München, Zürich

Flamm, F. 1980: Sozialwesen und Soziale Arbeit in der Bundesrepublik Deutschland. Frankfurt/M. 3., neubearbeitete und erweiterte Auflage

Gehrmann, G./Müller, K. D. 1985: Praxisbezug an Fachhochschulen für Sozialarbeit/Sozialpädagogik. In: neue praxis 2/3 (15) 170 – 180

Geißler, K. A./Hege, M. 1985: Konzepte sozialpädagogischen Handelns. Weinheim, Basel

Geldsetzer, L. 1989: Hermeneutik. In: Seiffert, H./Radnitzky, G. (Hrsg.): Handlexikon zur Wissenschaftstheorie. München. 127 – 139

Germain, C. B./Gitterman, A. 1983: Praktische Sozialarbeit: das „life model" der sozialen Arbeit. Stuttgart

Goll, D./Metzmacher, U./Sauer, P. 1989: Die Ausbildung von Sozialarbeitern/Sozialpädagogen. In: Sozialpädagogik 3 (31) 106 – 114

Grundmann, H. (Hrsg.) 1988: Gebhardt – Handbuch der deutschen Geschichte. 22 Bde. München

Haag, F./Krüger, H. 1972: Aktionsforschung. Forschungsstrategien, Forschungsfelder und Forschungspläne. München

Haag, F./Parow, E./Pongratz, L./Rehn, G. 1979: Überlegungen zu einer Metatheorie der Sozialarbeit. In: Otto, H.-U./Schneider, S. (Hrsg.): Gesellschaftliche Perspektiven der Sozialarbeit. Bd. 1. 167 – 192

Haag, F. 1979: Projektierte Sozialarbeit. In: Otto, H.-U./Schneider, S. (Hrsg.): Gesellschaftliche Perspektiven der Sozialarbeit. Bd. 2. 187 – 215

Habermas, J. 1975: Erkenntnis und Interesse. Frankfurt/M.

Habermas, J. 1978: Theorie und Praxis. Sozialphilosophische Studien. Frankfurt/M.

Habermas, J. 1981: Theorie des kommunikativen Handelns. 2 Bde. Frankfurt/M.

Happe, B. 1988: Forscher, Auftraggeber und Beforschte – Erfahrungen zu und Erwartungen an Praxisforschung. In: Heiner, M. (Hrsg.): Praxisforschung in der sozialen Arbeit. Freiburg i.Br. 158 -169

Hasenclever, Chr. 1985: Sozialreform als Emanzipation. In: Sozialwissenschaftliche Literatur Rundschau 11 (8) 31 – 34

Haupert, B./Kraimer, K. 1991: Die disziplinäre Heimatlosigkeit der Sozialpädagogik/Sozialarbeit. In: neue praxis 2 (21) 106 – 121
Heer, F. 1983: Mittelalter. Vom Jahr 1000 bis 1350. 2 Bde. München
Hege, M. 1979: Engagierter Dialog. Ein Beitrag zur sozialen Einzelhilfe. München, Basel. 2., verbesserte Auflage
Heiner, M. (Hrsg.) 1988a: Praxisforschung in der sozialen Arbeit. Freiburg i.Br.
Heiner, M. (Hrsg.) 1988b: Selbstevaluation in der sozialen Arbeit. Freiburg i.Br.
Hengsbach, F. 1982: Drei Typen katholischer Soziallehre. In: Orientierung 11 (46) 132 – 135
Hermann, T. 1991: Diesmal diskursiv – schon wieder eine Erneuerung der Psychologie. In: Report Psychologie 2 (16) 21 – 27
Hilpert, K. 1990: Caritas und katholische Soziallehre. In: Deutscher Caritasverband (Hrsg.): caritas '91. Jahrbuch des Deutschen Caritasverbandes. Freiburg i.Br. 11 – 28
Hirschberger, J. 1961: Geschichte der Philosophie. Bd. I: Altertum und Mittelalter. Basel, Freiburg i. Br., Wien
Hirschberger, J. 1963: Geschichte der Philosophie. Bd. II: Neuzeit und Gegenwart. Basel, Freiburg i. Br., Wien
Hitler, A. 1939: Mein Kampf. Jubiläumsausgabe zum 50. Geburtstag. München
Höffner, J. 1963: Christliche Gesellschaftslehre. Kevelaer
Hollstein, W./Meinhold, M. (Hrsg.) 1973: Sozialarbeit unter kapitalistischen Produktionsbedingungen. Frankfurt/M.
Horn, B./Klinkmann, N. 1989: Theorie-Praxis-Dilemma oder die Unzulänglichkeit von Strukturen? Die Einheit von Forschung und Lehre in der Sozialarbeiterausbildung. In: Archiv für Wissenschaft und Praxis der sozialen Arbeit 3 (20) 151 – 172
Hornstein, W. 1967: Die wissenschaftlichen Grundlagen der Jugendhilfe und der Jugendpolitik. In: deutsche Jugend 11 (15) 495 – 504; 12 (15) 541 – 551
Hornstein, W. 1985: Die Bedeutung erziehungswissenschaftlicher Forschung für die Praxis sozialer Arbeit. In: neue praxis 6 (15) 463 – 477
Hornstein, W. 1987: Forschung/Forschungspolitik. In: Eyferth, H./Otto, H.-U./Thiersch, H. (Hrsg.): Handbuch zur Sozialarbeit/Sozialpädagogik. Studienausgabe. Neuwied, Darmstadt. 371 – 388
Hörster, R. 1986: Berufsfeldbezug und Wissenschaftlichkeit. Zur hochschulischen Ausbildung von Sozialpädagogen. In: neue praxis 3 (16) 249 – 255
Hörster, R. 1988: Alltagsorientierte Wende in der Pädagogik. Ihre didaktische und ihre sozialwissenschaftliche Pointe. In: neue praxis 5 (18) 376 – 385
Hungs, F.-J. 1988: „Die Jünger fragten ihn: Warum redest du in Gleichnissen zu ihnen?" (Mt 13,10) Einige theologische Vorüberlegungen zur Sozialarbeit in christlicher Verantwortung. In: Ulke, K.-D. (Hrsg.): Ist Sozialarbeit lehrbar? Freiburg i.Br. 189 – 203

Inglehart, R. 1987: Wertwandel unter Bedingungen sozialer Unsicherheit. In: Olk, T./Otto, H.-U. (Hrsg.): Soziale Dienste im Wandel 1: Helfen im Sozialstaat. Neuwied, Darmstadt. 25 – 68

Kamper, D. 1979: Marxistische Wissenschaftstheorie. In: Rombach, H. (Hrsg.) 1979: Wissenschaftstheorie 1. Freiburg i.Br. 87 – 98

Kanz, H. 1979: Voraussetzungslosigkeit und Wertproblem. Der Werturteilsstreit um Max Weber. In: Rombach, H. (Hrsg.): Wissenschaftstheorie. Bd 1: Probleme und Positionen der Wissenschaftstheorie. Freiburg i.Br. 37 – 40

Kaufmann, F.-X. 1975: Zum Verhältnis von Sozialarbeit und Sozialpolitik. In: Otto, H.-U./Schneider, S. (Hrsg.): Gesellschaftliche Perspektiven der Sozialarbeit. Bielefeld. Bd 1. 87 – 104

Kerber, W./Ertl, H./Heinz, M. (Hrsg.) 1991: Katholische Soziallehre im Überblick. 100 Jahre Sozialverkündigung der Kirche. Frankfurt/M.

Khella, K. 1980a: Theorie und Praxis der Sozialarbeit und Sozialpädagogik. Hamburg

Khella, K. 1980b: Wörterbuch der Sozialarbeit, Sozialpädagogik und Sonderpädagogik. Hamburg.

Khella, K. 1982: Sozialarbeit von unten. Praktische Methoden fortschrittlicher Sozialarbeit. Hamburg

Khella, K. 1983a: Einführung in die Sozialarbeit und Sozialpädagogik. Teil 1: Adressaten der Sozialarbeit und Sozialpädagogik. Daten, Analysen, Praxis. Hamburg

Khella, K. 1983b: Einführung in die Sozialarbeit und Sozialpädagogik. Teil 2: Die soziale Frage in der Bundesrepublik. Hamburg

Kinder, H./Hilgemann, W. 1991: dtv-Atlas zur Weltgeschichte. 2 Bde. München

Klages, H. 1987: Wertwandel und Modernisierung – Eine theoretische Exploration. In: Olk, T./Otto, H.-U. (Hrsg.): Soziale Dienste im Wandel. 1: Helfen im Sozialstaat. Neuwied, Darmstadt. 97 – 119

Klatetzki, T. 1990: Wegweiser in die gerechte Praxis. In: neue praxis 6 (20) 478 – 488

Knapp, W. (Hrsg.) 1980: Die wissenschaftlichen Grundlagen der Sozialarbeit und Sozialpädagogik. Stuttgart, Berlin, Köln, Mainz

König, E. 1975a: Theorie der Erziehungswissenschaft. Bd. 1: Wissenschaftstheoretische Richtungen der Pädagogik. München

König, E. 1975b: Theorie der Erziehungswissenschaft. Bd. 2: Normen und ihre Rechtfertigung. München

Konferenz der Fachbereichsleiter der Fachbereiche Sozialwesen (KFS)1986: Bericht über Forschung an Fachbereichen für Sozialwesen. Berlin

Kosik, K. 1967: Dialektik des Konkreten. Eine Studie zur Problematik des Menschen und der Welt. Frankfurt/M.

Kraak, B. 1986: Wissenschaft und Praxis. In: Sozialpädagogik 6 (28) 268 – 272

Kramer, D. 1983: Das Fürsorgesystem im Dritten Reich. In: Landwehr, R./Baron, R. (Hrsg.): Geschichte der Sozialarbeit. Hauptlinien ihrer Entwicklung im 19. und 20. Jahrhundert. Weinheim, Basel. 173 – 217

Krauß, E. J. 1988: Methoden der Sozialarbeit/Sozialpädagogik. In: Kreft, D./Mielenz, I. (Hrsg.): Wörterbuch Soziale Arbeit. Aufgaben, Praxisfelder, Begriffe und Methoden der Sozialarbeit/Sozialpädagogik. Weinheim, Basel. 383 – 388

Kreft, D. 1987: Welche Bedeutung haben Arbeitsergebnisse aus Wissenschaft und Forschung für praktische Sozialarbeit? In: Theorie und Praxis der sozialen Arbeit 2 (38) 58 – 64

Kreft, D./Mielenz, I. (Hrsg.) 1988: Wörterbuch Soziale Arbeit. Aufgaben, Praxisfelder, Begriffe und Methoden der Sozialarbeit/Sozialpädagogik. Weinheim, Basel. 3.,vollständig überarbeitete und erweiterte Auflage

Kreutz, H./Landwehr, R./Wuggenig, U. (Hrsg.) 1987: Empirische Sozialarbeitsforschung. Rheinstetten

Kriz, J./Lück, H. E./Heidbrink, H. 1990: Wissenschafts- und Erkenntnistheorie. Eine Einführung für Psychologen und Humanwissenschaftler. Opladen

Kuhn, T. S. 1967: Die Struktur wissenschaftlicher Revolutionen. Frankfurt/M.

Kühn, D. 1986: Entwicklung des Jugend- und Gesundheitsamtes im Nationalsozialismus. In: neue praxis 4 (16) 322 – 332

Landeskonferenz der lehrenden Sozialarbeiter und Sozialpädagogen 1986: „An der Nahtstelle zwischen Theorie und Praxis werden Kompetenzen und Kapazitäten beschnitten.“ In: neue praxis 6 (16) 550 – 552

Landwehr, R./Baron, R. (Hrsg.) 1983: Geschichte der Sozialarbeit. Hauptlinien ihrer Entwicklung im 19. und 20. Jahrhundert. Weinheim, Basel

Lattke, H. 1968: Soziale Arbeit und Erziehung in unserer Zeit. In: Röhrs, H. (Hrsg.): Die Sozialpädagogik und ihre Theorie. 111 – 126

Lau, T./Wolff, S. 1982: Wer bestimmt hier eigentlich, wer kompetent ist? – Eine soziologische Kritik an Modellen kompetenter Sozialarbeiter. In: Müller, S. u.a. (Hrsg.): Handlungskompetenz in der Sozialarbeit/Sozialpädagogik. Bielefeld. Bd I. 261 – 302

Lay, R. 1971: Grundzüge einer komplexen Wissenschaftstheorie. Bd. 1: Grundlagen und Wissenschaftslogik. Frankfurt/M.

Lay, R. 1973: Grundzüge einer komplexen Wissenschaftstheorie. Bd. 2: Wissenschaftsmethodik und spezielle Wissenschaftstheorie. Frankfurt/M.

Layer, H. 1987: Sozialarbeit und Sozialforschung. In: Soziale Arbeit (36) 406 – 413

Leitner, U. 1981: Sozialarbeit und Soziologie in Deutschland. Ihr Verhältnis in historischer Perspektive. Weinheim

Lenk, H. 1988: Handlung(stheorie). In: Seiffert, H./Radnitzky, G. (Hrsg.): Handlexikon zur Wissenschaftstheorie. München. 119 – 127

Lepenies, W. 1979: Wissenschaftssoziologie. In: Rombach, H. (Hrsg.): Wissenschaftstheorie. Bd 1: Probleme und Positionen der Wissenschaftstheorie. Freiburg i.Br. 176 – 181

Lepenies, W. 1984: Thomas Robert Malthus. Das Bevölkerungsgesetz. In: Raddatz, F. (Hrsg.): Die ZEIT-Bibliothek der 100 Sachbücher. Frankfurt/M. 126 – 129

Locke, J. 1989: Zwei Abhandlungen über die Regierung. Herausgegeben und eingeleitet von W. Euchner. Frankfurt/M.

Lowy, L. 1983: Sozialarbeit/Sozialpädagogik als Wissenschaft im angloamerikanischen und deutschsprachigen Raum. Stand und Entwicklung. Freiburg i.Br.

Lüders, C. 1987: Der „wissenschaftlich gebildete Praktiker" in der Sozialpädagogik – zur Notwendigkeit der Revision eines Programms. In: Zeitschrift für Pädagogik 5 (33) 635 – 653

Ludwig, H. 1990: Katholische Soziallehre und Theologie der Befreiung. In: Deutscher Caritasverband (Hrsg.): caritas '91. Jahrbuch des Deutschen Caritasverbandes. Freiburg i.Br. 28 – 36

Luhmann, N. 1990: Die Wissenschaft der Gesellschaft. Frankfurt/M.

Lukas, H. 1979: Sozialpädagogik/Sozialarbeitswissenschaft. Entwicklungsstand und Perspektive einer eigenständigen Wissenschaftsdisziplin für das Handlungsfeld Sozialarbeit/Sozialpädgogik. Berlin

Maas, U. 1980: Konflikte und Strategien. In: Sozialmagazin 10 (5) 33 – 39, 65

Maier, K. 1992: Forschungsinstitute an Fachhochschulen für Sozialwesen? In: Nachrichtendienst des Deutschen Vereins für öffentliche und private Fürsorge 1 (o.J.) 23 – 27

Malthus, T. R. 1977: Das Bevölkerungsgesetz. Herausgegeben und übersetzt von Ch. M. Barth. München

Maòr, H. 1975: Soziologie der Sozialarbeit. Stuttgart, Berlin, Köln, Mainz

Marburger, H. 1981: Entwicklung und Konzepte der Sozialpädagogik. München

Matthes, J. 1979: Soziale Stereotype in der Theorie der Fürsorge. In: Otto, H.-U./Schneider, S. (Hrsg.): Gesellschaftliche Perspektiven der Sozialarbeit. Bd 1. Neuwied, Darmstadt. 193 – 212

Menschenrechte. Ihr internationaler Schutz. Textausgabe 1979. München

Mittelstraß, J. (Hrsg.) 1984: Enzyklopädie Philosophie und Wissenschaftstheorie. Bd. 2. Mannheim, Wien

Mollenhauer, K. 1959: Die Ursprünge der Sozialpädagogik in der industriellen Gesellschaft. Weinheim, Berlin

Mollenhauer, K. 1982: Theorien zum Erziehungsprozeß. Zur Einführung in erziehungswissenschaftliche Fragestellungen. München. 4. Auflage

Mühlum, A. 1981: Sozialpädagogik und Sozialarbeit. Eine vergleichende Darstellung zur Bestimmung ihres Verhältnisses in historischer, berufspraktischer und theoretischer Perspektive. Frankfurt/M.

Mühlum, A. 1986: Theorien der Sozialarbeit/Sozialpädagogik. In: Deutscher Verein für öffentliche und private Fürsorge (Hrsg.): Fachlexikon der sozialen Arbeit. Frankfurt/M. 851f.

Müller, C. W. 1987: Soziale Arbeit und ihre Berufe. In: Müller, C. W. (Hrsg.): Einführung in die Soziale Arbeit. Weinheim, Basel. 2., korrigierte Auflage 9 – 45

Müller, C. W. 1988a: Sozialarbeit/Sozialpädagogik. In: Kreft, D./Mielenz, I. (Hrsg.): Wörterbuch Soziale Arbeit. Aufgaben, Praxisfelder, Begriffe und Methoden der Sozialarbeit/Sozialpädagogik. Weinheim, Basel. 480 – 484

Müller, C. W. 1988b: Forschung. In: Kreft, D./Mielenz, I. (Hrsg.): Wörterbuch Soziale Arbeit. Aufgaben, Praxisfelder, Begriffe und Methoden der Sozialarbeit/Sozialpädagogik. Weinheim, Basel. 201f.

Müller, C. W. 1988c: Achtbare Versuche. Zur Geschichte von Praxisforschung in der Sozialen Arbeit. In: Heiner, M. (Hrsg.): Praxisforschung in der sozialen Arbeit. Freiburg i.Br. 17 – 33

Müller, S./Otto, H.-U./Peter, H./Sünker, H. (Hrsg.) 1982: Handlungskompetenz in der Sozialarbeit/Sozialpädagogik I: Interventionsmuster und Praxisanalysen. Bielefeld

Müller, S./Otto, H.-U./Peter, H./Sünker, H. (Hrsg.) 1984: Handlungskompetenz in der Sozialarbeit/Sozialpädagogik II: Theoretische Konzepte und gesellschaftliche Strukturen. Bielefeld

Münder, J. 1985: Sozialstaat und Soziale Arbeit. In: neue praxis 2/3 (15) 112 – 120

Nell-Breuning, O. von 1975: Zur Soziallehre der Kirche. In: Bundesverband der Katholischen Arbeitnehmer-Bewegung Deutschlands (Hrsg.): Texte zur katholischen Soziallehre mit einer Einführung von O. v. Nell-Breuning. Kevelaer

Niemeyer, Ch. 1980: Ansätze zu einer sozialpädagogischen Metatheorie. In: neue praxis 10 (10) 285 – 306

Nietzsche, F. 1967: Werke in zwei Bänden. Herausgegeben von I. Frenzel. München

Nohl, H. 1970: Die pädagogische Bewegung in Deutschland und ihre Theorie. Die Theorie der Bildung. Frankfurt/M.

Oelschlägel, D. 1988: Emanzipation. In: Kreft, D./Mielenz, I. (Hrsg.): Wörterbuch Soziale Arbeit. Weinheim, Basel. 158 – 161

Olk, T. 1987: Das soziale Ehrenamt, ein Trendbericht. In: Sozialwissenschaftliche Literatur Rundschau 14 (10) 84 – 101

Olk, T./Otto, H.-U. (Hrsg.) 1987: Soziale Dienste im Wandel 1: Helfen im Sozialstaat. Neuwied, Darmstadt

Olk, T./Otto, H.-U. (Hrsg.) 1989: Soziale Dienste im Wandel 2: Entwürfe sozialpädagogischen Handelns. Neuwied, Darmstadt

Oppl, H./Tomaschek, A. (Hrsg.) 1986a: Soziale Arbeit 2000. Bd 1: Soziale Probleme und Handlungsflexibilität. Entwürfe für berufliches Handeln. Freiburg i. Br.

Oppl, H./Tomaschek, A. (Hrsg.) 1986b: Soziale Arbeit 2000. Bd 2: Modernisierungskrise und soziale Dienste. Chancen für gesellschaftlichen Stellenwert, Profession und Ausbildung. Freiburg i. Br.

Orth, E. W. 1989: Phänomenologie. In: Seiffert, H./Radnitzky, G. (Hrsg.): Handlexikon zur Wissenschaftstheorie. München. 242 – 255

Orthbandt, E. 1980: Der Deutsche Verein in der Geschichte der deutschen Fürsorge. Frankfurt/M.

Oswald, G./Müllensiefen, D. 1985: Psychosoziale Familienberatung. Freiburg i.Br.

Otto, H.-U. 1975: Professionalisierung und gesellschaftliche Neuorientierung – Zur Transformation des beruflichen Handelns in der Sozialarbeit. In: Otto, H.-U./Schneider, S. (Hrsg.): Gesellschaftliche Perspektiven der Sozialarbeit. Bielefeld. Bd. 2. 247 – 261

Otto, H.-U./Schneider, S. (Hrsg.) 1979: Gesellschaftliche Perspektiven der Sozialarbeit. 2 Bde. Neuwied, Darmstadt. 3. Auflage

Otto, H.-U./Sünker, H. (Hrsg.) 1986: Soziale Arbeit und Faschismus. Volkspflege und Pädagogik im Nationalsozialismus. Bielefeld

Peters, H. 1978: Die Geschichte der sozialen Versicherung. St. Augustin

Pfaffenberger, H. (Hrsg.) 1974: Grundbegriffe und Methoden der Sozialarbeit. Neuwied, Berlin. 2., durchgesehene Auflage

Pfaffenberger, H. 1977: Sozialarbeit/Sozialpädagogik. In: Schwendtke, A. (Hrsg.): Wörterbuch der Sozialarbeit und Sozialpädagogik. Heidelberg. 235 – 237

Pfaffenberger, H. 1985: Entwicklungs- und Veränderungsprozesse von Wissenschaft, Ausbildung und Arbeitsmarkt der Sozialpädagogik/Sozialarbeit. In: neue praxis 6 (15) 487 – 503

Pfaffenberger, H. 1990: Fachhochschulen für Sozialwesen im Funktionswandel – Auf der Suche nach neuer Identität. In: Theorie und Praxis der sozialen Arbeit 2 (41) 63 – 71

Pieper, M. 1988: „Gebrauchsfertiges“ Wissen? Von den Schwierigkeiten, Wissenschaft in der Praxis sozialer Arbeit zu nutzen. In: Ulke, K.-D. (Hrsg.): Ist Sozialarbeit lehrbar? Freiburg i.Br. 166 – 188

Pongratz, L. 1964: Prostituiertenkinder. Weinheim (Reprint 1988)

Possehl, K. 1990: Wissenschaftstheoretische Vorüberlegungen zur Methodenentwicklung in der Sozialarbeit. In: Archiv für Wissenschaft und Praxis der sozialen Arbeit (21) 262 – 286

Pschyrembel, W. 1969: Klinisches Wörterbuch mit klinischen Syndromen. Berlin

Radler, R. 1982: „Mein Kampf.“ In: Kindlers Literaturlexikon. Weinheim. Bd V. 6155 – 6158

Rattner, J. 1978: Alfred Adler in Selbstzeugnissen und Bilddokumenten. Reinbek bei Hamburg

Rauschenbach, T. 1991: Sozialpädagogik – eine akademische Disziplin ohne Vorbild? In: neue praxis 1 (21) 1 - 11

Reble, A. 1981: Geschichte der Pädagogik. Frankfurt/M., Berlin, Wien

Richter, H.-E. 1988: Die Chance des Gewissens. München

Rickert, H. 1926: Kulturwissenschaft und Naturwissenschaft. Tübingen

Riemann, F. 1975: Grundformen der Angst und die Antinomien des Lebens. Eine tiefenpsychologische Studie über die Ängste des Menschen und ihre Überwindung. München, Basel

Rohde, B. 1989: Sozialpädagogische Hochschulausbildung. In: neue praxis 2 (19) 178 – 180

Rohde, B. 1990: Sozialpädagogische Hochschulausbildung – ein ungelöstes Grundproblem. In: Theorie und Praxis der sozialen Arbeit 2 (41) 72 – 79
Rombach, H. (Hrsg.) 1979: Wissenschaftstheorie. Bd 1: Probleme und Positionen der Wissenschaftstheorie. Freiburg i.Br. 2. Auflage
Rombach, H. (Hrsg.) 1974: Wissenschaftstheorie. Bd. 2: Struktur und Methode der Wissenschaften. Freiburg i.Br.
Rössner, L. 1975: Theorie der Sozialarbeit. Ein Entwurf. München, Basel
Rössner, L. 1977: Erziehungs- und Sozialarbeitswissenschaft. München, Basel
Sachße, Chr. 1983: Fremdhilfe als Selbsthilfe – Die bürgerliche Frauenbewegung und die Entstehung beruflicher Sozialarbeit. In: neue praxis 1 (13) 30 – 36
Sachße, Chr. 1985: Sozialreform als Emanzipation. In: Sozialwissenschaftliche Literatur Rundschau 11 (8) 25 – 30
Sachße, Chr./Tennstedt, F. 1980: Geschichte der Armenfürsorge in Deutschland: Vom Spätmittelalter bis zum Ersten Weltkrieg. Stuttgart, Berlin, Köln, Mainz
Sachße, Chr./Tennstedt, F. 1988: Geschichte der Armenfürsorge in Deutschland Bd. 2: Fürsorge und Wohlfahrtspflege 1871 bis 1929. Stuttgart, Berlin, Köln, Mainz
Salomon, A. 1917: Soziale Frauenbildung und soziale Berufsarbeit. Leipzig, Berlin
Salomon, A. 1926: Soziale Diagnose. Berlin
Salomon, A. 1927: Die Ausbildung zum sozialen Beruf. Berlin
Salomon, A. 1928: Leitfaden der Wohlfahrtspflege. Berlin. 3. Auflage
Salomon, A. 1983: Charakter ist Schicksal. Lebenserinnerungen. Herausgegeben von R. Baron und R. Landwehr. Weinheim, Basel
Schäfers, B. 1990: Gesellschaftlicher Wandel in Deutschland. Ein Studienbuch zur Sozialstruktur und Sozialgeschichte der Bundesrepublik. Stuttgart
Scherpner, H. 1974: Theorie der Fürsorge. Herausgegeben von H. Scherpner. Göttingen
Scherpner, H. 1984: Studien zur Geschichte der Fürsorge. Aus dem Nachlaß herausgegeben von H. Scherpner, mit einer Vorbemerkung von G. Neises. Frankfurt/M.
Scherr, A. 1989: Kritik der Anerkennungsverhältnisse – Subjektivität als fortdauerndes Problem sozialwissenschaftlicher Theorie. In: Sozialwissenschaftliche Literatur Rundschau 18 (12) 35 – 40
Schlette, H. R. 1989: Gleichheit. Philosophische Bemerkungen zu einem Reizwort. In: Orientierung 15/16 (53) 171 – 174; 17 (53) 183 – 186
Schmidt, H.-L. 1981: Theorien der Sozialpädagogik: Kritische Bestandsaufnahme vorliegender Entwürfe und Konturen eines handlungstheoretischen Neuansatzes. Rheinstetten
Schmidt, K. 1991: Der Gegenstand Sozialer Arbeit in verschiedenen Theorien zu Sozialer Arbeit. Bestandsaufnahme und Perspektiven. Diplomarbeit an der Fachhochschule Würzburg-Schweinfurt, Fachbereich Sozialwesen

Schnerb, R. 1983: Europa im 19. Jahrhundert. Europa als Weltmacht. München

Schwendtke, A. (Hrsg.) 1977: Wörterbuch der Sozialarbeit und Sozialpädagogik. Heidelberg

Seidel, U. 1983: Individualpsychologie. In: Corsini, R. J. (Hrsg.): Handbuch der Psychotherapie. Bd 1. 390 – 413

Seiffert, H. 1985. Einführung in die Wissenschaftstheorie. München. 3 Bde.

Seiffert, H./Radnitzky, G. (Hrsg.) 1989: Handlexikon zur Wissenschaftstheorie. München

Sekretariat der Deutschen Bischofskonferenz (Hrsg.) 1987: Verlautbarungen des Apostolischen Stuhls 82. Enzyklika „Sollicitudo Rei Socialis" von Papst Johannes Paul II. Bonn

Sekretariat der Ständigen Konferenz der Kultusminister der Länder der Bundesrepublik Deutschland (Hrsg.) 1984: Entwurf. Empfehlungen der Studienreformkommission Pädagogik/Sozialpädagogik/Sozialarbeit. Bd. 2: Ausbildungsbereich Sozialwesen. Bonn.

Sekretariat der Ständigen Konferenz der Kultusminister der Länder der Bundesrepublik Deutschland (Hrsg.) 1988: Rahmenprüfungsordnung Sozialwesen mit Erläuterungen. Bonn

Sengling, D. 1987: Was ist „Erfolg" in der Sozialarbeit? In: Sozialpädagogik 4 (29) 165 – 172

Sidler, N. 1989: am Rande leben – abweichen – arm sein. Konzepte und Theorien zu sozialen Problemen. Freiburg i.Br.

Simon-Schaefer, R. 1989a: Kritische Theorie. In: Seiffert, H./Radnitzky, G. (Hrsg.): Handlexikon zur Wissenschaftstheorie. München. 172 – 177

Simon-Schaefer, R. 1989b: Marxismus. In: Seiffert, H./Radnitzky, G. (Hrsg.): Handlexikon zur Wissenschaftstheorie. München. 199 – 206

Soukup, G. 1988: Handlungsforschung. In: Kreft, D./Mielenz, I. (Hrsg.): Wörterbuch Soziale Arbeit. Weinheim, Basel. 259 – 261

Späth, K. 1985: Wissenschaft und Alltagshandeln. In: Sozialpädagogik 5 (27) 232 – 238

Staub-Bernasconi, S. 1983a: Theoriebezogene Fort- und Weiterbildung in der Sozialarbeit. In: Sozialarbeit 11 (15) 20 – 36

Staub-Bernasconi, S. 1983b: Soziale Probleme – Dimensionen ihrer Artikulation. Umrisse einer Theorie Sozialer Probleme als Beitrag zu einem theoretischen Bezugsrahmen Sozialer Arbeit. Diessenhofen

Staub-Bernasconi, S. 1983c: Ein ganzheitliches Methodenkonzept – Wunschtraum? Chance? Notwendigkeit? Problembezogene Arbeitsweisen in der Sozialen Arbeit. In: Staub-Bernasconi, S. u.a. (Hrsg.): Theorie und Praxis der Sozialen Arbeit. Entwicklung und Zukunftsperspektiven. Bern, Stuttgart

Staub-Bernasconi, S. 1986: Soziale Arbeit als eine besondere Art des Umgangs mit Menschen, Dingen und Ideen. Zur Entwicklung einer handlungstheoretischen Wissensbasis Sozialer Arbeit. In: Sozialarbeit 10 (18) 2 – 71

Staub-Bernasconi, S. 1989: Soziale Arbeit und Ökologie 100 Jahre vor der ökologischen Wende. Ein Vergleich der theoretischen Beiträge von Jane Addams (1860 – 1935) und Wolf Rainer Wendt (1982). In: neue praxis 4 (19) 283 – 309

Staub-Bernasconi, S. 1991a: Das Selbstverständnis Sozialer Arbeit in Europa: frei von Zukunft – voll von Sorgen? In: Sozialarbeit 2 (23) 2 – 32

Staub-Bernasconi, S. 1991b: Das sanfte Entschwinden einer Nobelpreisträgerin Sozialer Theorie und Arbeit – Jane Addams' Friedenstheorie und -praxis. In: Henke, S./Mohler, S. (Hrsg.): Wie es ihr gefällt. Frauensymposium 1990: Wissenschaft, Künste und alles andere. Freiburg i.Br. 49 – 67

Störig, H. J. 1989: Kleine Weltgeschichte der Philosophie. Frankfurt/M.

Ströker, E. 1973: Einführung in die Wissenschaftstheorie. Darmstadt

Sünker, H. 1989: Bildung, Alltag und Subjektivität. Elemente zu einer Theorie der Sozialpädagogik. Weinheim.

Sünker, H. 1990: Soziale Arbeit im Nationalsozialismus: „Endlösung der sozialen Frage" ? In: neue praxis 4 (20) 354 – 360

Swientek, C. 1986: Die „abgebende Mutter" im Adoptionsverfahren. Bielefeld

Thiersch, H. 1985: Akademisierung der Sozialpädagogik/Sozialarbeit – eine uneingelöste Hoffnung? In: neue praxis 6 (15) 478 – 487

Thiersch, H. 1986a: Die Erfahrung der Wirklichkeit. Perspektiven einer alltagsorientierten Sozialpädagogik. Weinheim, München

Thiersch, H. 1986b: Alltag. In: Deutscher Verein für öffentliche und private Fürsorge (Hrsg.): Fachlexikon der Sozialen Arbeit. Frankfurt/M. 15 – 17

Thiersch, H./Rauschenbach, T. 1987: Sozialpädagogik/Sozialarbeit: Theorie und Entwicklung. In: Eyferth, H./Otto, H.-U./Thiersch, H. (Hrsg.): Handbuch zur Sozialarbeit/Sozialpädagogik. Studienausgabe. Neuwied, Darmstadt. 984 – 1016

Thiersch, H. 1988: Theorie der Sozialarbeit/Sozialpädagogik. In: Kreft, D./Mielenz, I. (Hrsg.): Wörterbuch Soziale Arbeit. Weinheim, Basel. 573 – 577

Thomas von Aquino 1985a: Summe der Theologie. Bd. 1: Gott und die Schöpfung. Herausgegeben von J. Bernhart. Stuttgart

Thomas von Aquino 1985b: Summe der Theologie. Bd. 2: Die sittliche Weltordnung. Herausgegeben von J. Bernhart. Stuttgart

Thomas von Aquino 1985c: Summe der Theologie. Bd. 3: Der Mensch und sein Heil. Herausgegeben von J. Bernhart. Stuttgart

Thomson, S. H. 1983: Das Zeitalter der Renaissance. Von Petrarca bis Erasmus. München

Tschamler, H. 1983: Wissenschaftstheorie. Eine Einführung für Pädagogen. Bad Heilbrunn/Obb. 2., überarbeitete und erweiterte Auflage

Tuggener, H. 1971: Social Work – Versuch einer Darstellung und Deutung im Hinblick auf das Verhältnis von Sozialarbeit und Sozialpädagogik. Weinheim, Basel

Ulke, K.-D. (Hrsg.) 1988: Ist Sozialarbeit lehrbar? Zum wechselseitigen Nutzen von Wissenschaft und Praxis. Freiburg i.Br.

Uslar, G. von 1988: Das Verhältnis von Praxis und Forschung in der sozialen Arbeit – nur ein Transferproblem? In: Heiner, M. (Hrsg.): Praxisforschung in der sozialen Arbeit. Freiburg i.Br. 140 – 148
Vahsen, F. 1975: Einführung in die Sozialpädagogik. Bildungspolitische und theoretische Ansätze. Stuttgart
Vives, J. L. 1881: Ausgewählte pädagogische Schriften. Übersetzt und mit Einleitung und Anmerkungen versehen von R. Heine. Leipzig
Vives, J. L. 1912: Pädagogische Hauptschriften. Übersetzung, Einleitung und Anmerkungen von T. Edelbluth. Paderborn
Vogel, W. 1951: Bismarcks Arbeiterversicherung. Ihre Entstehung im Kräftespiel der Zeit. Braunschweig
Watzlawick, P./Beavin, J. H./Jackson, D. D. 1974: Menschliche Kommunikation. Formen, Störungen, Paradoxien. Bern, Stuttgart, Wien
Weller, U. 1986: Sozialarbeit zwischen Wissenschaft und Praxis. In: neue praxis 2 (16) 170 – 176
Wendt, W. R. 1982: Ökologie und soziale Arbeit. Stuttgart
Wendt, W. R. 1989: Ökologisch das Soziale neu erzeugen. Eine Replik auf S. Staub-Bernasconis Beitrag „Soziale Arbeit und Ökologie 100 Jahre vor der ökologischen Wende“ in np 4/89. In: neue praxis 6 (19) 523 – 525
Wendt, W. R. 1990a: Geschichte der sozialen Arbeit. Von der Aufklärung bis zu den Alternativen und darüber hinaus. Stuttgart. 3. überarbeitete und erweiterte Auflage
Wendt, W. R. 1990b: Ökosozial denken und handeln. Grundlagen und Anwendungen in der Sozialarbeit. Freiburg i.Br.
Wieler, J . 1987: Er-Innerung eines zerstörten Lebensabends. Alice Salomon während der NS-Zeit (1933-1937) und im Exil (1937-1948). Darmstadt
Winkler, M. 1986: Einzelbesprechung: Hans Thiersch. Die Erfahrung der Wirklichkeit. Perspektiven einer alltagsorientierten Sozialarbeit. In: Sozialwissenschaftliche Literatur Rundschau 13 (9) 67 – 70
Winkler, M. 1988a: Eine Theorie der Sozialpädagogik: über Erziehung als Rekonstruktion der Subjektivität. Stuttgart
Winkler, M. 1988b: „Ideen braucht man nur, wenn man nichts erlebt.“ Sieben Notizen zur alltagsorientierten Pädagogik. In: neue praxis 5 (18) 386 – 401
Wollenweber, H. (Hrsg.) 1983: Modelle sozialpädagogischer Theoriebildung. Paderborn, München
Zetterberg, H. L. 1962: Theorie, Forschung und Praxis in der Soziologie. In: König, R. (Hrsg.): Handbuch der empirischen Sozialforschung. Bd. 1. Stuttgart 64 – 104
Zink, D. 1988: Aufforderung zur Konstitution von Sozialarbeitswissenschaft an Fachhochschulen. In: Ulke, K.-H. (Hrsg.): Ist Sozialarbeit lehrbar? Freiburg i.Br. 40 – 54.

Autor

Ernst Engelke, 1941 in Hildesheim geboren; Studien der Philosophie, Theologie und Psychologie in Freiburg i.Br. und Würzburg; Dr. theol. und Diplom-Psychologe, Klinischer Psychologe/Psychotherapeut (BDP), Supervisor (BDP). Berufliche Tätigkeiten in verschiedenen Bereichen der Jugendarbeit, Klinikseelsorge, Ehe-, Familien- und Lebensberatung und Psychiatrie, als Supervisor und Lehrtherapeut für Psychodrama, Gruppenpsychotherapie und Soziometrie. Seit 1980 Professor für Soziale Arbeit an der Fachhochschule Würzburg-Schweinfurt-Aschafffenburg. Von 1993 bis 1995 Mitglied der Fachrichtungskommission „Sozialwesen", die im Auftrag des Bayerischen Staatsministeriums für Unterricht, Kultus, Wissenschaft und Kunst eine neue Rahmenstudienordnung für den Fachhochschulstudiengang Soziale Arbeit in Bayern erarbeitet hat. Lehr- und Forschungsgebiete: Soziale Arbeit als Wissenschaft, Theorien und Handlungslehre der Sozialen Arbeit, Thanatologie und Sozialpsychiatrie sowie Hochschuldidaktik.

Wichtige Buchpublikationen: Signale ins Leben. Begegnungen mit Sterbenskranken. München (1977); Sterbenskranke und die Kirche. München (1980); Psychodrama in der Praxis. Anwendung in Therapie, Beratung und Sozialarbeit. (Hrsg.) München (1981); Soziale Arbeit als Wissenschaft. Eine Orientierung. Freiburg i.Br. (1992); Soziale Arbeit als Ausbildung. Studienreform und -modelle. (Hrsg.) Freiburg i.Br. (1996).